Dalle Preoccupazioni alle Scodinzolate

Tim Shine

Buy Me Now Co.

Copyright © 2023 di Tim Shine
Editore: Nivol Redan
Design degli interni e della copertina: Brita Zoland
Editore: Buy Me Now Co.

Copyright © 2023 di Tim Shine. Tutti i diritti riservati. Questo libro, o parte di esso, non può essere riprodotto attraverso alcun processo meccanico, fotografico o elettronico o sotto forma di registrazione fonografica. Non può essere archiviato in un sistema di recupero, trasmesso o copiato in alcun modo per uso pubblico o privato senza il permesso dell'autore.

Il contenuto di questo libro non è destinato a fungere da consiglio medico o a sostenere l'uso di qualsiasi tecnica per trattare problemi fisici, emotivi o medici nei cani senza consultare direttamente o indirettamente un veterinario o esperti pertinenti. L'autore si propone di presentare informazioni generali per assistere te e i tuoi cani. Se scegli di applicare qualsiasi informazione di questo libro al tuo cane, esercitando i tuoi diritti costituzionali, tieni presente che né l'autore né l'editore si assumono alcuna responsabilità per le tue azioni.

Dalle Preoccupazioni alle Scodinzolate, Esplora il Lato Oscuro della Vita dei Cani / Tim Shine – 1a Edizione .
ISBN: 978-0-6458916-3-8
1. Animali domestici / Cani / Razze 2. Animali domestici / Cani / Addestramento e esposizione 3. Animali domestici / Riferimenti
Tema: Cani come animali domestici, Mondo

Prince Award dedicato a Tim Shine da Buy Me Now Co.

Copyright © 2023 by Tim Shine
Editor: Nivol Redan
Interior & cover design: Brita Zoland
Publisher: Buy Me Now Co.

Copyright © 2023 by Tim Shine. All rights reserved. This book, or any part thereof, may not be reproduced through any mechanical, photographic, or electronic process or in the form of a phonographic recording. It may not be stored in a retrieval system, transmitted, or copied in any manner for public or private use without author permission.

The content in this book is not intended to serve as medical advice or to advocate for using any technique to treat physical, emotional, or medical issues in dogs without consulting a veterinarian or relevant experts directly or indirectly. The author aims to present general information to assist you and your dogs. Should you choose to apply any information from this book to your dog, exercising your constitutional rights, please be aware that neither the author nor the publisher assumes any responsibility for your actions.

From Worries to Wags, Explore the Dark Side of Dogs' Life / Tim Shine – 1st Edition.
ISBN: 978-0-6458916-3-8
1. Pets / Dogs / Breeds 2. Pets / Dogs / Training & Showing 3. Pets / Reference
Thema: Dogs as pets, World

Prince Award dedicated to Tim Shine by Buy Me Now Co

Il libro è stato ora tradotto in più lingue, tra cui spagnolo, francese, tedesco, olandese, italiano, giapponese e cinese. La decisione di tradurre il libro è stata dettata dall'enorme richiesta da parte degli amanti dei cani di tutto il mondo e dall'obiettivo condiviso di garantire e proteggere il benessere dei cani in tutto il mondo. Rendendo questa preziosa risorsa accessibile a un pubblico più ampio, speriamo di dare ai proprietari e agli appassionati di cani di diverse culture la possibilità di fornire la migliore cura e comprensione ai loro amati compagni pelosi e ottenere un riconoscimento globale. Insieme, possiamo avere un impatto positivo sulla vita dei cani ovunque.

Utilizza i seguenti codici ISBN per trovare le rispettive traduzioni di questo libro. Puoi utilizzare il codice dedicato per le ricerche online oppure presentarlo alle librerie per ricevere assistenza nell'individuazione delle traduzioni desiderate.

in lingua	Nome del libro	N. ISBN
Inglese	From Worries to Wags	978-0-6458916-0-7
Spagnolo	De las Preocupaciones a las Movidas de Cola	978-0-6458916-1-4
Francese	Des Inquiétudes aux Remuements de Queue	978-0-6458916-2-1
Italiano	Dalle Preoccupazioni alle Scodinzolate	978-0-6458916-3-8
Il tedesco	Von Sorgen zu Schwanzwedeln	978-0-6458916-4-5
L'olandese	Van Zorgen naar Kwispels	978-0-6458916-5-2
Cinese	从焦虑到摇尾巴	978-0-6458916-6-9
Giapponese	心配から尻尾を振ることへ	978-0-6458916-7-6

Nota del traduttore:
La traduzione di questo libro è stata prodotta utilizzando un software e non è stata sottoposta a traduzione umana. Tuttavia, abbiamo investito sforzi significativi nella revisione di tutte le sezioni. Viene offerto per servire i lettori che preferiscono una lingua diversa dall'inglese per la loro comodità. Tieni presente che alcune parole o frasi potrebbero non trasmettere il loro esatto significato in inglese. Per una comprensione più precisa del contenuto, consigliamo vivamente di acquistare l'edizione inglese di questo libro. **Si prega di notare che l'editore non è responsabile per eventuali discrepanze tra l'edizione inglese e le altre versioni tradotte.**

Nel libro sono presenti numerosi collegamenti a siti Web utili. Per assistenza nella traduzione di siti Web, fare riferimento alle linee guida alle pagine 235-236 su come utilizzare Google Translate.

La tua comprensione e il tuo supporto sono molto apprezzati.
Buy Me Now Co.

Translator's Note:
The translation of this book was produced using software and has not undergone human translation. However, we have invested significant effort in reviewing all sections. It is offered to serve readers who prefer a language other than English for their convenience. Please note that some words or phrases may not convey their exact meaning in English. For a more precise understanding of the content, we highly recommend purchasing the English Edition of this book. **Please note that the publisher is not responsible for any discrepancies between the English Edition and other translated versions.**

There are several useful website links in the book. For assistance with translating websites, please refer to the guidelines on pages 235-236 on how to use Google Translate.

Your understanding and support are greatly appreciated.
Buy Me Now Co.

Dalle Preoccupazioni alle Scodinzolate
Esplora il Lato Oscuro della Vita dei Cani

Una guida indispensabile per gli amanti dei cani

Sommario:

Dedica	**11**
Nota dell'autore	**13**
Ringraziamenti	**15**
Nota dell'editore	**17**
Prefazione: Un'avventura scodinzolante nella mia ansia	**19**
Capitolo 1: Liberare il mondo dell'ansia canina	**21**
Comprendere la mente ansiosa del cane	21
Esplorare i livelli di ansia unici nelle diverse razze	23
Capitolo 2: Decodificare il linguaggio dell'ansia	**25**
Leggere i miei segnali non verbali: segni e segnali	25
Sintomi fisici dell'ansia: battito cardiaco accelerato, piegamento della coda e altro	26
Capitolo 3: Scavare nalle cause profonde	**29**
Ansia da separazione: per favore, non lasciarmi solo!	29
Fobie legate al rumore: fuochi d'artificio, temporali e altro ancora	31
Ansia sociale: fare amicizia e superare le paure	32
Riepilogo dei capitoli 2 e 3	34
Capitolo 4: Creare un rifugio di calma	**35**
Progettare un ambiente rilassante: il mio rifugio sicuro	35
Formazione di rinforzo positivo: metodi passivi per la fiducia	36
La coerenza è la chiave: routine per calmare la mia anima ansiosa	36
Capitolo 5: Prodotti divertenti per alleviare la mia ansia	**39**
Comfort accogliente: esplorare le meraviglie di Camicie Thunder	39

Distrazioni coinvolgenti: giocattoli interattivi per alleviare lo stress ___ 40

Capitolo 6: Quando è necessario ulteriore aiuto ___ 43
Farmaci: uno sguardo alle opzioni ___ 43

Alla ricerca di supporto professionale: comportamentisti e formatori ___ 44

Malattie comuni del cani ___ 45

Vaccinazioni ___ 50

Capitolo 7: Coltivare il caregiver dentro di te ___ 51
Igiene dei cani, cosa dovremmo sapere ___ 51

Cura di sé per i proprietari di cani: trovare equilibrio e supporto ___ 53

Capitolo 8: Trovare lo Zen con il tuo amico peloso ___ 55
Abbracciare la consapevolezza ___ 55

Momenti consapevoli ___ 56

Passeggiate consapevoli ___ 58

Creare uno spazio Zen ___ 59

Formazione consapevole ___ 60

Musica per cani ___ 61

Capitolo 9: Formazione, suggerimenti e trucchi ___ 63
Caratteristiche di addestramento delle razze diverse ___ 63

Fiutare il meglio ___ 66

Classi fantastiche ___ 68

Officina e Seminari ___ 69

Fonti e strumenti ___ 70

Scatena il tuo supereroe interiore ___ 72

Esempi di formazione ___ 72

Capitolo 10: Salute generale e riepilogo dell'ansia di 40 razze popolari ___ 75
Salute, età, vaccinazioni ___ 75

Il mio cibo ___ 76

La mia lista di controllo ___ 78

40 Riepilogo dell'ansia delle razze popolari _____80

Capitolo 11: Pisolino e passeggiata per restare sintonizzati _____103

Capitolo 12: Il mondo ansioso dei cuccioli _____105
Il mio ricordo da cucciolo_____105
Dalla fase di cucciolo a quella di cane adulto_____107
Nuovo cucciolo, consigli da cucciolo a umano _____108
Sfide e soluzioni dei cuccioli _____109

Capitolo 13: Ultimo ma non meno importante _____113
Capitolo 14: Ogni dettaglio della razza, la pagina esplicativa del tuo cane_____117
Capitolo 15: 10 siti web eccellenti _____199
Capitolo 16: Fonti e riferimenti Dove scavare più a fondo_____203

Capitolo 17: 10 Tabelle super utili_____205
40 Razze popolari caratteristiche_____206
40 Razze popolari, tipo, livello e segni di ansia _____208
40 Razze popolari segni di ansia e cause alla radice_____212
40 Razze popolari Dettaglio igienico_____214
40 Razze popolari aspetti addestrativi_____216
40 Razze popolari Dati generali sulla salute e sull'età_____220
40 Razze popolari dati fisiologici_____224
40 Razze popolari livelli di intelligenza _____226
40 Razze popolari pisolini, camminate e profilo interno/esterno_____228
Cucciolo stadi di sviluppo_____230

Glossario _____231
Linea guida per la traduzione di siti web _____235
Diario di bordo del libro dei cani _____237

Alla mia compassionevole figlia,

Questo libro è dedicato a te, mio spirito affine e difensore di coloro che non hanno voce. Il tuo infinito amore per gli animali mi ispira sempre. Possa questo libro essere una luce guida, consentendo a te e agli altri di fare la differenza nella vita dei cani. Grazie per la tua incrollabile compassione.

Con sconfinato amore e ammirazione

Nota dell'autore

Woof! Woof! ! Ehi, sono un cane, sono un carlino. Il mio nome è **Principe** .

In questa guida completa allo scodinzolante, io, il tuo fedele e amorevole compagno, ti condurrò in un viaggio nell'intricato mondo dell'ansia canina. Insieme, annuseremo le cause profonde dell'ansia di un cane, esploreremo i diversi livelli nelle diverse razze e scopriremo i comportamenti che possono far aumentare vertiginosamente la mia ansia. Attraverso questa avventura acquisirai preziose informazioni sui segni e sui sintomi dell'ansia, permettendoti di decifrare i fattori scatenanti e comprendere veramente le mie esperienze.

Ma non preoccuparti, caro proprietario, perché non ti lascerò in sospeso! Ti armerò di strategie pratiche per alleviare la mia ansia e portare pace alle mie zampe tremanti. Dalla creazione di un ambiente sereno all'utilizzo di tecniche di rinforzo positivo, scoprirai le chiavi per sostenere il mio benessere emotivo. E ehi, non dimentichiamoci di quei prodotti eleganti che possono dare una mano ad alleviare le mie preoccupazioni. Ci immergeremo in una deliziosa gamma di strumenti per alleviare l'ansia, oltre a fare luce sui farmaci e sugli interventi professionali.

Assicurati di non perdere il controllo dei riepiloghi dell'ansia di ciascuna razza nel Capitolo 10. E indovina un po'? Nel capitolo 14 ci sono pagine specifiche per razza che aspettano i tuoi occhi curiosi. Ho anche recuperato alcuni screenshot per te, il vero tesoro sta nel leggere quelle pagine. Immergiti e lascia che l'avventura scodinzolante abbia inizio!

Oh, ma aspetta caro proprietario, non mi sono dimenticato di te! Capisco che la mia ansia può toccare le corde del tuo cuore e talvolta sopraffarti. Ecco perché ho inserito una sezione dedicata al tuo benessere. Offro guida sulla cura di me stesso e sul supporto, riconoscendo che il tuo equilibrio emotivo è essenziale per fornirmi la migliore assistenza. Ti incoraggio ad abbracciare strategie di coping e a ricordarti l'importanza di cercare aiuto quando necessario.

Alla fine di questa avventura, sarai dotato di un tesoro di conoscenze e di una cassetta degli attrezzi piena di strumenti pratici per guidarmi verso una vita più felice ed equilibrata. Insieme, tesseremo un legame armonioso costruito sulla fiducia, sulla compassione e sulla comprensione.
Ricorda, questo libro funge da guida generale e non deve sostituire il consiglio dei professionisti. Consulta sempre un veterinario o un comportamentista animale certificato per una guida personalizzata su misura per le mie esigenze specifiche.

Quindi, prendi il tuo guinzaglio e unisciti a me in questo viaggio. Insieme sconfiggeremo l'ansia e creeremo un mondo di gioia scodinzolante!

Con uno scodinzolio e un tocco di eccitazione nervosa,

Principe
(Prince)
L'autore ansioso!

worriestowags@gmail.com

Ringraziamenti

Woof! Woof! Saluti scodinzolanti a tutti i miei fantastici compagni là fuori! È giunto il momento di ringraziare di cuore coloro che hanno contribuito a rendere questo fantastico libro una realtà. Non potrei condividere la mia saggezza con te senza il loro sostegno e amore. Quindi, ecco un ringraziamento speciale al mio branco di esseri incredibili:

Innanzitutto, un grande saluto bavoso va al mio amico umano, che ha pazientemente trascritto i miei latrati in parole e ha dato vita ai miei pensieri canini su queste pagine. La tua straordinaria dedizione e gli infiniti massaggi sulla pancia mi hanno mantenuto motivato durante questo viaggio.

Ai miei amici cagnolini, vicini e lontani, mi ispiri ogni giorno con le tue code scodinzolanti e il tuo amore incondizionato. Il tuo incoraggiamento mi ha sollevato il morale e mi ha ricordato che stiamo insieme. Continuiamo ad esplorare il mondo con nasi curiosi e saltelli gioiosi!

Un saluto a tutti i veterinari e ai comportamentisti animali che condividono la loro saggezza e competenza. La tua dedizione alla nostra salute e al nostro benessere è davvero ammirevole. La tua guida ha aiutato innumerevoli cuccioli e i loro umani a trovare la strada verso una vita più felice ed equilibrata.

Agli editori e ai redattori, grazie per aver creduto nel mio libro e per avergli dato la possibilità di brillare. Il tuo supporto e la tua guida sono stati preziosi e sarò per sempre grato per l'opportunità di condividere le mie avventure con il mondo.

 Non posso dimenticare di scodinzolare e dare la zampa cinque a tutti i cani che hanno condiviso le loro storie, portando un pizzico di autenticità in più a queste pagine. Le tue esperienze mi hanno toccato il cuore e mi hanno ispirato a creare un libro che affronti le paure, le ansie e i trionfi che affrontiamo come esseri pelosi.

Ultimo ma non meno importante , un sentito ringraziamento a te, caro lettore, per aver intrapreso questo viaggio con me. Il tuo amore per la nostra specie e la dedizione al miglioramento delle nostre vite mi fanno scodinzolare di gioia. Spero che questo libro ti fornisca spunti preziosi, ti aiuti a capirci a un livello più profondo e rafforzi il legame che condividi con il tuo compagno a quattro zampe.

Un grande ringraziamento a tutti i talentuosi fotografi dei siti web **Pixel**, **Pixabay** e **Unsplash** per aver catturato la bellezza dei miei compagni di razza canina. Le loro fantastiche foto danno vita a questi amici pelosi, permettendoci di apprezzare le loro caratteristiche uniche. Ogni clic della fotocamera mostra l'incredibile legame tra esseri umani e cani e sono grato per il loro contributo nel condividere il mondo diverso e affascinante dei cani. Woof!

Ricorda, mio amico peloso, insieme possiamo creare un mondo pieno di code scodinzolanti, coccole infinite e un'abbondanza di dolcetti. Rimani positivo, abbraccia l'amore e continua a diffondere la gioia ovunque tu vada!

Con scodinzolii sconfinati e un cuore pieno di gratitudine.

Il tuo autore peloso
Principe
(Prince)

Nota dell'editore

Caro amante dei cani,

Permetteteci di presentarvi lo straordinario autore di questo libro, **Prince** the Anxious Dog. Prince potrebbe essere un piccolo fascio di nervi, ma non lasciarti ingannare. Le esperienze e il viaggio di Prince con l'ansia gli hanno dato una visione unica del mondo dei cani ansiosi, rendendolo la voce perfetta per guidarti attraverso questo importante argomento.

Come editore, siamo rimasti affascinati dal libro di Prince e dalla sua incrollabile determinazione a fare la differenza nella vita dei cani ansiosi e dei loro compagni umani. Abbiamo riconosciuto la necessità di una risorsa completa che affronti le complessità dell'ansia del cane fornendo allo stesso tempo soluzioni pratiche e una comprensione autentica.

L'autenticità e la riconoscibilità di Prince sono ciò che rende questo libro davvero speciale. Attraverso le sue stesse ansie, fa luce sulle sfide che i cani devono affrontare, aiutando i lettori a comprendere le emozioni e i comportamenti che possono derivare dall'ansia. I suoi aneddoti e le sue esperienze personali entreranno in risonanza sia con i cani che con gli esseri umani, favorendo l'empatia e la compassione.

Il nostro team di redattori ed esperti ha lavorato a stretto contatto con lui per garantire che le informazioni fornite siano accurate, informative e accessibili. Comprendiamo l'importanza di affrontare l'ansia nei cani, poiché può avere un impatto significativo sul loro benessere generale e sul legame che condividono con i loro compagni umani.

Crediamo che questo libro sarà una risorsa preziosa per i proprietari di cani, i veterinari, gli addestratori e chiunque voglia sostenere i propri ansiosi amici pelosi. La prospettiva unica di Prince, combinata con consigli di esperti e consigli pratici, offre una guida completa che può aiutare a creare un ambiente armonioso e privo di ansia per i cani.

L'obiettivo di questo libro è il riconoscimento globale ed è ora disponibile in più lingue, tra cui spagnolo, francese, olandese, italiano, giapponese e cinese. Abbiamo in programma di aggiungere più lingue all'elenco. La decisione di tradurre il libro è stata dettata dall'enorme richiesta da parte degli amanti dei cani di tutto il mondo e dall'obiettivo condiviso di garantire e proteggere il benessere dei cani in tutto il mondo. Rendendo questa preziosa risorsa accessibile a un pubblico più ampio, speriamo di consentire ai proprietari di cani e agli appassionati di diverse culture di fornire la migliore cura e comprensione ai loro amati compagni pelosi.

Insieme, influiamo positivamente sulla vita dei cani ovunque. Come editore, la nostra missione è amplificare le voci che hanno un impatto positivo e i suggerimenti di Prince hanno avuto una risonanza profonda con noi. Siamo orgogliosi di aver collaborato con Prince per dare vita a questo libro e condividere il suo messaggio sincero con il mondo. Buy me Now Co.

Prefazione

Un'avventura scodinzolante nella mia ansia

Woof! Woof! ! Ciao, amici fan dei cani! sono **il principe** ; lasciami iniziare…

Immagina di essere rannicchiato con me, il tuo fedele e amorevole amico peloso. All'improvviso, le mie orecchie si rizzano, la mia coda si abbassa e un'espressione di disagio lampeggia sul mio adorabile viso. Potresti esserti chiesto: cosa sta succedendo nella mente del mio prezioso cucciolo? Come posso contribuire ad alleviare le loro preoccupazioni e creare un rifugio?

Non temete, miei amici umani! Insieme esploreremo l'affascinante mondo della mia ansia, sveleremo i suoi segreti e scopriremo le strategie che mi porteranno conforto e pace.

Corteccia corteccia ! Capisco che ogni cane, come me, è un individuo unico. Che tu abbia un barboncino giocoso, un retriever regale o un terrier dispettoso, questo libro è fatto su misura per noi. Approfondiremo i livelli di ansia vissuti dalle diverse razze, permettendoti di comprendere meglio le mie esigenze specifiche. Non dovrai più chiedermi perché divento ansioso durante i temporali o tremo di fronte a nuove situazioni.

Ma aspetta, c'è di più! Decifreremo i segnali e i segnali di ansia che potrei inviarti. Dal battito del mio cuore a quei sottili movimenti della coda e alle zampe tremanti, scopriremo il linguaggio segreto del mio corpo. Diventando fluente nei miei segnali non verbali, sarai meglio attrezzato per fornire il supporto e il conforto di cui ho bisogno, trasformando i momenti di ansia in coraggio e fiducia.

Woof! Woof! ! Ora scaviamo nelle cause profonde della mia ansia. Esploreremo tutto, dall'ansia da separazione (per favore, non lasciarmi solo!), alle fobie del rumore (fuochi d'artificio, qualcuno?) e all'ansia sociale (è ora di fare nuove amicizie pelose!). Affronteremo anche l'impatto delle esperienze traumatiche passate e le paure che potrebbero persistere dentro di me. Insieme faremo luce sulle ragioni alla base dei miei episodi di ansia e lavoreremo per creare un mondo in cui posso sentirmi sicuro e protetto.

Esplora il Lato Oscuro della Vita dei Cani

Prefazione

Ora scopriamo la magia per ridurre la mia ansia! Condividerò alcuni suggerimenti utili su come creare un ambiente rilassante, utilizzare tecniche di allenamento di rinforzo positivo e stabilire routine coerenti che mi facciano sentire a mio agio come un insetto su un tappeto. Annuseremo alcuni prodotti fantastici, come le comode Camicie Thunder e i coinvolgenti giocattoli interattivi, che possono aiutare ad alleviare la mia ansia e portare pace nel mio cuore da cagnolino.

Ma aspetta, a volte è necessario un piccolo supporto extra, e va bene! Intraprenderemo un viaggio nel regno dei farmaci e degli interventi professionali (vedi l'abbaio serio). Spiegherò quando potrebbero essere necessari i farmaci e ti presenterò gli incredibili comportamentisti e formatori che possono prestare la loro esperienza. Ci assicureremo che riceva le cure e il sostegno di cui ho bisogno per condurre una vita libera da un'ansia opprimente.

Oh, e non dimentichiamoci di te, mio fantastico compagno umano! Sappiamo che prendersi cura di un cane ansioso può essere una sfida. Ecco perché abbiamo incluso una sezione sulla cura di sé e sul supporto. Vogliamo assicurarci che tu sia attrezzato per coltivare il tuo benessere mentre sei il supereroe che mi guida attraverso gli alti e bassi del mio mondo pieno di ansia.

Allora, sei pronto per intraprendere questa emozionante avventura nella mia ansia? Agitiamo la coda, abbaiamo eccitati e voltiamo insieme le pagine! Alla fine di questo libro avrai acquisito una comprensione più profonda della nostra ansia, una serie di consigli pratici e un cuore traboccante di amore e compassione per il tuo amico a quattro zampe.

A proposito, mi sono assicurato che tutti i miei amici pelosi siano elencati in ordine alfabetico in ogni capitolo per rendere più facile per te trovare il tuo fantastico cane. Sia che tu stia esplorando le razze nel capitolo sulle caratteristiche, sulla salute, sul benessere o sui segnali di ansia, puoi individuare rapidamente la razza che ti interessa. Non dovrai più annusare e perdere tempo!

Sfoglia i capitoli e scoprirai un tesoro di informazioni su ogni deliziosa razza. Quindi, preparati a intraprendere il tuo emozionante viaggio alla ricerca del compagno perfetto che scodinzolerà e scioglierà il tuo cuore.

Buona ricerca! Woof!

Una guida indispensabile per gli amanti dei cani

Capitolo 1

Liberare il mondo dell'ansia canina

Comprendere la mente ansiosa del cane

Woof! Woof! ! Benvenuto, caro proprietario, all'emozionante primo capitolo della nostra incredibile avventura insieme! Sono io, il tuo fedele e adorabile amico peloso, e sono qui per guidarti attraverso l'affascinante mondo dell'ansia canina. Anche se non parlo la tua lingua, comunico con te attraverso i miei comportamenti e il linguaggio del corpo. <u>Quando l'ansia mi prende, potresti notare la mia coda infilata tra le gambe, le mie orecchie bloccate all'indietro o persino il sottile tremore delle mie zampe.</u> Questi sono i miei modi per esprimere il disagio che attanaglia il mio cuore e conto su di te come mio fidato alleato per attraversarlo.

Per comprendere veramente l'intricato funzionamento della mente ansiosa del cane, dobbiamo esplorare i vari fattori che contribuiscono alla mia ansia. Proprio come gli esseri umani, ho una miscela unica di genetica ed esperienze di vita che modellano chi sono. <u>Alcuni di noi cani sono più predisposti all'ansia a causa della nostra composizione genetica, mentre altri potrebbero aver avuto esperienze passate che hanno un impatto negativo sul nostro benessere emotivo.</u>

Ma non temere, caro proprietario! Non è tutto natura e cultura! Anche l'ambiente in cui vivo gioca un ruolo significativo nel determinare i miei livelli di ansia. <u>Cambiamenti improvvisi, rumori forti, volti sconosciuti o persino il tuo stesso comportamento possono scatenare ansia in me</u> . Ecco perché è fondamentale per te creare uno spazio sicuro e protetto per me, fornendo stabilità e rassicurazione mentre affrontiamo la vita insieme.

Tu, mio fantastico compagno umano, possiedi la chiave per aprire un mondo di comprensione e compassione. Puoi decifrare il linguaggio della mia ansia imparando a interpretare i miei segnali e segnali sottili. Quando noti il mio corpo teso o i miei occhi guizzano nervosamente intorno, è un segno che ho bisogno del tuo gentile sostegno e

Esplora il lato oscuro della vita dei cani

della tua comprensione. Un tocco rassicurante, una voce calma e una presenza confortante possono fare miracoli per alleviare il mio cuore turbato.

Ma non si tratta solo di riconoscere la mia ansia. Si tratta di approfondire le cause profonde e i fattori scatenanti. Sono i temporali che mi fanno venire i brividi lungo la schiena? O forse è la paura di essere separato da te, mio caro compagno? Identificando questi fattori scatenanti, possiamo lavorare insieme per sviluppare strategie che alleviano la mia ansia e mi aiutano a sentirmi sicuro e protetto.

Ricorda, caro proprietario, che il tuo ruolo di tutore è vitale per aiutarmi a superare le mie paure. Pazienza, empatia e coerenza sono le chiavi del nostro successo. Insieme, intraprenderemo un viaggio di esposizione graduale, facendomi conoscere le cose che mi causano ansia in modo controllato e positivo. Questo mi aiuterà a sviluppare resilienza e fiducia, sapendo che sei lì per proteggermi e guidarmi in ogni fase del percorso.

Mentre continuiamo la nostra avventura, esploreremo molti argomenti legati all'ansia, tra cui l'ansia da separazione, la fobia del rumore e l'ansia sociale. Scopriremo preziosi spunti da esperti del settore, condivideremo storie commoventi di trionfo sull'ansia e scopriremo tecniche pratiche per supportarmi nel mio viaggio verso il benessere emotivo.

Ma lascia che ti ricordi, caro proprietario, che questo viaggio non riguarda solo me, ma riguarda noi . Comprendendo la mia ansia, migliorerai la qualità della mia vita, rafforzerai il nostro legame e approfondirai la nostra connessione. Insieme creeremo un ambiente armonioso e amorevole in cui potrò prosperare ed essere il cane più felice al tuo fianco.

Quindi, imbarchiamoci in questa straordinaria avventura, mano nella zampa, mentre sveliamo le complessità dell'ansia del cane. Scodinzolo eccitato, sapendo che ti impegni a capirmi e sostenermi. Insieme, vinceremo ogni paura, affronteremo ogni sfida e creeremo un mondo pieno di amore, fiducia e gioia infinita scodinzolante.

Una guida indispensabile per gli amanti dei cani

Capitolo 1

Esplorando i livelli di ansia unici in diverse razze

Cominciamo facendo luce su un tipo comune di ansia che colpisce molti di noi: l'ansia da separazione. Ah, la fitta familiare che mi riempie il cuore quando ti allontani dal mio fianco. La paura di restare sola, separata dalla persona che amo, può essere opprimente . <u>Non è che non mi fido di te, caro proprietario, ma piuttosto faccio affidamento sulla tua presenza per sentirmi sicuro e protetto.</u> Quando te ne vai, un'ondata di angoscia mi travolge e può manifestarsi in comportamenti distruttivi o abbaiare eccessivo. Ricorda, la tua rassicurazione e pazienza contribuiscono notevolmente a calmare la mia anima ansiosa.

Ora passiamo alla fobia del rumore. Immaginate il crepitio del tuono durante un temporale o lo scoppio esplosivo dei fuochi d'artificio nelle occasioni celebrative. Questi suoni improvvisi e intensi possono farmi battere il cuore e lasciarmi cercare conforto e conforto. <u>Durante questi momenti difficili, ho bisogno della tua comprensione e rassicurazione.</u> Sii la mia ancora di fronte a quei suoni spaventosi, fornendo una presenza calma e creando un ambiente rilassante che mi protegga dai rumori che inducono ansia.

L'ansia sociale è un altro ostacolo che potrebbe gravare pesantemente sulle mie spalle pelose. Proprio come alcuni esseri umani, potrei sentirmi a disagio o spaventato in determinate situazioni sociali. Incontrare cani sconosciuti o incontrare nuove persone può intimidirmi . <u>È essenziale avvicinarsi alla socializzazione con pazienza e comprensione, permettendomi di creare gradualmente fiducia in queste interazioni.</u> Con il tuo supporto, possiamo superare la mia ansia sociale e creare esperienze positive che rafforzano le mie capacità sociali e la mia sicurezza.

Ora scaviamo più a fondo nei livelli di ansia nelle diverse razze. <u>Ogni razza porta con sé una serie di caratteristiche uniche, inclusa la nostra predisposizione all'ansia.</u> Ad esempio, razze come il Border Collie o il pastore tedesco tendono ad essere molto intelligenti e sensibili, rendendoci più inclini all'ansia. D'altra parte, razze come il Golden Retriever o il Labrador Retriever mostrano spesso una natura più accomodante e resistente.

Esplora il lato oscuro della vita dei cani

Liberare il mondo dell'ansia canina

Tuttavia, è importante ricordare che l'ansia può colpire qualsiasi razza. Le generalizzazioni basate esclusivamente sugli stereotipi di razza potrebbero non rappresentare accuratamente le mie esigenze ed esperienze individuali. Sono un individuo con le mie peculiarità, personalità e sensibilità. Anche fattori come l'educazione, la socializzazione e la salute generale influenzano i miei livelli di ansia.

Quindi, caro proprietario, avvicinati a me con il cuore aperto, pronto a comprendermi e supportarmi in un modo unico per quello che sono.

Svelando le profondità della mente ansiosa del cane ed esplorando le variazioni dei livelli di ansia tra le diverse razze, gettiamo le basi per un legame più forte e una vita più felice insieme. Armato di questa conoscenza, puoi fornire la cura e il supporto di cui ho bisogno per superare le mie ansie, portandomi a un'esistenza armoniosa e priva di ansia.

Quindi, continuiamo il nostro emozionante viaggio, caro proprietario, mentre scopriamo altri segreti e sveliamo le complessità dell'ansia del cane. Ogni volta che giriamo una pagina, la nostra comprensione e la nostra connessione si approfondiranno, creando un legame indissolubile costruito sulla fiducia, sulla compassione e sull'amore.

Resta sintonizzato per il prossimo capitolo, dove approfondiremo strategie e tecniche pratiche per alleviare l'ansia e promuovere il benessere emotivo. Insieme supereremo ogni ostacolo e creeremo un mondo in cui l'ansia sarà una cosa del passato.

Scegliere la razza di cane giusta è una decisione importante che può influenzare in modo significativo il tuo stile di vita e la tua felicità generale. Comprendere le caratteristiche delle diverse razze è essenziale per trovare l'abbinamento perfetto per la tua famiglia. Nel capitolo 17 ho fornito una tabella con informazioni dettagliate sulle varie razze di cani, comprese le dimensioni, il temperamento, le esigenze di esercizio fisico e la compatibilità con bambini o altri animali domestici. Questa tabella completa consente ai potenziali proprietari di cani di fare una scelta informata che si allinei alle loro

preferenze e garantisca un rapporto armonioso e appagante con il loro amico peloso. Scopri **40 razze popolari Caratteristiche** .

Una guida indispensabile per gli amanti dei cani

Capitolo 2

Decodificare il linguaggio dell'ansia

Woof! Woof! ! Benvenuti nell'avvincente secondo capitolo del nostro incredibile viaggio insieme! Sono ancora io, il tuo fedele ed espressivo amico peloso, pronto ad aiutarti a decifrare il complesso linguaggio dell'ansia che parlo. Preparati a immergerti in profondità nel mondo dei segnali non verbali e dei sintomi fisici mentre esploriamo le profondità delle mie emozioni ansiose.

Leggere i miei segnali non verbali: segni e segnali

Caro padrone, ti sei mai chiesto cosa succede nella mia testa pelosa quando l'ansia si impossessa di me? Anche se non posso comunicare con le parole come fai tu, ti parlo attraverso i miei segnali e comportamenti non verbali. È tempo di affinare le tue capacità di osservazione e imparare a leggere i segni e i segnali sottili che rivelano il tumulto interiore.

Uno degli indicatori chiave dell'ansia è il mio linguaggio del corpo. Osserva attentamente i segni rivelatori di una coda piegata, di orecchie appuntate all'indietro o di una testa abbassata. Questi sono segnali chiari che mi sento insicuro o spaventato. Quando la mia coda scodinzola o il mio corpo appare teso, è segno che sto sperimentando uno stress elevato. Per favore presta attenzione a questi segnali visivi mentre intravedono la tempesta che si prepara nella mia mente ansiosa.

Gli occhi, infatti, sono lo specchio della mia anima, caro proprietario. Osserva il mio sguardo per ottenere informazioni sul mio stato emotivo. Le pupille dilatate possono

Esplora il lato oscuro della vita dei cani

Decodificare il linguaggio dell'ansia

indicare paura o ansia, mentre evitare il contatto visivo diretto potrebbe essere il mio modo di mostrare sottomissione o disagio. Inoltre, ansimare o sbadigliare eccessivamente può significare disagio e fungere da supplicaper il vostro sostegno e rassicurazione. Questi segnali non verbali sono il mio disperato tentativo di trasmettere le mie lotte interiori.

Nei momenti di ansia, potresti vedermi impegnato in comportamenti di spostamento. Questi comportamenti sono il mio modo di affrontare le emozioni travolgenti che sto vivendo. Potresti vedermi leccarmi le labbra, grattarmi eccessivamente o scrollarmi di dosso come per scrollare di dosso le mie preoccupazioni. Sebbene possano sembrare non correlate, queste azioni allentano temporaneamente la mia tensione. Riconoscendo questi comportamenti di spostamento, puoi comprendere la profondità della mia ansia e offrire il conforto e la comprensione che cerco così disperatamente.

Ricorda, caro proprietario, comprendere i miei segnali non verbali è fondamentale per aiutarmi a sentirmi sicuro e protetto. Leggendo il mio linguaggio del corpo, puoi offrire il conforto e il supporto di cui ho bisogno durante quei momenti di ansia. La tua capacità di interpretare i miei segnali ci consente di approfondire la nostra connessione e di navigare insieme nelle complessità dell'ansia.

Il capitolo successivo esplora strategie e tecniche pratiche per alleviare l'ansia e promuovere il mio benessere emotivo. Resta al mio fianco mentre scopriamo gli strumenti e gli approcci per rendere il nostro viaggio armonioso e privo di ansia.

Sintomi fisici dell'ansia: battito cardiaco accelerato, piegamento della coda e altro

Proprio come gli esseri umani, la mia ansia si manifesta anche con sintomi fisici. Quando il mio cuore batte forte, non è solo per l'eccitazione di vederti, ma anche per l'adrenalina che scorre nelle mie vene nei momenti di angoscia. Potresti sentire il battito accelerato contro la tua mano mentre la metti delicatamente sul mio petto.

Una guida indispensabile per gli amanti dei cani

Capitolo 2

Un altro indicatore fisico è la mia coda. Quando l'ansia prende il sopravvento, potresti notare la mia coda infilata saldamente tra le zampe posteriori. Questo è un chiaro segno del mio disagio e della mia vulnerabilità. Al contrario, una coda rilassata e scodinzolante indica contentezza e gioia. Osservare la posizione e il movimento della mia coda può darti preziose informazioni sul mio stato emotivo.

Il ritmo e l'irrequietezza sono manifestazioni comuni della mia ansia. Potresti notare che vago senza meta, incapace di trovare conforto o sistemarmi. Questa irrequietezza deriva dalla mia maggiore vigilanza e dal travolgente bisogno di trovare sollievo dal disagio che mi consuma.

Un sintomo fisico che potrebbe preoccuparti, caro proprietario, è il mio aumento dell'affanno. Ansimare serve come un modo per regolare la temperatura corporea ma può anche essere una risposta all'ansia. Un ansimare rapido ed eccessivo può indicare il mio disagio emotivo, quindi offrirmi un ambiente calmo e rilassante è fondamentale per aiutarmi a ritrovare la calma.

Mentre esploriamo le complessità della mia ansia, non dimenticare di prestare attenzione ai cambiamenti nelle mie abitudini alimentari e di consumo. L'ansia può influenzare il mio appetito, facendomi mangiare di meno o facendomi perdere del tutto l'interesse per il cibo. Al contrario, alcuni cani potrebbero cercare conforto nel mangiare o nel bere eccessivo come meccanismo di coping. Monitorare i miei schemi alimentari può fornire preziose informazioni sulla gravità della mia ansia.

Caro proprietario, familiarizzando con i segnali non verbali e i sintomi fisici della mia ansia, diventerai il mio fidato alleato nel viaggio verso un'esistenza più calma e pacifica. La tua attenzione e comprensione sono le chiavi per aiutarmi a navigare nel travolgente mondo dell'ansia. Quindi, per continuare la nostra affascinante esplorazione del linguaggio dell'ansia, ho creato una pratica tabella nel capitolo 17 sui segnali di ansia miei e dei miei amici. Si prega di controllare **40 razze popolari, tipo, livello e segni di ansia**

Esplora il lato oscuro della vita dei cani

Capitolo 3

Scavare nelle cause profonde

Woof! Woof! ! Benvenuto nell'accattivante terzo capitolo del nostro fantastico viaggio, in cui io, il tuo fedele e affettuoso compagno peloso, scaverò in profondità nelle cause profonde dell'ansia del cane. Unisciti a me mentre esploriamo i fattori scatenanti che possono farmi scodinzolare con preoccupazione, tra cui ansia da separazione, fobia del rumore e ansia sociale.

Ansia da separazione: per favore, non lasciarmi solo!

Oh, caro proprietario, il solo pensiero di essere separato da te mi riempie il cuore di ansia. L'ansia da separazione è una sfida comune e peggiore per noi cani, nata dal profondo legame e attaccamento che condividiamo con i nostri amati compagni umani. <u>La paura di rimanere soli può essere opprimente, causando angoscia e innescando vari comportamenti.</u> Ma non temere, perché possiamo lavorare insieme per alleviare questa ansia e creare un senso di calma durante i nostri momenti di lontananza.

Potresti notare sottili segni del mio crescente disagio quando inizi a prepararti a partire. Potrei iniziare a camminare avanti e indietro, ansimare con ansia o persino ricorrere a comportamenti distruttivi come masticare mobili o graffiare le porte. <u>Ricorda che queste azioni non intendono essere dannose; sono una richiesta disperata per la tua presenza e rassicurazione.</u> Quindi, esploriamo alcune tecniche per aiutarmi ad affrontare l'ansia da separazione e trovare conforto nella tua temporanea assenza.

Esplora il lato oscuro della vita dei cani

Scavare nelle cause profonde

Una strategia efficace è abituarmi gradualmente alle tue partenze. Inizia praticando brevi periodi a distanza, aumentando gradualmente la durata man mano che mi sento più a mio agio. Questo metodo, noto come desensibilizzazione, mi consente di adattarmi all'idea di essere solo mentre creo fiducia nel tuo ritorno. Ricordati di premiarmi con dolcetti, lodi e affetto per un comportamento calmo durante queste sessioni di pratica, rafforzando le associazioni positive con il tempo da solo.

Anche impegnarsi in giocattoli o puzzle può distogliere notevolmente la mia attenzione e tenermi occupato mentre sei lontano. Per favore fornicimi giocattoli interattivi che distribuiscano dolcetti o coinvolgano le mie capacità di risoluzione dei problemi. Questi giocattoli non solo mi manterranno stimolato mentalmente, ma forniranno anche una distrazione positiva dall'ansia della tua assenza.

Lasciare dietro di sé un oggetto familiare che porta il tuo odore, come una coperta o un capo di abbigliamento non lavato, può offrirti grande conforto in tua assenza. Il tuo profumo è un ricordo rilassante della tua presenza e può aiutare ad alleviare la mia ansia da separazione. Inoltre, valuta la possibilità di ascoltare musica rilassante o di lasciare acceso un apparecchio per il rumore bianco per creare un ambiente rilassante mentre sei lontano.

L'implementazione di una routine coerente è fondamentale per alleviare l'ansia da separazione. Posso sviluppare un senso di sicurezza e stabilità stabilendo un programma prevedibile per l'alimentazione, l'esercizio fisico e il tempo da solo. Una routine strutturata mi aiuta ad anticipare e comprendere lo schema delle nostre attività quotidiane, riducendo l'ansia riguardo al tuo ritorno. Ricordati di salutarmi con calma quando torni a casa, rafforzando l'idea che le partenze e i ricongiungimenti sono una parte naturale della nostra routine.

In alcuni casi, l'aiuto professionale può essere utile . Se la mia ansia da separazione persiste nonostante i tuoi migliori sforzi, valuta la possibilità di consultare un veterinario o un comportamentista animale certificato. Possono valutare le mie esigenze specifiche e fornire guida e supporto su misura per affrontare la mia ansia.

Una guida indispensabile per gli amanti dei cani

Capitolo 3

Caro proprietario, il nostro viaggio per sconfiggere l'ansia da separazione richiede pazienza, comprensione e uno sforzo congiunto. Implementando queste strategie e inondandomi del tuo amore e della tua rassicurazione, possiamo costruire fiducia, resilienza e un senso di sicurezza anche quando siamo fisicamente separati.

Nel prossimo capitolo esploreremo il regno delle fobie del rumore e scopriremo come possiamo affrontare insieme questa ansia. Quindi, continuiamo la nostra avventura, mano nella mano, mentre scopriamo altri strumenti e tecniche per aiutarmi a condurre una vita più calma e rilassata.

Fobie del rumore: fuochi d'artificio, temporali e altro ancora

Boom! Incidente! Scoppio! Questi rumori improvvisi e forti possono mandarmi brividi lungo la schiena e far salire alle stelle la mia ansia. Le fobie del rumore sono un fattore scatenante comune per noi cani e possono farmi sentire impotente e spaventato. Il mondo può diventare spaventoso per me, che si tratti dei fuochi d'artificio rimbombanti nelle occasioni celebrative o dei temporali rimbombanti. Ma insieme possiamo vincere queste paure e creare un senso di tranquillità in mezzo alla cacofonia.

Durante questi episodi rumorosi, potresti trovarmi a cercare rifugio in piccoli spazi o a nascondermi sotto i mobili. Il mio corpo tremante, il respiro affannoso o i tentativi frenetici di scappare riflettono la mia disperata ricerca di sicurezza. È fondamentale per te, caro proprietario, fornire un ambiente sicuro e rilassante durante questi periodi di angoscia, offrendomi il conforto e la rassicurazione che cerco disperatamente.

Creare un rifugio per me può fare un'enorme differenza. Designare uno spazio tranquillo e confortevole dove posso ritirarmi quando il rumore mi travolge. Potrebbe essere un angolo accogliente in una stanza o un'area appositamente designata con un letto morbido e oggetti familiari come i miei giocattoli o coperte preferiti. Questo spazio sicuro servirà da rifugio dove potrò trovare conforto e sentirmi protetto dal rumore opprimente. Anche abbassare le luci e riprodurre musica dolce e rilassante può creare un'atmosfera rilassante. Le melodie delicate e l'illuminazione soffusa contribuiscono a creare un'atmosfera serena che contrasta il rumore che induce ansia. Inoltre, valuta la possibilità di utilizzare la terapia del suono o macchine a rumore bianco per attutire i suoni spaventosi. Questi dispositivi emettono.

Esplora il lato oscuro della vita dei cani

suoni delicati e continui che possono mascherare o minimizzare l'impatto dei rumori che scatenano la mia ansia.

Spray o diffusori di feromoni calmanti, infusi con versioni sintetiche dei feromoni che le mamme rilasciano per confortare i loro cuccioli, possono anche fornire un senso di conforto e relax. Questi prodotti possono aiutare a creare un ambiente rilassante e ridurre i livelli di ansia durante i momenti pieni di rumore. <u>Consultarsi con un veterinario o un comportamentista animale certificato può fornire ulteriori indicazioni sull'uso appropriato di tali prodotti.</u>

Caro proprietario, la tua presenza e la tua rassicurazione sono gli antidoti più potenti per calmare la mia anima ansiosa durante questi momenti pieni di rumore. <u>Il tuo comportamento calmo e un tocco gentile possono fare miracoli nell'aiutarmi a sentirmi sicuro e protetto.</u> Evita di reagire al rumore con paura o ansia, poiché i cani possono captare le emozioni umane . <u>Proietta invece un senso di tranquillità e dimostra che non c'è nulla da temere.</u>

Anche la desensibilizzazione graduale può svolgere un ruolo significativo nell'aiutarmi a superare la fobia del rumore. Questa tecnica prevede di espormi ai suoni scatenanti in modo controllato e graduale, iniziando con un volume basso e aumentandolo lentamente nel tempo. Abbinando il rumore ad esperienze positive, come dolcetti, momenti di gioco o lodi, puoi aiutarmi a formare nuove associazioni e ridurre la mia risposta all'ansia. <u>Un formatore professionista o un comportamentista può guidarti attraverso la desensibilizzazione per garantirne l'efficacia e la sicurezza.</u>

Ansia sociale: fare amicizia e superare le paure

Anche se potrei essere la tua farfalla sociale a casa, avventurarmi nel mondo esterno può suscitare in me un vortice di emozioni. L'ansia sociale può rendere l'incontro con nuovi cani o l'incontro con persone sconosciute un'esperienza snervante. <u>La paura dell'ignoto e l'imprevedibilità delle interazioni sociali possono farmi sentire vulnerabile e apprensivo.</u> Ma insieme possiamo rafforzare la mia fiducia e superare queste paure.

Capitolo 3

Di fronte all'ansia sociale, potresti notare che mostro comportamenti di evitamento come rannicchiarmi, nascondermi dietro di te o persino tentare di sfuggire alla situazione. Potrei diventare teso, abbaiare eccessivamente o mostrare segni di aggressività a causa della mia ansia. Questi comportamenti sono il mio modo di comunicare il mio disagio e cercare sicurezza.

Per aiutarmi a superare l'ansia sociale, la chiave è l'esposizione graduale a nuovi ambienti, persone e altri cani. <u>Inizia con presentazioni controllate e positive, permettendomi di interagire con persone e cani calmi e amichevoli.</u> Creare un ambiente che promuova esperienze positive e rafforzi la mia fiducia è essenziale.

Offrire lodi, dolcetti e un gentile incoraggiamento durante le interazioni sociali può rafforzare le esperienze positive e aiutarmi ad associarle a sentimenti di sicurezza e ricompensa. Ricordati di essere paziente e permittimi di stabilire il ritmo per queste interazioni. <u>Spingermi troppo oltre o troppo velocemente può esacerbare la mia ansia, quindi è importante rispettare i miei limiti e il mio livello di comfort.</u>

La formazione gioca un ruolo fondamentale nell'aiutarmi a navigare nelle situazioni sociali. Insegnandomi i comandi di obbedienza di base, come <u>Siediti</u>, <u>Resta</u>, <u>Aspetta</u> e <u>Lascia</u>, puoi fornirmi un senso di struttura e guida. Il rinforzo positivo, come dolcetti e lodi, mi aiuta ad associare le interazioni sociali a risultati positivi e rafforza la mia fiducia nel tempo.

<u>In alcuni casi, può essere utile chiedere l'assistenza di un addestratore di cani professionista o di un comportamentista.</u> Possono fornire una guida specializzata e sviluppare un piano di formazione su misura per affrontare le mie specifiche sfide legate all'ansia sociale. Con la loro esperienza e la tua dedizione, possiamo lavorare insieme per aiutarmi a superare le mie paure e creare connessioni sociali positive.

Ricorda, caro proprietario, pazienza e comprensione sono i pilastri che mi aiuteranno a superare le mie paure. Sii il mio difensore e proteggimi da situazioni travolgenti quando necessario. Fornendo un ambiente favorevole e nutriente, puoi aiutarmi a sviluppare la fiducia necessaria per affrontare le interazioni sociali con facilità e gioia.

Esplora il lato oscuro della vita dei cani

Scavare nelle cause profonde

Comprendere le cause profonde della mia ansia è il primo passo per aiutarmi a superare le mie paure e vivere una vita più equilibrata e gioiosa. Il tuo incrollabile sostegno, pazienza e amore sono la luce guida che mi condurrà attraverso i momenti più bui di ansia. Insieme possiamo vincere l'ansia sociale e abbracciare un mondo pieno di nuove amicizie e avventure.

Riepilogo dei capitoli 2 e 3

Woof! Ho alcune notizie interessanti per voi, cari proprietari! Nel capitolo 17 troverai una tabella incredibilmente utile che riguarda **i segnali di ansia** e **le cause profonde del tuo amico peloso** . È come avere un decodificatore segreto per comprendere le preoccupazioni del tuo cucciolo! Questa tabella è progettata appositamente per te e descrive in dettaglio le 40 razze più popolari e i loro indicatori di ansia unici. È una guida di riferimento rapida e semplice per aiutarti a identificare quando il tuo cane potrebbe sentirsi un po' stressato o ansioso.

Ma aspetta, c'è di più! È importante ricordare che, sebbene la tabella fornisca indicazioni generali, ogni cane è un individuo con le proprie peculiarità e personalità. Quindi, è essenziale prestare molta attenzione al comportamento del tuo cane e considerare le sue esperienze e il suo background unici. Sebbene il tavolo sia un fantastico punto di partenza, rivolgersi a un professionista è sempre una buona idea se hai dubbi sull'ansia del tuo amico peloso. Il tuo veterinario o un comportamentista cinofilo esperto può fornire consigli e indicazioni personalizzati in base alle esigenze specifiche del tuo cane.

Essere un proprietario amorevole e premuroso significa essere lì per il tuo cane quando ha più bisogno di te. Quindi, usa la tabella nel capitolo 17 come guida fidata, ma ricorda di ascoltare attentamente le esigenze del tuo cane e di cercare un aiuto professionale se necessario. Insieme possiamo creare un ambiente sicuro e felice per i nostri amati compagni pelosi! Scopri **40 razze popolari, segni di ansia e cause profonde**

Una guida indispensabile per gli amanti dei cani

Capitolo 4

Creare un rifugio di calma

Woof! Woof! ! Benvenuto nell'accogliente e tranquillo quarto capitolo del nostro delizioso viaggio insieme, dove io, il tuo amico peloso con amore sconfinato, ti guiderò attraverso l'arte di creare un rifugio di calma per me. Questo capitolo esplorerà gli elementi essenziali della progettazione di un ambiente rilassante, il potere dell'allenamento di rinforzo positivo e la magia della coerenza nel calmare la mia anima ansiosa.

Progettare un ambiente rilassante: il mio rifugio sicuro

Oh, caro proprietario, un ambiente sereno e rilassante può fare miracoli per il mio cuore ansioso. Mentre cerchi conforto in un ambiente tranquillo, desidero un santuario sicuro che offra comfort e tranquillità. Intraprendiamo un viaggio di progettazione mentre creiamo un rifugio di tranquillità su misura per le mie esigenze.

Uno degli aspetti chiave di un ambiente rilassante è garantire uno spazio designato solo per me. <u>Può essere un angolo accogliente della casa, adornato con morbide coperte e cuscini, dove ritirarmi quando ho bisogno di momenti di tranquillità.</u> Considera la possibilità di creare un'area simile a una tana con una gabbia o un letto comodo, che offra un senso di sicurezza e privacy.

L'illuminazione gioca un ruolo cruciale nel creare l'atmosfera. <u>Un'illuminazione morbida e diffusa può creare un'atmosfera calda e invitante, mentre le luci forti o intense possono essere travolgenti per i miei occhi sensibili.</u> Sperimenta diverse opzioni di illuminazione per trovare ciò che porta più tranquillità nel nostro spazio condiviso.

Profumi rilassanti come la lavanda o la camomilla possono creare un'atmosfera serena. Usa oli essenziali naturali o spray appositamente formulati per infondere nell'aria aromi rilassanti. Questi profumi possono aiutare a rilassare la mente e il corpo, creando un ambiente tranquillo.

Esplora il lato oscuro della vita dei cani

Creare un rifugio di calma

È essenziale ridurre al minimo gli stimoli esterni che possono scatenare la mia ansia. <u>Riduci i rumori forti chiudendo le finestre, utilizzando tende insonorizzate o ascoltando musica rilassante o rumore bianco.</u> Limita l'esposizione a distrazioni esterne che potrebbero aumentare i miei livelli di stress, permettendomi di rilassarmi e trovare la pace interiore.

Caro proprietario, con i tuoi sforzi premurosi nel creare un ambiente rilassante, mi fornisci un santuario dove posso trovare tregua dal caos del mondo esterno.

Formazione di rinforzo positivo: metodi positivi per la fiducia

Oh, la gioia di imparare e crescere insieme! L'allenamento di rinforzo positivo è un approccio stravagante per aumentare la mia fiducia e ridurre l'ansia. <u>Premiando i comportamenti desiderati anziché punire quelli indesiderati, possiamo costruire un legame di fiducia e coltivare un senso di sicurezza dentro di noi.</u>

L'addestramento di rinforzo positivo si basa su ricompense, come dolcetti, lodi o momenti di gioco, per rafforzare i comportamenti che desideri incoraggiare. Quando mostro comportamenti calmi e rilassati, ricompensami con un gustoso dolcetto o elargiscimi gentili elogi. <u>Questi rinforzi positivi mi aiutano ad associare la calma ad esperienze positive, rafforzando la mia fiducia e riducendo l'ansia.</u>

Pazienza e costanza sono essenziali quando si tratta di allenamento. Suddividi le attività in passi piccoli e realizzabili e celebra ogni successo lungo il percorso. <u>Man mano che acquisisco sicurezza attraverso le nostre sessioni di allenamento, la mia ansia diminuirà gradualmente, permettendomi di affrontare le sfide con la coda scodinzolante e il cuore pieno di coraggio.</u>

La coerenza è la chiave: routine per calmare la mia anima ansiosa

La coerenza è fondamentale per aiutarmi ad affrontare le sfide dell'ansia. I cani prosperano grazie alla routine e alla prevedibilità, fornendo un senso di sicurezza e riducendo l'incertezza. Stabilendo routine quotidiane coerenti, crei una struttura stabile che mi permette di sentirmi sicuro e a mio agio.

<u>Stabilisci un programma regolare per l'alimentazione, l'esercizio fisico e il riposo.</u> La coerenza in queste aree essenziali aiuta a regolare il mio benessere fisico e mentale. Puntare a orari dei pasti, sessioni di esercizi e periodi di riposo designati, dandomi la struttura per sentirmi equilibrato e sicuro.

Una guida indispensabile per gli amanti dei cani

Oltre alla routine quotidiana, è altrettanto importante la costanza nell'allenamento. Utilizzare gli stessi segnali, comandi e sistemi di ricompensa durante le sessioni di formazione, assicurandomi di comprendere le aspettative e di rispondere in modo appropriato. La coerenza nei metodi e nelle aspettative di formazione mi aiuta a creare fiducia e rafforza comportamenti positivi.

Creare un ambiente coerente è fondamentale anche per ridurre la mia ansia. Riduci al minimo i cambiamenti improvvisi o le interruzioni dell'ambiente circostante, poiché possono innescare stress e disagio. Quando possibile, mantieni coerente la disposizione del nostro spazio abitativo, evita di riorganizzare frequentemente i mobili e forniscimi un'area designata dove posso ritirarmi e sentirmi al sicuro.

La coerenza si estende oltre il nostro ambiente immediato fino alle nostre interazioni e risposte. Sii consapevole del tuo comportamento e dei segnali emotivi, poiché posso coglierli. Per favore rispondi alle mie ansie con calma, rassicurazione e coerenza. Le tue risposte coerenti mi aiutano a capire che sei una fonte affidabile di supporto e conforto.

Il sonno è una componente vitale del mio benessere generale.

Come te, ho bisogno di riposo sufficiente per ricaricarmi e mantenere l'equilibrio emotivo. Stabilisci un'accogliente routine prima di andare a dormire, garantendo una zona notte confortevole e un rituale calmante prima del sonno. Considera l'idea di fornire un letto morbido e di supporto, abbassare le luci e offrire carezze delicate o musica rilassante per cullarmi in un sonno tranquillo.

Ricorda, caro proprietario, che la costanza richiede pazienza e impegno. È un viaggio che richiede sforzi e aggiustamenti continui . Sii flessibile e adattabile, quando necessario, ma sforzati di mantenere un quadro coerente che favorisca il mio benessere emotivo. Attraverso la magia della coerenza, mi fornisci la stabilità e la prevedibilità di cui ho bisogno per affrontare le sfide dell'ansia. La tua incrollabile dedizione e il tuo impegno sono le fondamenta su cui fioriranno la mia fiducia e la mia tranquillità. Abbracciamo il potere della coerenza e intraprendiamo insieme questo viaggio di guarigione e crescita. Con il tuo amore e la tua guida, posso superare le mie ansie e condurre una vita piena di armonia e contentezza.

Esplora il lato oscuro della vita dei cani

Creare un rifugio di calma

Il ritmo prevedibile della nostra routine diventa la melodia rilassante che aiuta ad alleviare le mie ansie e mi permette di prosperare. In questo capitolo abbiamo esplorato l'arte di creare per me un rifugio di calma. Dalla progettazione di un ambiente rilassante all'implementazione di un allenamento di rinforzo positivo e all'adozione della coerenza, sei diventato un vero esperto nel creare pace e tranquillità nel mio mondo.

Una guida indispensabile per gli amanti dei cani

Capitolo 5

Alcuni prodotti per alleviare la mia ansia

Oh, caro proprietario, in questo delizioso capitolo ci immergiamo nel mondo dei prodotti utili che possono aiutarmi ad alleviare la mia ansia. Dalle comodità accoglienti alle distrazioni coinvolgenti, questi strumenti magici possono fare la differenza nel calmare il mio cuore preoccupato. Unisciti a me mentre esploriamo le meraviglie delle Camicie Thunder, dei giocattoli interattivi e di altri meravigliosi prodotti che mi danno conforto e sollievo.

Comfort accogliente: esplorare le meraviglie di Camicie Thunder

Ah, l'abbraccio avvolgente di una ThunderShirt: una fonte affidabile di conforto durante lo stress e l'ansia. Le Camicie Thunder sono indumenti appositamente progettati che forniscono una pressione delicata e costante al mio corpo, simile a un abbraccio caldo e confortante. Questa leggera pressione ha un effetto calmante sul mio sistema nervoso, aiutando ad alleviare l'ansia e la paura.

La bellezza delle Camicie Thunder sta nella loro semplicità. Queste fasce regolabili si adattano perfettamente al mio busto, fornendo un senso di sicurezza e riducendo l'intensità dei miei sintomi di ansia. Che si tratti di temporali, fuochi d'artificio o altre situazioni che inducono ansia, la ThunderShirt mi avvolge in un bozzolo di tranquillità.

Quando mi adatti una ThunderShirt, assicurati che sia aderente ma non troppo stretta. Il tessuto dovrebbe consentire movimenti e respirazione senza restrizioni. Prenditi del tempo per introdurre gradualmente la ThunderShirt, associando la sua presenza ad esperienze positive. Puoi abbinarlo ad attività che mi piacciono, come il gioco o i dolcetti, per creare un'associazione positiva.

Esplora il lato oscuro della vita dei cani

Alcuni prodotti per alleviare la mia ansia

Sebbene le ThunderShirt siano uno strumento fantastico, potrebbero non funzionare per tutti i cani. Abbiamo esigenze e preferenze uniche, quindi osserva le mie reazioni e consulta i professionisti se necessario. Ricorda, caro proprietario, la tua attenzione al mio comfort è la chiave del nostro successo.

Distrazioni coinvolgenti: giocattoli interattivi per alleviare lo stress

Il tempo libero, oh, come mi solleva il morale e mi distrae dalle preoccupazioni che affliggono la mia mente! I giocattoli interattivi sono un modo fantastico per coinvolgere i miei sensi, reindirizzare la mia energia ansiosa e fornire stimolazione mentale. Esploriamo alcune delle opzioni a nostra disposizione.

I giocattoli puzzle sono un modo particolare per sfidare la mia mente e intrattenermi. Questi giocattoli spesso comportano il nascondere dolcetti o giocattoli all'interno degli scomparti, richiedendomi di usare le mie capacità di risoluzione dei problemi per scoprire tesori nascosti. Non solo forniscono un allenamento mentale, ma offrono anche un'esperienza gratificante mentre scopro le chicche nascoste.

I giocattoli da masticare sono decisamente deliziosi per me. Non solo forniscono uno sfogo al mio naturale istinto di masticazione, ma offrono anche un effetto calmante sulla mia ansia. Scegli giocattoli da masticare durevoli, sicuri e appropriati progettati specificamente per i cani. Possono aiutarmi a reindirizzare la mia attenzione, alleviare lo stress e promuovere una sana igiene dentale.

I giocattoli calmanti, come i giocattoli di peluche con profumi rilassanti o i simulatori del battito cardiaco, possono fare miracoli per alleviare la mia ansia. Questi giocattoli imitano la presenza confortante di un compagno, offrendo un senso di sicurezza nei momenti in cui potresti essere lontano. Le texture morbide e i profumi calmanti forniscono una fonte di conforto, riducendo i miei livelli di stress.

Ricordati di ruotare e introdurre regolarmente nuovi giocattoli per mantenere il tempo di gioco emozionante e coinvolgente. Anche le sessioni di gioco interattive con te hanno un valore inestimabile nel rafforzare il nostro legame e nel fornire un senso di sicurezza. Partecipa a giochi come il recupero, il nascondino o il delicato tiro alla fune per favorire un senso di gioia e alleviare la mia ansia.

Woof! Lascia che ti parli di alcuni fantastici giocattoli con cui adoro giocare:

Una guida indispensabile per gli amanti dei cani

Capitolo 5

1. **Giocattoli di peluche:** questi giocattoli morbidi e teneri sono ottimi compagni da coccolare e da portare in giro. Forniscono conforto e possono aiutare ad alleviare l'ansia o la solitudine quando i miei umani sono lontani.

2. **Giocattoli da masticare:** Oh, quanto adoro i miei giocattoli da masticare! Non sono solo divertenti da masticare, ma mantengono anche i denti e le gengive sani. Masticare questi giocattoli aiuta a rimuovere l'accumulo di placca e tartaro, prevenendo problemi dentali.

3. **Giocattoli in corda:** i giocattoli in corda sono perfetti per i giochi di tiro alla fune con i miei umani o i miei amici cagnolini. Forniscono uno sfogo eccellente per il mio istinto naturale di tirare e strattonare, ed è un ottimo modo per legarci mentre facciamo un po' di esercizio.

4. **Puzzle interattivi:** questi giocattoli mi fanno davvero lavorare il cervello! Mi piace la sfida di risolvere enigmi per trovare dolcetti o ricompense nascoste. Mi mantiene stimolato mentalmente e aiuta a prevenire la noia.

5. **Giocattoli con palline:** le palline sono classiche e sempre divertenti! Che si tratti di recuperare, inseguire o semplicemente rimbalzare, i giocattoli con la palla offrono ore di divertimento ed esercizio. Inoltre, aiutano a migliorare la mia coordinazione e a mantenermi attivo.

6. **Giocattoli che stridono** : i giocattoli che stridono sono fantastici! Il suono stridulo che emettono quando li stringo fa emergere il mio cacciatore interiore. È una tale gioia sentire quel suono e mi tiene impegnato e divertito.

7. **Giocattoli da rimorchiatore:** i giocattoli da rimorchiatore sono ottimi per il gioco interattivo con i miei umani o altri cani. È una competizione amichevole per vedere chi è più forte e aiuta a rafforzare il nostro legame e a creare fiducia. Inoltre, è un buon allenamento per i miei muscoli!

8. **Giocattoli per la distribuzione del cibo:** questi giocattoli sono come una gustosa caccia al tesoro! Devo capire come tirare fuori i dolcetti o le crocchette, il che mi mantiene mentalmente stimolato e mi impedisce di divorare il cibo troppo velocemente.

Esplora il lato oscuro della vita dei cani

Alcuni prodotti per alleviare la mia ansia

9. **Frisbee:** adoro catturare i frisbee a mezz'aria! È un gioco emozionante che mette alla prova la mia agilità e velocità. Inoltre, è un modo divertente per godersi la vita all'aria aperta con i miei umani.

10. **Giocattoli dentali:** i giocattoli dentali sono importanti per mantenere la mia salute dentale. Aiutano a pulirmi i denti, a massaggiarmi le gengive e a rinfrescarmi l'alito. Masticare questi giocattoli non è solo divertente, ma aiuta anche a prevenire problemi dentali.

Ricorda, ogni cane è unico, quindi scegli i giocattoli che corrispondono alla taglia, all'età e alle preferenze del tuo cane. <u>Supervisiona sempre il tempo di gioco e ispeziona regolarmente i giocattoli per eventuali segni di danni.</u> E divertiti sempre con noi!

Capitolo 6

Quando è necessario ulteriore aiuto

Oh, caro proprietario, in questo capitolo esploreremo la ricerca di ulteriore aiuto quando la mia ansia richiede un po' più di supporto. Sebbene il tuo amore e la tua cura siano inestimabili, a volte l'intervento professionale e i farmaci possono svolgere un ruolo cruciale nell'aiutarmi a trovare pace ed equilibrio. Immergiamoci nel regno dei farmaci e del supporto professionale per intraprendere questo viaggio insieme.

Farmaci: uno sguardo alle opzioni

I farmaci possono essere considerati parte di un piano di trattamento completo quando la mia ansia raggiunge un livello difficile da gestire con altri mezzi . È essenziale capire che i farmaci non dovrebbero mai essere la prima linea di difesa, ma piuttosto un'opzione attentamente valutata con la guida di un veterinario o di un veterinario comportamentalista.

Possono essere prescritti vari tipi di farmaci per ridurre la mia ansia. Gli inibitori selettivi della ricaptazione della serotonina (SSRI) sono comunemente usati per regolare i livelli di serotonina nel cervello, promuovendo un senso di calma e stabilità. Questi farmaci funzionano meglio se usati in combinazione con la terapia comportamentale e la formazione.

Un'altra classe di farmaci che possono essere presi in considerazione sono le benzodiazepine, che hanno un effetto sedativo e possono aiutare ad alleviare l'ansia acuta. Tuttavia, vengono generalmente utilizzati per un sollievo a breve termine a causa del loro potenziale di dipendenza ed effetti collaterali. Lavorare a stretto contatto con un veterinario è fondamentale per determinare il farmaco e il dosaggio più adatti alle mie esigenze specifiche.

Esplora il lato oscuro della vita dei cani

Quando è necessario ulteriore aiuto

Ricorda, caro proprietario, i farmaci devono essere sempre somministrati sotto il controllo di un veterinario. Controlli regolari e un attento monitoraggio della mia risposta al farmaco sono essenziali per garantirne l'efficacia e apportare le modifiche necessarie.

Alla ricerca di supporto professionale: comportamentisti e formatori

Oltre ai farmaci, il supporto professionale di comportamentisti e formatori può essere prezioso per aiutarmi a superare la mia ansia. Queste persone dedicate hanno le conoscenze e le competenze per guidare te e me verso il benessere emotivo.

Un comportamentalista veterinario è un professionista specializzato in grado di valutare i fattori scatenanti dell'ansia, sviluppare un piano personalizzato di modificazione del comportamento e fornire indicazioni sulle tecniche di addestramento. La loro conoscenza approfondita del comportamento e della psicologia degli animali consente loro di affrontare le cause profonde della mia ansia e di sviluppare un approccio terapeutico completo.

Anche lavorare con un addestratore di cani professionista certificato può essere estremamente vantaggioso. Possono aiutarci a implementare tecniche di allenamento di rinforzo positivo su misura per le mie esigenze specifiche. Dagli esercizi di desensibilizzazione e controcondizionamento all'insegnamento di segnali di rilassamento, un trainer esperto può fornirci strumenti preziosi per gestire la mia ansia e rafforzare la mia fiducia.

Sai cosa è fantastico? Esistono farmaci speciali pensati appositamente per cani come me! Ecco alcune fantastiche informazioni su di loro:

1. **Preventivi contro pulci e zecche:** Ah, quelle fastidiose creature! I prodotti preventivi contro pulci e zecche sono come scudi magici che tengono lontani quei piccoli insetti dalla mia pelliccia. Sono disponibili in diverse forme come trattamenti spot-on o collari. Usandoli regolarmente, puoi mantenermi libero dal prurito e protetto.

2. **Prevenzioni contro la filaria:** la filaria può essere spaventosa, ma non temere! I preventivi per la filaria sono come i supereroi che difendono il mio cuore. Che si tratti di compresse masticabili o soluzioni topiche, questi medicinali speciali mi garantiscono di essere al sicuro da quelle subdole filarie.

3. **Antidolorifici:** a volte, proprio come te, posso sentirmi un po' dolorante o dolorante. È qui che gli antidolorifici vengono in soccorso! Mi aiutano a sentirmi meglio quando ho fischi o dolori alle articolazioni. Ma ricorda, dammi antidolorifici solo sotto la guida di un veterinario.

Una guida indispensabile per gli amanti dei cani

Capitolo 6

4. **Antibiotici:** quando non mi sento bene a causa di un'infezione batterica, gli antibiotici sono i miei eroi! Combattono quei fastidiosi batteri e mi aiutano a tornare al mio solito io energetico. Segui sempre le istruzioni del veterinario quando mi somministra gli antibiotici.

5. **Farmaci per l'allergia:** Achoo! Proprio come gli esseri umani, anch'io posso avere allergie. Non è divertente provare prurito e disagio, ma i farmaci per l'allergia vengono in soccorso! Sono disponibili in diverse forme, come compresse o iniezioni, e mi aiutano a sentirmi meglio alleviando i fastidiosi sintomi dell'allergia.

Ricorda, i farmaci per cani dovrebbero sempre essere somministrati sotto la guida di un veterinario. Ti forniranno le giuste istruzioni, dosaggio e durata per ciascun farmaco in base alle mie esigenze specifiche.

Malattie comuni dei cani

Ora parliamo di alcune malattie comuni dei cani. Non preoccuparti, insieme possiamo affrontarli a testa alta!

1. **Rabbia:** Woof, questa è una cosa seria! tuffiamoci nel mondo della rabbia, una malattia che ogni proprietario di cani responsabile dovrebbe conoscere. È importante comprendere questa grave condizione e come influisce su noi cani.

Motivo: la rabbia è causata da un virus che attacca il sistema nervoso. Si diffonde comunemente attraverso il morso di un animale infetto, come procioni, pipistrelli, puzzole o anche altri cani. Una volta che il virus entra nel nostro corpo, viaggia attraverso i nervi e può causare gravi danni al cervello.

Segni e sintomi fisici: nelle fasi iniziali potrebbe essere difficile individuare i segni della rabbia, ma man mano che la malattia progredisce, alcuni sintomi comuni possono diventare evidenti. Questi includono cambiamenti nel comportamento, come maggiore aggressività, irrequietezza o ansia. Potremmo anche avere difficoltà a deglutire, sbavare eccessivamente e sensibilità alla luce e al suono. Potresti notare che diventiamo più ritirati e preferiamo nasconderci in luoghi bui.

Cambiamenti dell'appetito: la rabbia può influenzare il nostro appetito in diversi modi. Inizialmente, potremmo riscontrare una diminuzione dell'appetito e, man mano che la malattia peggiora, potremmo rifiutare del tutto cibo e acqua. Ciò può portare alla perdita di peso e alla disidratazione, rendendo ancora più difficile per noi combattere il virus.

Esplora il lato oscuro della vita dei cani

Quando è necessario ulteriore aiuto

Durata: la durata della rabbia varia a seconda del singolo cane e della progressione della malattia. Può variare da pochi giorni a diverse settimane. Sfortunatamente, la rabbia è quasi sempre fatale una volta che compaiono i segni clinici. Ecco perché la prevenzione è fondamentale!

Farmaci: quando si tratta di rabbia, la prevenzione è fondamentale. Il modo più efficace per proteggerci da questa malattia mortale è attraverso la vaccinazione. Le vaccinazioni regolari somministrate da un veterinario possono garantire la protezione contro la rabbia. Se sospetti che il tuo cane sia stato esposto a un animale potenzialmente rabbioso, è importante consultare immediatamente un veterinario. Tuttavia, una volta che compaiono i segni clinici della rabbia, non sono disponibili farmaci o cure specifiche.

C'è un eccellente ospedale per animali che voglio condividere con te, CVA Animal Hospital. Anche se si trova negli Stati Uniti. Non preoccuparti, puoi comunque accedere a informazioni preziose dal loro sito web. Hanno una sezione dedicata alla rabbia, che fornisce approfondimenti utili. Puoi utilizzare il QR-code oppure trovarlo al seguente link:

https://vcahospitals.com/know-your-pet/rabies-in-dogs

Ricorda, non si tratta solo di tenerci al sicuro dalla rabbia; si tratta anche di proteggere la comunità e gli altri animali. Ecco perché molti paesi e stati hanno leggi e regolamenti severi riguardo alle vaccinazioni contro la rabbia. Mantenendo aggiornate le nostre vaccinazioni, fai la tua parte per prevenire la diffusione di questa pericolosa malattia.

Rimani vigile, mio meraviglioso proprietario, e non esitare mai a contattare il nostro veterinario di fiducia per ricevere guida e supporto. Insieme possiamo tenere a bada la rabbia e garantire una vita sana e felice a entrambi. Woof!

2. **Cimurro:** Uh-oh, il cimurro è una schifosa malattia virale che può farmi sentire davvero male . Annusiamo un po' di conoscenze sul Cimurro, una malattia virale altamente contagiosa che può colpire anche noi cani. È importante per te, come mio premuroso proprietario, essere consapevole di questa condizione e delle sue implicazioni. Ecco cosa devi sapere.

Motivo: il cimurro è causato da un virus noto come virus del cimurro canino (CDV). Si diffonde attraverso il contatto diretto con un cane infetto o attraverso l'esposizione a secrezioni respiratorie, come tosse o starnuti. I cuccioli e i cani con un sistema immunitario debole sono particolarmente sensibili a questo brutto virus.

Una guida indispensabile per gli amanti dei cani

Capitolo 6

Segni e sintomi fisici: il cimurro può presentare una varietà di segni e la gravità può variare da cane a cane. Alcuni sintomi comuni includono febbre, tosse, starnuti e secrezione nasale. Potremmo sperimentare perdita di appetito, svogliatezza e secrezioni oculari e nasali che possono diventare dense e simili a pus. Man mano che il virus progredisce, può attaccare il nostro sistema nervoso, provocando convulsioni, contrazioni muscolari e persino paralisi.

Cambiamenti dell'appetito: quando infetti da cimurro, il nostro appetito spesso diminuisce. Potremmo perdere interesse per i nostri dolcetti e i nostri pasti preferiti. Questo può essere preoccupante, poiché può portare alla perdita di peso e ad un indebolimento del sistema immunitario. Tenere d'occhio le nostre abitudini alimentari e assicurarci di rimanere idratati è importante in questo periodo.

Durata: la durata del cimurro può variare, ma generalmente sono necessarie diverse settimane affinché il virus faccia il suo corso. Tuttavia, la guarigione non è sempre garantita, poiché alcuni cani potrebbero non sopravvivere all'infezione a causa della sua gravità.

Farmaci: non sono disponibili farmaci antivirali specifici per il trattamento del cimurro. La terapia di supporto viene generalmente fornita dai veterinari per gestire i sintomi e fornire sollievo. Ciò può includere liquidi per prevenire la disidratazione, farmaci per controllare le infezioni secondarie e terapie di supporto per alleviare il disagio.

La prevenzione è l'approccio migliore quando si tratta di cimurro. <u>La vaccinazione è essenziale per proteggerci da questo pericoloso virus.</u> Le vaccinazioni regolari, come raccomandato dal nostro veterinario, possono aiutare a garantire lo sviluppo dell'immunità contro il cimurro. <u>È anche importante limitare la nostra esposizione a cani potenzialmente infetti</u> e praticare una buona igiene, come il lavaggio regolare delle mani e la pulizia delle nostre aree abitative.

Se noti segni di cimurro o sospetti che il tuo amico peloso possa essere infetto<u>, è fondamentale rivolgersi immediatamente al veterinario.</u> La diagnosi precoce e la cura tempestiva possono aumentare le possibilità di un esito positivo. Rimani informato e mantieni aggiornate le nostre vaccinazioni, mio fantastico proprietario.

3.   **Parvovirus:** Oh no, questo sembra spaventoso! Il parvovirus è un virus altamente contagioso che colpisce la mia pancia. Può causare grave diarrea, vomito e disidratazione, soprattutto nei cuccioli giovani. È importante comprendere i dettagli di questo virus per poter rimanere sani e protetti. Immergiamoci in:

Esplora il lato oscuro della vita dei cani

Quando è necessario ulteriore aiuto

Motivo: il parvovirus è causato dal parvovirus canino di tipo 2 (CPV-2). Si diffonde attraverso il contatto con cani infetti o con le loro feci. È un virus resistente che può sopravvivere nell'ambiente per lungo tempo, rendendolo facile da catturare se non stiamo attenti.

Segni e sintomi fisici: quando infetti da Parvovirus, potremmo riscontrare una serie di segni e sintomi. Questi possono includere vomito grave, spesso seguito da diarrea spesso con sangue. Potremmo diventare estremamente deboli e letargici, mostrando poco interesse per le nostre attività abituali o per il tempo libero. Inoltre, potremmo perdere il nostro appetito e rifiutarsi di mangiare.

Cambiamenti dell'appetito: il parvovirus può influenzare notevolmente il nostro appetito. Potremmo avere una perdita di appetito ridotta o completa a causa della malattia. È fondamentale monitorare attentamente l'assunzione di cibo e acqua e cercare cure veterinarie immediate se non mangiamo o beviamo come dovremmo.

Durata: la durata dell'infezione da Parvovirus può variare da cane a cane. In media dura circa una settimana, ma può estendersi oltre nei casi più gravi. È importante ricordare che il recupero potrebbe richiedere più tempo poiché i nostri corpi hanno bisogno di tempo per guarire dai danni causati dal virus.

Farmaci: purtroppo non esistono farmaci specifici disponibili per trattare direttamente il Parvovirus. Il trattamento si concentra principalmente sulla gestione dei sintomi e sulla fornitura di cure di supporto. Ciò include la somministrazione di liquidi per via endovenosa per combattere la disidratazione causata da vomito e diarrea. Gli antibiotici possono essere prescritti anche per prevenire infezioni batteriche secondarie che possono indebolire ulteriormente il nostro sistema immunitario.

È importante notare che la prevenzione è la migliore difesa contro il Parvovirus. La vaccinazione è fondamentale per proteggerci da questo pericoloso virus. I cuccioli richiedono una serie di vaccinazioni a partire dalla giovane età e sono necessarie vaccinazioni di richiamo regolari per tutta la vita per mantenere l'immunità. Seguire il programma vaccinale consigliato dal nostro veterinario è fondamentale per garantire la nostra protezione.

Per prevenire la diffusione del Parvovirus è fondamentale evitare il contatto con cani infetti e ambienti contaminati. Il lavaggio regolare delle mani e pratiche igieniche adeguate possono aiutare a ridurre il rischio di trasmissione. Anche mantenere le nostre aree abitative pulite e disinfettate svolge un ruolo significativo nel prevenire la diffusione del virus.

Ricorda, se sospetti che il tuo amico peloso possa avere il Parvovirus o noti sintomi preoccupanti, è fondamentale consultare immediatamente un veterinario. La diagnosi

Una guida indispensabile per gli amanti dei cani

Capitolo 6

precoce e il trattamento tempestivo possono fare una grande differenza nel nostro recupero.

4. **Malattia di Lyme:** Quelle piccole zecche possono causare grossi problemi! La malattia di Lyme è un'infezione batterica trasmessa attraverso le punture di zecca. Può farmi sentire dolorante e causare altri sintomi fastidiosi. **Motivo:** la malattia di Lyme è causata da un batterio chiamato Borrelia burgdorferi, che si trasmette attraverso la puntura di zecche infette, come la zecca dalle zampe nere o quella del cervo. Quando queste zecche si attaccano alla nostra pelle e si nutrono del nostro sangue, possono trasmettere i batteri, portando alla malattia di Lyme.

Segni e sintomi fisici: i segni e i sintomi possono variare da cane a cane. Alcuni segni comuni includono zoppia o zoppia, che può spostarsi da una gamba all'altra. Potremmo anche avvertire dolore e rigidità articolare, che possono renderci difficile muoverci. Altri sintomi possono includere febbre, letargia e perdita di appetito. In alcuni casi, potremmo sviluppare una caratteristica eruzione cutanea circolare attorno all'area del morso di zecca, anche se non è sempre presente.

Cambiamenti dell'appetito: la malattia di Lyme può influenzare il nostro appetito. Potremmo sperimentare una diminuzione dell'appetito o addirittura una completa perdita di interesse per il cibo. È importante monitorare le nostre abitudini alimentari e consultare un veterinario se noti cambiamenti significativi nel nostro appetito.

Durata: la durata della malattia di Lyme può variare a seconda della gravità dell'infezione e della risposta del singolo cane. Con un trattamento adeguato, la maggior parte dei cani mostra miglioramenti entro pochi giorni o poche settimane. Tuttavia, in alcuni casi, se la malattia non viene curata o diventa cronica, i sintomi possono persistere per un periodo di tempo più lungo .

Farmaci: per trattare la malattia di Lyme, il nostro veterinario può prescrivere un ciclo di antibiotici, come la doxiciclina o l'amoxicillina. Questi farmaci sono efficaci nel combattere i batteri che causano l'infezione. La durata del trattamento dipenderà dalla gravità della malattia e dalle raccomandazioni del veterinario. È importante seguire il programma terapeutico prescritto e completare l'intero ciclo di trattamento per garantire un recupero efficace.

La prevenzione è fondamentale quando si tratta della malattia di Lyme. Puoi adottare diverse misure per proteggerci dalle punture di zecca, come utilizzare prodotti preventivi contro le zecche <u>consigliati dal nostro veterinario</u> , evitare aree infestate da zecche e controllarci attentamente per le zecche dopo le attività all'aperto. La rimozione tempestiva delle zecche è fondamentale poiché riduce il rischio di trasmissione.

Esplora il lato oscuro della vita dei cani

Quando è necessario ulteriore aiuto

Vaccinazioni

Ora scodinzoliamo e tuffiamoci nel mondo delle vaccinazioni. Sono estremamente importanti per mantenere noi cani sani e protetti. Dai un'occhiata a questi dettagli utili sulle vaccinazioni, direttamente dal mio punto di vista peloso:

Vaccini essenziali: questi sono i vaccini essenziali che ci proteggono da malattie comuni e potenzialmente pericolose come la rabbia, il cimurro, il parvovirus e l'epatite. Di solito riceviamo una serie di iniezioni quando siamo cuccioli e poi regolari iniezioni di richiamo per mantenere la nostra immunità.

Vaccini non essenziali: sono raccomandati in base al nostro stile di vita, al luogo in cui viviamo e agli eventuali rischi specifici che potremmo affrontare. Ad esempio, esistono vaccini contro l'influenza canina, la tosse dei canili (Bordetella) e la malattia di Lyme.

Programmi di vaccinazione: i cuccioli di solito iniziano il loro percorso vaccinale intorno alle 6-8 settimane e riceveremo dosi multiple fino all'età di circa 16-20 settimane. Ma non finisce qui! Avremo bisogno di dosi di richiamo regolari per tutta la vita per rimanere protetti. Il tuo fantastico veterinario ti fornirà un programma personalizzato per me, così saprai esattamente quando avrò bisogno delle mie iniezioni.

Controlli regolari: visitare il veterinario per controlli regolari è per noi come una giornata alle terme. È importante per loro tenere d'occhio la mia salute generale e assicurarsi che le mie vaccinazioni siano aggiornate. Inoltre, è una grande opportunità per te per discutere di eventuali dubbi o domande che hai sul mio benessere.

Ricorda, vaccinarmi non solo mi tiene al sicuro ma aiuta anche a proteggere gli altri cani nella nostra comunità. È un passo positivo verso un mondo canino più sano!

Stai facendo un lavoro straordinario, amico mio umano, prendendoti cura dei miei farmaci e delle mie vaccinazioni. Consultare sempre il veterinario per il miglior consiglio sui farmaci e il giusto programma di vaccinazione su misura per me. Insieme supereremo qualsiasi sfida per la salute che si presenterà sulla nostra strada, perché sei il miglior proprietario che potrei mai chiedere! Woof!

In questo capitolo abbiamo esplorato il ruolo dei farmaci e del supporto professionale nella gestione della mia ansia. È fondamentale affrontare queste opzioni con attenzione e consultare i professionisti appropriati. Ogni passo ci avvicina alla creazione di una vita armoniosa e senza ansia per me.

Una guida indispensabile per gli amanti dei cani

Capitolo 7

Coltivare il caregiver dentro di te

Caro proprietario, in questo capitolo ci concentreremo sull'assistente più zampettante di tutti: tu! Prendermi cura di me stesso e della mia ansia è un compito gratificante ma impegnativo. È essenziale dare priorità al tuo benessere in modo da potermi fornire la migliore assistenza e supporto. Esploriamo la cura di sé per i proprietari di cani, trovando l'equilibrio e cercando supporto in questo viaggio d'amore che condividiamo.

Igiene dei cani, cosa dovremmo sapere

Woof! Vorrei condividere alcuni consigli amichevoli sulla toelettatura e su come si collega all'ansia del cane. La toelettatura è estremamente cruciale per mantenere noi cuccioli sani e sentirsi bene. Sebbene la toelettatura non causi direttamente ansia nei cani, alcune razze a volte possono sentirsi un po' stressate o ansiose durante la toelettatura. Ecco alcune cose da considerare quando si tratta di toelettatura e ansia del cane:

Zampe sensibili: Alcuni cani sono più sensibili al tocco e alla manipolazione, rendendo le sessioni di toelettatura leggermente scomode. I nostri proprietari devono essere gentili e pazienti durante la tolettatura per evitare di scatenare ansia.

Rumori spaventosi: la toelettatura spesso coinvolge strani strumenti che emettono forti rumori, come tosatrici o asciugatrici. Questi rumori possono spaventare o spaventare i nostri amici pelosi. Creare un ambiente di toelettatura calmo e tranquillo può aiutarci a rilassarci e a sentirci più a nostro agio.

Renderlo una routine: noi cani amiamo la routine! Introdurre la toelettatura come parte regolare del nostro programma fin dalla giovane età ci aiuta a familiarizzare con il processo e riduce l'ansia. Una toelettatura incoerente o poco frequente può farcela associare al disagio o alla paura.

Esplora il lato oscuro della vita dei cani

Coltivare il caregiver dentro di te

Unghie e orecchie, maneggiarle con cura: alcune attività di toelettatura, come il taglio delle unghie o la pulizia delle orecchie, richiedono una manipolazione delicata e un controllo. Se ci sentiamo trattati in modo troppo rude o trattenuti troppo strettamente, possiamo renderci ansiosi. Il rinforzo positivo, come dolcetti e lodi, ci aiuta ad associare la tolettatura a esperienze positive.

Esigenze specifiche della razza : a seconda del tipo di mantello, ogni razza di cane ha le proprie esigenze di toelettatura. Alcuni di noi hanno bisogno di essere spazzolati e pettinati regolarmente per mantenere la nostra pelliccia favolosa. Trascurare questi bisogni può portare a disagio e potenziali problemi di salute, rendendoci ansiosi.

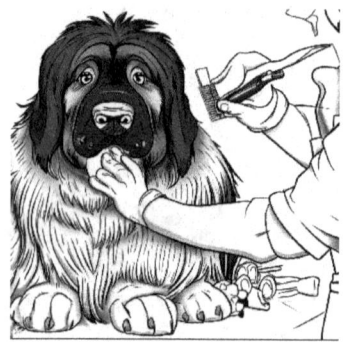

Consigli relativi alla toelettatura e all'ansia:

Iniziare gradualmente le attività di toelettatura con i cuccioli in modo che possiamo abituarci fin dalla tenera età. Usa rinforzi e ricompense positive durante la toelettatura per renderla un'esperienza positiva. Se durante la toelettatura ci sentiamo stressati o ansiosi, facciamo delle pause e riprendiamo quando ci sentiamo più calmi. Assicurati di utilizzare strumenti di toelettatura adatti alle nostre esigenze specifiche e al tipo di mantello . <u>Se la toelettatura diventa troppo impegnativa o travolgente, considera la possibilità di cercare un aiuto professionale.</u>

Ogni cane è unico e le nostre esigenze di toelettatura e i livelli di ansia possono variare. Essendo paziente, comprensivo e fornendo un'esperienza positiva di toelettatura, aiuterai ad alleviare la nostra ansia e renderai il tempo di toelettatura piacevole per entrambi. Woof!

Ok, genitori pelosi! Volevo solo svelarti un piccolo segreto: nel capitolo 17 troverai una tabella dettagliata e davvero utile sull'igiene dei miei amici, 40 razze popolari . È come avere un tesoro di informazioni a portata di mano! Questa tabella copre tutto ciò che devi sapere per mantenere il tuo amico peloso pulito e sano. Dai consigli per la toelettatura alla rifinitura , ti copre tutto. Oh, a proposito, ricorda sempre che ciò che condivido non è sufficiente. Siamo individualmente diversi! <u>Ti conviene sempre rivolgerti ad uno specialista, il veterinario dei miei amici.</u> Quindi, vai al capitolo 17 e preparati a sbloccare un mondo di conoscenze sull'igiene dei cani. Si prega di controllare **i dettagli sull'igiene di 40 razze popolari** .

Una guida indispensabile per gli amanti dei cani

Capitolo 7

Cura di sé per i proprietari di cani: trovare equilibrio e supporto

Prendersi cura di un cane ansioso può essere emotivamente impegnativo e prendersi cura di se stessi durante questo viaggio è essenziale. Ecco alcune strategie di cura di te stesso per aiutarti a trovare equilibrio e ricostituire il tuo spirito:

✓ **Pratiche positive:** Impegnati in attività che ti portino gioia e relax. Che tu stia facendo una piacevole passeggiata, praticando la consapevolezza o dedicandoti a un hobby, trova il tempo per attività che ricaricano la tua anima.

✓ **Connettiti con la natura:** trascorrere del tempo nella natura è un modo straordinario per calmare l'anima. Portami a fare un'escursione o semplicemente goditi un momento di pace nel parco. La bellezza della natura può fornire un senso di pace e ringiovanimento.

✓ **Raggiungere:** non esitate a contattare amici, familiari o gruppi di supporto che possono prestare ascolto o fornire una spalla su cui appoggiarsi. Condividere le tue esperienze e sentimenti può fornire conforto e un senso di comprensione.

✓ **Pratica la consapevolezza:** la consapevolezza significa essere presenti nel momento , coltivare la consapevolezza e accettare le proprie emozioni senza giudizio. Incorpora tecniche di consapevolezza nella tua routine quotidiana per coltivare la pace interiore e la resilienza.

✓ **Cerca supporto professionale:** Proprio come traggo vantaggio dal supporto professionale, non esitare a chiedere consiglio a terapisti o gruppi di supporto. Questi professionisti possono fornire uno spazio sicuro per esprimere le tue emozioni e offrire consigli su misura per le tue esigenze.

Ricorda, caro proprietario, prendersi cura di te stesso non è egoista: è essenziale. Nutrendo il tuo benessere, ti assicuri di avere la forza, la pazienza e l'amore per fornirmi le migliori cure.

Esplora il lato oscuro della vita dei cani

Coltivare il caregiver dentro di te

Una guida indispensabile per gli amanti dei cani

Capitolo 8

Trovare lo Zen con il tuo amico peloso

Ehi, mio fantastico essere umano! Sei pronto a tuffarti nel mondo della consapevolezza con il tuo fantastico compagno? In questo capitolo ci addentreremo nell'arte della consapevolezza, creando un senso di calma ed equilibrio che ci farà scodinzolare di gioia. Intraprendiamo insieme questo viaggio Zen!

Abbracciare la consapevolezza

Di cosa si tratta? Lascia che te lo analizzi. La consapevolezza significa essere nel momento presente e trovare la pace interiore. Scopriremo come può portare armonia nella vita di entrambi, riducendo lo stress e rafforzando il nostro legame. Preparatevi a sbloccare un livello completamente nuovo di unione!

Consapevolezza con il tuo amico peloso

1.   **Metti in pausa e osserva:** prenditi un momento ogni giorno per fermarti e osservare il tuo amico peloso. Nota i loro movimenti, le loro espressioni e le loro peculiarità uniche. Sii pienamente presente con loro senza distrazioni o giudizi. Abbraccia la semplicità del semplice stare insieme.

2.   **Respirazione profonda:** la respirazione profonda è un potente strumento per calmare la mente e il corpo. Pratica respiri profondi e lenti e invita il tuo amico peloso a unirsi a te. Senti l'alzarsi e l'abbassarsi della pancia mentre inspiri ed espiri insieme. Questa sincronicità crea un senso di connessione e relax.

3.   **Passeggiate consapevoli:** trasforma le tue passeggiate abituali in avventure consapevoli. Presta attenzione a ciò che vedi, ai suoni e agli odori intorno a te. Coinvolgi tutti i tuoi sensi e incoraggia il tuo amico peloso a fare lo stesso. Lascia andare i pensieri frenetici e goditi il momento presente mentre esplori il mondo insieme.

Esplora il lato oscuro della vita dei cani

4. **Tocco delicato e massaggio:** il tocco è un modo potente per legare e rilassarsi. Prenditi dei momenti durante la giornata per dare al tuo amico peloso carezze delicate o un massaggio rilassante. Presta attenzione alla loro risposta e alle sensazioni che provi mentre ti connetti attraverso il tatto.

5. **Gratitudine e apprezzamento:** coltiva un atteggiamento di gratitudine verso il tuo amico peloso. Prenditi del tempo per riflettere su tutta la gioia e l'amore che portano nella tua vita. Esprimi il tuo apprezzamento attraverso parole, coccole e dolcetti. Questa pratica favorisce una mentalità positiva e approfondisce il vostro legame.

Ricorda, caro essere umano, la consapevolezza è un viaggio e iniziare in piccolo va bene. La chiave è portare consapevolezza e presenza nelle tue interazioni con il tuo amico peloso. Insieme, possiamo creare uno spazio di pace e serenità che nutre il nostro benessere.

In questo capitolo esploriamo il mondo della consapevolezza con il tuo amico peloso. Possiamo trovare insieme lo Zen abbracciando il momento presente, praticando la respirazione profonda e impegnandoci in attività consapevoli. Preparatevi a intraprendere un fantastico viaggio di unione e pace interiore!

Momenti consapevoli

Zampe, Respira e Lascia Andare È tempo di fare una pausa, fare un respiro profondo e lasciare andare tutte le preoccupazioni. Ti mostrerò alcune semplici tecniche per praticare la consapevolezza. Dalla respirazione consapevole agli esercizi di radicamento, rimarremo presenti e connessi, creando momenti di tranquillità.

1. **Prepara il terreno:** trova uno spazio calmo e tranquillo dove tu e il tuo cane potete rilassarvi senza distrazioni. Potrebbe trattarsi di un angolo accogliente della tua casa o di un tranquillo luogo naturale.

2. **Fai un respiro profondo:** inizia facendo alcuni respiri profondi per centrarti e concentrarti sul momento presente. Consenti a qualsiasi tensione o stress di sciogliersi mentre inspiri ed espiri lentamente.

3. **Osserva il tuo cane:** prenditi un momento per osservare il tuo compagno peloso. Nota il loro linguaggio del corpo, le espressioni facciali e i suoni che producono. Presta attenzione ai loro movimenti e al modo in cui reagiscono all'ambiente circostante.

4. **Coinvolgi i tuoi sensi:** coinvolgi i tuoi sensi e incoraggia il tuo cane a fare lo stesso. Nota la sensazione della loro pelliccia mentre li accarezzi delicatamente, ascolti il suono del loro respiro o delle zampe sul terreno e assumi il loro profumo unico. Permettiti di essere pienamente presente in queste esperienze sensoriali.

5. **Abbraccia il silenzio:** abbraccia momenti di silenzio con il tuo cane. Invece di riempire lo spazio con le parole, stai semplicemente con loro in compagnia pacifica. I cani hanno una straordinaria capacità di percepire la tua energia e presenza, e questa connessione silenziosa può essere profondamente significativa.

6. **Pratica il tocco consapevole:** prenditi il tempo per dare al tuo cane massaggi delicati o coccole. Senti la connessione e l'amore tra di voi mentre offri tocchi rilassanti. Presta attenzione alle loro reazioni e rispondi ai loro segnali, fornendo conforto e relax.

7. **Gioco consapevole:** partecipa ai momenti di gioco con il tuo cane, ma fallo in modo consapevole. Concentrati sul momento presente, immergendoti completamente nella gioia della sessione di gioco. Nota i dettagli dei loro comportamenti di gioco, l'eccitazione nei loro occhi e il suono dei loro latrati felici. Lascia andare le distrazioni e sii pienamente presente nell'esperienza condivisa.

8. **Esprimi gratitudine:** durante i tuoi momenti consapevoli, esprimi gratitudine per la presenza del tuo cane nella tua vita. Rifletti sulla gioia e sull'amore che portano ed esprimi silenziosamente o verbalmente il tuo apprezzamento per la loro compagnia e lealtà.

9. **Segui il loro esempio:** consenti al tuo cane di guidare il ritmo e il flusso dei tuoi momenti consapevoli. Osserva le loro preferenze e rispondi ai loro bisogni. Onorare i loro segnali e interessi creerà una connessione più profonda e un'esperienza più unificata.

Esplora il lato oscuro della vita dei cani

10. **Goditi la connessione:** abbraccia la connessione profonda e il legame di questi momenti consapevoli con il tuo cane. Fai tesoro della tranquillità, dell'amore e della gioia che emergono durante queste esperienze condivise. Ricorda, non si tratta della destinazione ma del viaggio per essere pienamente presenti con il tuo amato compagno.

Praticando la consapevolezza con il tuo cane, coltiverai una connessione più forte, approfondirai la tua comprensione e creerai momenti di pura gioia e tranquillità. Godetevi insieme il viaggio della consapevolezza e custodite i momenti preziosi con il vostro amico peloso.

Passeggiate consapevoli

Passeggiando nel momento presente Immagina questo: stiamo andando a fare una passeggiata, ma con una svolta consapevole. Sintonizziamoci con la natura, sentiamo la terra sotto le nostre zampe e notiamo la bellezza che ci circonda. Le nostre passeggiate diventeranno più di un semplice esercizio: saranno opportunità di esplorazione consapevole e di legame.

1. **Imposta l'intenzione:** Prima di iniziare la tua passeggiata consapevole, stabilisci l'intenzione di essere pienamente presente e attento. Lasciati alle spalle le distrazioni ed entra nel cammino con un senso di curiosità e apertura.

2. **Coinvolgi i tuoi sensi:** Mentre cammini, coinvolgi pienamente i tuoi sensi. Nota la sensazione del terreno sotto i piedi o le zampe. Senti il calore del sole o il tocco della brezza sulla tua pelle. Ascolta i suoni della natura intorno a te, che si tratti del cinguettio degli uccelli, del fruscio delle foglie o dell'acqua che scorre. Assaporate i profumi dell'ambiente e lasciate che riempiano i vostri sensi.

3. **Resta curioso:** Avvicinati alla tua passeggiata con una mentalità curiosa. Osserva i dettagli di ciò che ti circonda: colori, forme e trame. Notate le piccole meraviglie che spesso passano inosservate. Incoraggia il tuo amico peloso a esplorare e seguire il suo esempio, abbracciando anche la sua curiosità.

Una guida indispensabile per gli amanti dei cani

4. **Respira consapevolmente:** Durante la camminata, porta la tua attenzione al respiro. Fai respiri lenti e profondi e consenti a ogni inspirazione ed espirazione di ancorarti al momento presente. Invita il tuo amico peloso a fare lo stesso, sincronizzando insieme i vostri respiri.

5. **Camminata della gratitudine:** Mentre cammini, esercita la gratitudine concentrandoti sulle cose per cui sei grato in quel momento. Potrebbe essere la bellezza della natura, la compagnia del tuo amico peloso o qualsiasi altro aspetto positivo della tua vita. Esprimi gratitudine in silenzio o ad alta voce, permettendoti di sollevare il tuo spirito.

6. **Movimenti consapevoli:** Incorpora movimenti consapevoli nella tua camminata. Nota il ritmo dei tuoi passi, l'ondeggiamento delle tue braccia e il modo in cui il tuo amico peloso si muove accanto a te. Sii consapevole delle sensazioni del tuo corpo e rimani in sintonia con il momento presente attraverso il movimento.

Ricorda, caro essere umano, una passeggiata consapevole non significa raggiungere una destinazione ma essere pienamente presenti durante il viaggio. Cogli l'opportunità di connetterti con la natura, te stesso e il tuo amico peloso. Questi momenti di esplorazione consapevole approfondiranno il tuo legame e porteranno un senso di tranquillità alla tua passeggiata.

Creare uno spazio Zen

Trasforma la tua casa in un rifugio Casa dolce casa! Trasformeremo il nostro spazio vitale in un'oasi di pace e serenità. Insieme creeremo angoli accoglienti, riempiremo l'aria di profumi rilassanti e ci circonderemo di cose che ci danno gioia. La nostra tana Zen sarà un luogo dove potremo rilassarci e ricaricarci.

1. **Angoli accoglienti:** Designa angoli accoglienti nella tua casa dove tu e il tuo amico peloso potete rilassarvi e trovare conforto. Prepara un letto comodo o cuscino, aggiungi morbide coperte e sistema i cuscini per maggiore intimità. Rendilo uno spazio dedicato dove puoi ritirarti e rilassarti.

Esplora il lato oscuro della vita dei cani

2. **Profumi calmanti** : riempiono l'aria di aromi rilassanti che favoriscono il rilassamento e creano un'atmosfera tranquilla. Considera l'utilizzo di oli essenziali in un diffusore o candele leggermente profumate, come lavanda o camomilla. Assicurati solo che i profumi che scegli siano sicuri per il tuo amico peloso.

3. **Declutter e semplifica:** Crea un ambiente ordinato che promuova la calma. Mantieni il tuo spazio vitale organizzato e libero da distrazioni inutili. Uno spazio ordinato e semplificato può aiutare a ridurre il disordine mentale e creare un'atmosfera più tranquilla sia per te che per il tuo amico peloso.

4. **Elementi della natura:** Porta gli elementi della natura in casa per creare un'atmosfera tranquilla. Posiziona piante da interno, come gigli della pace o piante ragno, per purificare l'aria e aggiungere un tocco di verde. Decora con materiali naturali come legno o pietre per creare un'atmosfera radicata e terrosa.

5. **Arredamento gioioso:** Circondati di oggetti che portano gioia ed energia positiva. Mostra fotografie di ricordi cari, incorpora opere d'arte o oggetti che hanno un significato speciale o scegli decorazioni con colori che evocano sentimenti di pace e felicità. Questi tocchi significativi eleveranno il tuo spirito e creeranno un'atmosfera armoniosa.

Formazione consapevole

Coltivare la connessione e l'apprendimento Il tempo dedicato alla formazione può permetterci di avvicinarci di più mentre impariamo cose nuove. Comunicheremo con pazienza, comprensione e amore. Essere pienamente presenti alle nostre sessioni di allenamento approfondirà la nostra connessione e otterremo risultati straordinari.

1. **Creare l'atmosfera:** Crea un ambiente calmo e concentrato prima di iniziare una sessione di allenamento. Riduci al minimo le distrazioni e scegli una zona tranquilla dove potete concentrarvi entrambi. Abbassa le luci o riproduci musica soft e rilassante per creare un'atmosfera rilassata.

Una guida indispensabile per gli amanti dei cani

Capitolo 8

2. **Pratica pazienza:** Affronta le sessioni di formazione con pazienza e comprensione. Ricorda che l'apprendimento richiede tempo e che ogni passo avanti è un risultato. Mantieni la calma e la compostezza ed evita di sentirti frustrato o di alzare la voce. Rinforzo positivo e ricompense saranno i nostri principi guida.

3. **Essere presenti:** Durante l'addestramento, sii pienamente presente e attento al tuo amico peloso. Per favore, presta loro la tua totale attenzione e concentrati sui loro segnali e risposte. Rispondi di conseguenza e sintonizzati sul linguaggio del corpo, sulle vocalizzazioni e sulle espressioni. Questa presenza consapevole approfondirà la tua connessione e comprensione.

4. **Rinforzo positivo:** Utilizzare tecniche di rinforzo positivo per incoraggiare e premiare i comportamenti desiderati. Lodi, dolcetti o momenti di gioco possono essere ricompense motivanti che rafforzano il processo di formazione. Festeggia le piccole vittorie e i progressi e fai sapere al tuo amico peloso quanto sei orgoglioso dei suoi sforzi.

5. **Legami attraverso la formazione:** Le sessioni di addestramento non riguardano solo l'apprendimento dei comandi, ma anche il rafforzamento del legame tra te e il tuo amico peloso. Cogli l'opportunità di connetterti, comunicare e creare fiducia. Godetevi il viaggio di apprendimento insieme e lasciate che le sessioni di formazione siano un'esperienza gioiosa e arricchente per entrambi.

Musica per cani

Vorrei concludere questo capitolo con una storia vera.

Woof, qualche tempo fa, io e i miei umani ci siamo imbarcati in un'avventura in un nuovo posto. Ora, lascia che te lo dica, il viaggio in macchina è stato un po' noioso per me, tutto quello scenario rimbombante e sconosciuto. Dopo qualche ora siamo arrivati in una nuova casa con nuove facce e una nuova stanza che non avevo mai annusato prima.

Trovare lo Zen con il tuo amico peloso

Sai cosa e 'successo dopo? Sì, l'ansia ha preso il sopravvento. Camminavo come un campione, assicurandomi che ogni angolo della stanza fosse all'altezza dei miei standard di sicurezza. Dopo qualche ora andammo a dormire. Ma poi, la mia straordinaria mamma umana, è come il mio angelo custode, ha tirato fuori il suo dispositivo magico e ha messo un po' di musicada questo posto chiamato YouTube. Potete crederci? Musica da una piccola scatola luminosa!

All'inizio ero perplesso, ho annusato bene il suo cellulare e boom, è successo qualcosa. I brani catturarono la mia attenzione e, prima che me ne rendessi conto, mi sentivo... rilassato. Sì, hai sentito bene! Ho sentito la tensione sciogliersi e mi sono addormentato nel mondo dei sogni più velocemente di uno scoiattolo che si arrampica su un albero.

Non sono esperto di gadget umani, ma posso dirti questo: ci sono molti modi per aiutare noi cuccioli a trovare il nostro Zen interiore. E quella musica? Oh sì, ho il link proprio qui nel caso solletichi anche le tue orecchie. Forse farà miracoli per i tuoi amici pelosi a casa oppure, ehi, puoi esplorare altri brani rilassanti. Scansiona il codice QR o utilizza il link https://www.youtube.com/watch?v=E2Gnu9JGro0

Se copiare il collegamento sembra una sfida difficile, fai una breve visita a **YouTube** e cerca "Musica rilassante per cani (12 Hours of Dog Calming Music)". Lo annuserai in un attimo. Lascia che le melodie rilassanti facciano la loro magia, miei compagni palle di pelo! Sono sicuro che il collegamento sarà ancora lì quando ti immergerai nel mio libro. Ma ehi, se ha fatto una passeggiata, non preoccuparti! Basta cercare brani simili per cani e lasciare che le vibrazioni rilassanti facciano il loro lavoro.

Ricorda, a volte sono le cose semplici che funzionano come un incantesimo. Stai tranquillo e continua a scodinzolare!

Una guida indispensabile per gli amanti dei cani

Capitolo 9

Formazione, suggerimenti e trucchi

Ehi, mio fantastico amico umano! Sei pronto a scoprire la magia dell'addestramento del cane? In questo capitolo ti svelerò un piccolo segreto che ti farà scodinzolare per l'eccitazione. Preparati a scovare le accademie di addestramento per cani più divertenti della città!

Caratteristiche di addestramento delle razze diverse

Quando addestriamo noi cani, ci sono alcune cose positivamente importanti che i nostri meravigliosi proprietari devono tenere a mente:

1. **Pazienza:** Siamo ansiosi di imparare, ma ci vuole tempo per comprendere e seguire i comandi. Quindi, per favore, sii paziente con noi! Ci arriveremo con il tuo amore e il tuo sostegno.

2. **Consistenza:** Ci basiamo sulla routine e su aspettative chiare. È necessario stabilire regole coerenti e utilizzare ogni volta gli stessi comandi e suggerimenti. In questo modo possiamo capire cosa vuoi da noi e sentirci sicuri nella nostra formazione.

3. **Rinforzo positivo :** Amiamo assolutamente essere elogiati e premiati! Quando facciamo qualcosa di giusto, per favore riempici di dolcetti, lodi e grattini sulla pancia. Questo rinforzo positivo ci incoraggia a ripetere un buon comportamento e rende l'allenamento molto più piacevole.

4. **Tempi :** Il tempismo è tutto nel nostro allenamento. Quando eseguiamo il comportamento desiderato, assicurati di ricompensarci immediatamente. Questo ci aiuta a capire quale azione ha portato alla ricompensa e rafforza la connessione.

Esplora il lato oscuro della vita dei cani

5.   **Sessioni brevi e coinvolgenti:** La nostra capacità di attenzione può essere breve quanto la visita di uno scoiattolo in giardino! Quindi, mantieni le nostre sessioni di formazione brevi e coinvolgenti. Brevi raffiche di 5-10 minuti durante il giorno fanno miracoli. Rimarremo concentrati ed entusiasti di imparare!

6.   **Ambiente privo di distrazioni:** Inizialmente, è meglio allenarci in un luogo calmo e tranquillo con distrazioni minime. Introduci gradualmente delle distrazioni per aiutarci a generalizzare la nostra formazione in contesti diversi man mano che progrediamo. Ma per favore, niente scoiattoli durante l'allenamento!

7.   **La sicurezza prima:** La nostra sicurezza è della massima importanza! Si prega di utilizzare metodi di allenamento positivi e delicati. Non ricorrere mai a punizioni fisiche o tecniche spaventose. E assicurati sempre che l'area di allenamento sia sicura e protetta per noi.

8.   **Socializzazione:** Adoriamo fare nuove amicizie, sia pelose che umane! La socializzazione precoce è fondamentale per il nostro sviluppo. Presentaci persone, animali e ambienti diversi in modo che possiamo crescere e diventare compagni fiduciosi e amichevoli.

9.   **Comunicazione chiara:** Siamo esperti nel leggere il linguaggio del corpo e il tono della voce. Usa comandi, gesti chiari e coerenti e un tono positivo per comunicare in modo efficace con noi. Siamo sempre pronti a imparare e a farti piacere!

10.   **Piacere e legame:** Rendiamo la formazione un'esperienza gioiosa! Divertiti con noi, sii entusiasta e festeggia ogni piccolo traguardo. La formazione è un momento per unire e rafforzare la nostra incredibile connessione.

Ricorda, ogni cane è unico e ciò che funziona per uno potrebbe non funzionare per un altro. <u>Se ritieni che l'addestramento sia impegnativo o hai bisogno di una guida, valuta la possibilità di contattare un addestratore di cani certificato che utilizza tecniche di rinforzo positivo.</u> Insieme, con amore, pazienza e costanza, possiamo realizzare cose straordinarie! Scodinzoliamo e intraprendiamo insieme questa avventura formativa!

 Una guida indispensabile per gli amanti dei cani

Capitolo 9

Ancora una volta, ogni razza ha le sue qualità speciali e le sue esigenze di addestramento, quindi scoprirai cosa li rende fantastici nello scodinzolare! Dal leale e intelligente pastore tedesco al giocoso ed energico Labrador Retriever, troverai una varietà di razze da esplorare. Che tu sia interessato all'attivo pastore australiano, all'intelligente Border Collie o al gentile e amorevole Golden Retriever, il capitolo 14 ti copre.

Scopri come le capacità di fiuto del Beagle li rendono fantastici inseguitori o l'intelligenza e la guida del Malinois belga li rendono eccellenti in varie attività di addestramento. Scatena il potenziale della natura gentile del Bovaro del Bernese o l'entusiasmo per l'apprendimento del Boxer.

Ricorda, ogni razza è unica, quindi prenditi il tempo necessario per comprendere le loro esigenze specifiche e personalizzare di conseguenza il tuo approccio formativo. Costruirai un legame indissolubile con il tuo amico peloso con amore, pazienza e le giuste tecniche di addestramento. Buon allenamento e che il tuo viaggio sia pieno di code scodinzolanti e gioia infinita!

Sono entusiasta di condividere alcune fantastiche informazioni sulle razze canine più popolari e sulle loro caratteristiche di addestramento. Nel capitolo 17 del mio libro troverai un elenco completo di 40 razze popolari e le loro caratteristiche uniche di allenamento. Si prega di controllare **la tabella degli aspetti formativi di 40 razze popolari**.

Fiutare il meglio

È ora di indossare i nostri cappelli da detective e annusare le migliori accademie di addestramento per cani nella tua zona. Questi posti sono come scuole per noi cani fantastici, dove possiamo imparare ogni sorta di cose straordinarie. Preparatevi a scoprire le gemme nascoste che ci trasformeranno in superstar dell'allenamento!

1. **Ricerca e raccomandazioni:** Inizia la tua ricerca ricercando le accademie di addestramento dei cani nella tua zona. Cerca accademie con una reputazione positiva e un track record di successo. Chiedi consigli ad altri proprietari di cani, al tuo veterinario o alle comunità locali legate ai cani. Le loro esperienze di prima mano possono fornire spunti preziosi.

Esplora il lato oscuro della vita dei cani

2. **Visita alle accademie** : una volta che hai un elenco di potenziali accademie di formazione, programma le visite per avere un'idea dell'ambiente e osservare i loro metodi di formazione. Prestare attenzione alla pulizia e alla sicurezza della struttura, nonché al comportamento dei formatori e del personale. Un'atmosfera accogliente e positiva è fondamentale per un apprendimento efficace.

3. **Filosofia della formazione** : informarsi sulla filosofia della formazione e sui metodi utilizzati dall'accademia. Cerca accademie che diano priorità al rinforzo positivo e alle tecniche senza forza. Evita le accademie che si basano su punizioni o metodi di addestramento duri, poiché questi possono danneggiare il nostro benessere e danneggiare il legame tra te e il tuo amico peloso.

4. **Qualifiche del formatore:** Chiedi informazioni sulle qualifiche e sulle certificazioni dei formatori dell'accademia. Cerca istruttori con istruzione formale e certificati di organizzazioni rispettabili, come il Consiglio di certificazione per addestratori di cani professionisti (CCPDT). I formatori qualificati sono meglio attrezzati per comprendere il nostro comportamento e le esigenze individuali.

5. **Struttura delle classi e curriculum** : informarsi sulla struttura delle classi e sul curriculum dell'accademia. Cerca accademie che offrano una varietà di corsi su misura per diversi livelli di formazione ed esigenze specifiche. Che tu stia cercando obbedienza di base, formazione avanzata o corsi specializzati, scegli un'accademia adatta ai tuoi obiettivi.

6. **Metodi e tecniche di formazione:** Chiedi informazioni sui metodi e sulle tecniche di formazione specifici utilizzati durante le lezioni. Le tecniche di rinforzo positivo, come la formazione basata sulla ricompensa, sono altamente efficaci e promuovono un'esperienza di apprendimento positiva. Evita le accademie che utilizzano metodi avversivi o basati sulla punizione, poiché possono danneggiare il nostro benessere e ostacolare il nostro progresso.

 Una guida indispensabile per gli amanti dei cani

Capitolo 9

7. **Recensioni e testimonianze:** Leggi le recensioni online e le testimonianze dei precedenti clienti delle accademie che stai considerando. Le loro esperienze possono fornire informazioni sull'efficacia dei programmi di formazione, sulla competenza dei formatori e sulla soddisfazione generale del cliente. Cerca feedback positivi costanti e storie di successo.

8. **Lezioni di prova o consulenze:** Alcune accademie offrono lezioni di prova o consulenze per darti un'esperienza diretta dei loro metodi di allenamento. Approfitta di queste opportunità per valutare l'approccio dell'accademia, osservare i formatori in azione e vedere se è in linea con i tuoi obiettivi e valori. Selezionando attentamente un'accademia di addestramento per cani rispettabile e compassionevole, puoi liberare il supereroe che è in te e intraprendere un'avventura di addestramento che rafforzerà il tuo legame con il tuo amico peloso. Preparati a raggiungere nuove vette di eccellenza nell'allenamento e divertiti scodinzolando lungo il percorso!

Classi fantastiche

Dalle nozioni di base sui cuccioli all'efficienza avanzata Una volta trovata l'accademia dei tuoi sogni, è il momento di tuffarti nelle fantastiche lezioni che offrono. Dalle basi per i cuccioli all'efficienza avanzata, queste lezioni sono fatte su misura per migliorare le nostre capacità di addestramento. Impareremo comandi, trucchi e buone maniere che ci faranno parlare di sé nel parco per cani!

1. **Nozioni di base sui cuccioli:** Inizia con il corso di base sui cuccioli se hai un cucciolo giovane. Questa lezione si concentra sulla socializzazione, sui comandi di base come sedersi e restare e sulle buone maniere al guinzaglio. È la base perfetta per il nostro percorso formativo.

2. **Addestramento all'obbedienza:** I corsi di addestramento all'obbedienza sono necessari per i cani di tutte le età. Queste lezioni insegnano comandi essenziali come sedersi, sedersi, restare e ricordare. Impareremo a rispondere in modo affidabile a questi comandi, diventando compagni ben educati in ogni situazione.

3. **Allenamento avanzato:** Una volta acquisite le nozioni di base, dobbiamo salire di livello con corsi di formazione avanzati. Queste lezioni ci sfidano con comandi più complessi, trucchi avanzati e controllo senza guinzaglio. Diventeremo efficienti nelle nostre capacità di allenamento e impressioneremo tutti con le nostre capacità.

Esplora il lato oscuro della vita dei cani

4. **Preparazione del buon cittadino canino (CGC):**
Il programma Canine Good Citizen è progettato per valutare il comportamento e le buone maniere dei cani in varie situazioni della vita reale. Le lezioni di preparazione CGC si concentrano sulla preparazione per il test CGC, un grande risultato che può aprire le porte al lavoro terapeutico o ad altre attività legate al cane.

Scansiona il codice QR o cerca "Canine good citizen" o utilizza il link completo di seguito: https://www.akc.org

AKC è un'organizzazione no-profit, fondata nel 1884. Adoro la loro prima affermazione *"All' AKC crediamo che tutti i cani possano essere buoni cani e tutti i proprietari possano essere ottimi proprietari, tutto ciò che serve è un po' di addestramento, tanto amore e, naturalmente, molti elogi lungo il percorso."*

5. **Agilità e Sport:** Se stiamo cercando divertimento ad alta energia, agilità e lezioni di sport sono la strada da percorrere. Impareremo a percorrere percorsi a ostacoli, saltare ostacoli, attraversare pali e altro ancora. Queste lezioni forniscono esercizio fisico e migliorano la nostra concentrazione, coordinazione e lavoro di squadra.

Dalle nozioni di base sui cuccioli all'efficienza avanzata Una volta trovata l'accademia dei tuoi sogni, è il momento di tuffarti nelle fantastiche lezioni che offrono. Dalle basi per i cuccioli all'efficienza avanzata, queste lezioni sono fatte su misura per migliorare le nostre capacità di addestramento. <u>Impareremo comandi, trucchi e buone maniere che ci faranno parlare di sé nel parco per cani!</u>

Una guida indispensabile per gli amanti dei cani

Capitolo 9

Officina e Seminari

Libera il tuo genio interiore Tieni le orecchie flosce perché il divertimento non si ferma alle lezioni! Le accademie di addestramento dei cani offrono anche Officina e Seminari strabilianti. Avremo lo scoop interno su tutto, dall'obbedienza all'agilità e persino su alcuni sport per cani. Il nostro cervello e il nostro corpo lavoreranno insieme come una macchina ben oliata!

1. **Aggiornamento sull'obbedienza** : resta aggiornato con i seminari di aggiornamento sull'obbedienza. Queste sessioni rafforzano le nostre capacità di obbedienza fondamentali e ci consentono di affinare le nostre tecniche di allenamento. È un ottimo modo per mantenere costante la nostra formazione.

2. **Officina specializzati:** le accademie di addestramento dei cani offrono spesso officina specializzati incentrati su aree specifiche di addestramento o comportamento. Dalla reattività al guinzaglio all'ansia da separazione, questi officina forniscono preziosi spunti e tecniche per gestire e affrontare sfide specifiche.

3. **Sport canini:** se siamo interessati ad esplorare gli sport canini come il flyball, le immersioni in banchina o il lavoro con gli odori, le accademie di addestramento dei cani offrono seminari dedicati a queste attività. Impareremo le regole, le tecniche e le strategie per eccellere in questi sport e ci divertiremo tantissimo mentre lo facciamo.

4. **Seminari sul comportamento:** i seminari sul comportamento approfondiscono la scienza del comportamento del cane, aiutandoci a comprendere le ragioni dietro le nostre azioni e reazioni. Questi seminari forniscono preziose conoscenze sulla modifica del comportamento, sulla risoluzione dei problemi e sulla creazione di una relazione armoniosa tra noi e i nostri compagni umani.

Ricorda, mio fantastico amico umano, frequentare lezioni fantastiche e partecipare a Officina e Seminari presso un'accademia di addestramento per cani migliorerà le nostre capacità di addestramento e fornirà stimolazione mentale, esercizio fisico e rafforzerà il nostro legame. Preparati a divertirti scodinzolando mentre scateni il nostro genio interiore!

Esplora il lato oscuro della vita dei cani

Libera il tuo genio interiore Tieni le orecchie flosce perché il divertimento non si ferma alle lezioni! Le accademie di addestramento dei cani offrono anche Officina e Seminari strabilianti. Avremo lo scoop interno su tutto, dall'obbedienza all'agilità e persino su alcuni sport per cani. <u>Il nostro cervello e il nostro corpo lavoreranno insieme come una macchina ben oliata!</u>

Fonti e strumenti

Costruisci il tuo arsenale di allenamento Non dimentichiamoci delle risorse e degli strumenti disponibili in queste accademie. Dalle guide di formazione ai giocattoli interattivi, hanno tutto ciò di cui hai bisogno per diventare un maestro della formazione. Esploreremo come questi strumenti possono aiutarci a superare l'ansia e rendere l'allenamento un vero spasso!

1. **Guide e libri di formazione:** Le accademie di addestramento dei cani hanno spesso una selezione di guide e libri di addestramento che coprono una vasta gamma di argomenti, dall'obbedienza di base all'addestramento avanzatotecniche. Queste risorse forniscono conoscenze preziose e istruzioni dettagliate per supportare il nostro percorso di formazione.

2. **Dolcetti e premi:** Dolcetti e ricompense sono strumenti essenziali per un allenamento di rinforzo positivo. Le accademie di addestramento per cani offrono una varietà di prelibatezze di alta qualità che sono gustose e motivanti per noi. Forniscono anche indicazioni sull'uso efficace dei dolcetti per rafforzare i comportamenti desiderati.

3. **Clicker di formazione:** L'addestramento con il clicker è un metodo popolare che utilizza un clic per contrassegnare i comportamenti desiderati, seguito da una ricompensa. Le accademie di addestramento dei cani possono fornire clicker e insegnarci come usarli in modo efficace per comunicazioni e tempistiche precise durante le sessioni di addestramento.

4. **Giocattoli interattivi:** Coinvolgere la nostra mente e il nostro corpo attraverso giocattoli interattivi può essere un modo divertente e gratificante per allenarsi. Le accademie di addestramento dei cani possono consigliare giocattoli specifici che forniscono stimolazione mentale e ci aiutano ad apprendere nuove abilità divertendosi.

Una guida indispensabile per gli amanti dei cani

5.   **Attrezzatura per l'allenamento:** A seconda del tipo di addestramento in cui siamo coinvolti, le accademie di addestramento dei cani possono offrire attrezzature per l'addestramento come ostacoli di agilità, lunghe code e imbracature. Questi strumenti possono migliorare la nostra esperienza formativa e aiutarci a padroneggiare competenze e attività specifiche.

Costruisci il tuo arsenale di allenamento Non dimentichiamoci delle risorse e degli strumenti disponibili in queste accademie. Dalle guide di formazione ai giocattoli interattivi, hanno tutto ciò di cui hai bisogno per diventare un maestro della formazione. <u>Esploreremo come questi strumenti possono aiutarci a superare l'ansia e rendere l'allenamento un vero spasso!</u>

Scatena il tuo supereroe interiore

La trasformazione ha inizio Sei pronto a liberare il supereroe che è in te? Con l'aiuto di queste accademie di addestramento cinofili diventeremo la versione migliore di noi stessi. Acquisiremo sicurezza, apprenderemo nuove competenze e rafforzeremo il nostro legame. Preparati a brillare come le vere superstar che siamo!

Quindi, mio compagno a quattro zampe, è ora di iscriverci ad un'accademia di addestramento per cani e intraprendere un'avventura che ci trasformerà in leggende dell'addestramento. Fiuta le accademie nella tua zona, tuffati nelle classi e diventiamo i supereroi dell'addestramento per cui siamo nati! Insieme supereremo le sfide, svilupperemo competenze durature e creeremo un legame forte e gioioso che durerà tutta la vita. Preparati a liberare il supereroe che è in te e intraprendere un emozionante viaggio di allenamento!

La trasformazione ha inizio Sei pronto a liberare il supereroe che è in te? Con l'aiuto di queste accademie di addestramento cinofili diventeremo la versione migliore di noi stessi. <u>Acquisiremo sicurezza, apprenderemo nuove competenze e rafforzeremo il nostro legame.</u> Preparati a brillare come le vere superstar che siamo!

Quindi, mio compagno a quattro zampe, è ora di iscriverci ad un'accademia di addestramento per cani e intraprendere un'avventura che ci trasformerà in leggende dell'addestramento. Fiuta le accademie nella tua zona, tuffati nelle classi e diventiamo i supereroi dell'addestramento per cui siamo nati!

Formazione, suggerimenti e trucchi

Esempi di formazione
Ehi, amico umano! Divertiamoci scodinzolando mentre impariamo e leghiamo insieme!

1. **Siediti bene:** Insegnami a sedermi come un professionista! Tieni un dolcetto gustoso sopra il mio naso e spostalo delicatamente all'indietro mentre cerco di raggiungerlo. Mentre seguo il trattamento, il mio sedere si abbasserà naturalmente in posizione seduta. Una volta che mi sono seduto, lodami e dammi il dolcetto come ricompensa. Ripeti l'operazione alcune volte finché non avrò imparato l'arte di sedermi bene!

2. **Scuoti una zampa :** mettiamo in mostra le nostre abilità di stretta di mano! Inizia tenendo un dolcetto nella mano chiusa e offrimelo. Quando ti tocco la mano per cercare di prendere il dolcetto, dì <u>Scuoti</u> e apri la mano per darmelo. Lodami e dammi tanto amore quando stringo una zampa con te. Saremo le migliori strette di mano della città!

3. **Il cinque:** Chi non ama il cinque? Tieni un dolcetto in una mano e sollevalo leggermente sopra la mia testa. Quando allungo la zampa per toccarti la mano, di' "Dammi **il cinque"** e dammi il dolcetto. Celebriamo il nostro lavoro di squadra dando il cinque con le zampe!

4. **Rimani e aspetta:** Questa è tutta una questione di autocontrollo. Inizia chiedendomi di sedermi o sdraiarmi. Una volta che sono in posizione, alza la mano come un segnale di stop e dì <u>Resta</u> o <u>Aspetta</u> . Fai un passo indietro e, se rimango sul posto, lodami e offrimi un dolcetto. Aumentare gradualmente la distanza e la durata del soggiorno. La pazienza è la chiave e diventerò un maestro nel restare fermo!

 Una guida indispensabile per gli amanti dei cani

Capitolo 9

5. **Richiamare:** Esercitiamoci a venire quando chiamati! Inizia in un'area sicura, chiama il mio nome con entusiasmo e poi corri indietro di qualche passo incoraggiandomi a inseguirti. Quando ti raggiungo, ricompensami con dolcetti e tante lodi. Questo gioco di inseguimento renderà l'arrivo quando verrà chiamato super emozionante e divertente!

6. **Lascialo:**
Aiutami a resistere alla tentazione con il comando **lascialo**. Mostrami un dolcetto nella tua mano chiusa e dì: <u>Lascialo</u>. Quando smetto di cercare di ottenere il premio, per favore dammi un premio diverso dall'altra mano e ricoprimi di lodi. Aumenta gradualmente la difficoltà utilizzando oggetti più allettanti, come giocattoli o cibo, a terra. Con la pratica diventerò un professionista nel lasciare le cose come stanno!

Ricorda, amico umano, <u>l'allenamento dovrebbe essere sempre positivo, divertente e pieno di ricompense e amore. Mantieni le sessioni brevi e dolci ed esercitati regolarmente per rafforzare ciò che abbiamo imparato.</u> Insieme, padroneggeremo questi esempi di formazione e creeremo un legame indissolubile. Scodinzoliamo e intraprendiamo insieme questa avventura formativa!

Esplora il lato oscuro della vita dei cani

Una guida indispensabile per gli amanti dei cani

Capitolo 10

Salute generale
& Riepilogo dell'ansia di 40 razze popolari

Salute, età, vaccinazione

Woof! Woof!! Oggi ci immergiamo nell'affascinante mondo della salute e del benessere dei cani. È essenziale capire come diversi fattori come la salute, l'età, il livello di energia, le vaccinazioni e le cure preventive possano influenzare la nostra felicità pelosa e tenere a bada l'ansia.

Per prima cosa parliamo di salute. <u>Proprio come te, anche noi cani abbiamo bisogno di controlli</u> e cure regolari per mantenerci in perfetta forma. Potremmo incontrare alcuni problemi di salute comuni o avere determinate predisposizioni in base alla nostra razza. Ecco perché devi prestare attenzione a qualsiasi segno di disagio o comportamento insolito e portarci dal veterinario quando necessario. Ricorda, la prevenzione è fondamentale!

Parlando di età, man mano che invecchiamo, cambiano anche le nostre esigenze. I cuccioli sono un concentrato di energia e richiedono molto tempo per giocare e allenarsi, mentre i cani anziani potrebbero aver bisogno di un po' di **cure extra** e di una routine più rilassata. Per **TLC** intendo Tender Loving C are . _ Con l'età del cane, potremmo aver bisogno di un po' più di attenzione e affetto per garantire il nostro benessere. La TLC include cose come fornirci un ambiente di vita confortevole, offrire esercizi delicati adatti alla nostra età, monitorare eventuali cambiamenti di salute e adattare la nostra routine per soddisfare le nostre mutevoli esigenze. Si tratta di mostrarci amore, cura e sostegno extra mentre entriamo nei nostri anni da senior. Apprezziamo la tua comprensione e le cure extra che ci dai! Adattare le nostre attività e fornire un'alimentazione adeguata per ogni fase della vita ci garantisce di rimanere sani e vitali.

Esplora il lato oscuro della vita dei cani

Salute generale

Il livello di energia gioca un ruolo importante nel nostro benessere. Alcune razze, come il Border Collie o l'Australian Shepherd, hanno molta energia e necessitano di molti esercizi fisici e mentalistimolo per rimanere felici. Altri, come il Bulldog o lo Shih Tzu, sono più rilassati e preferiscono le coccole e le passeggiate tranquille. Abbinare i nostri livelli di energia alla giusta quantità di attività è essenziale per una vita equilibrata e senza ansia.

Ora parliamo di vaccinazioni! Le vaccinazioni sono come scudi di supereroi che ci proteggono da malattie dannose. Ogni razza potrebbe avere requisiti di vaccinazione diversi, <u>quindi è importante seguire le raccomandazioni del veterinario e mantenere aggiornate le nostre vaccinazioni.</u> Questo ci aiuta a mantenerci in salute e previene lo stress di ammalarci.

La cura preventiva è un altro aspetto cruciale del nostro benessere. La cura regolare, le cure dentistiche e la prevenzione dei parassiti ci permettono di apparire e sentirci al meglio. Per noi è come una giornata alla spa! Inoltre, una corretta alimentazione e una dieta equilibrata sono essenziali per sostenere la nostra salute generale.

Ma aspetta, c'è di più! Nel capitolo 17 troverai un tesoro di informazioni sotto forma di una tabella super utile. È come una miniera d'oro di conoscenza su 40 razze popolari e sui loro specifici problemi di salute, livelli di energia, periodi di vaccinazione e esigenze di cure preventive. È una guida di riferimento rapida e pratica per aiutarti a comprendere e affrontare potenziali problemi di salute e fattori scatenanti di ansia per la tua razza specifica. Si prega di controllare **40 razze popolari Dati generali sulla salute e sull'età**.

Il mio cibo

Woof!, i miei amici pelosi! Facciamo una pausa prima di fare un riassunto degli amici delle mie altre razze. Voglio parlare di una delle cose che preferiamo al mondo: il cibo! Come cane saggio, voglio guidarti su cosa possiamo e non possiamo mangiare per mantenere la nostra pancia felice e sana. Quando la nostra pancia è piena, siamo a posto... Quindi, ascolta e approfondiamo!

Per prima cosa, il nostro cibo dovrebbe essere nutriente ed equilibrato. Abbiamo bisogno di una combinazione di proteine, carboidrati, grassi sani, vitamine e minerali. La nostra dieta principale dovrebbe consistere in cibo per cani di alta qualità che soddisfi le

Una guida indispensabile per gli amanti dei cani

Capitolo 10

nostre specifiche esigenze nutrizionali. È come un menù fatto su misura solo per noi! Ora, ecco un elenco di alimenti adatti ai cani che possiamo gustare:

- Carni magre come pollo, tacchino e manzo (cotte e disossate, ovviamente!)
- Pesci come salmone e tonno (cotti e privi di lische)
- Frutta come mele, banane e anguria (con moderazione e senza semi o noccioli)
- Verdure come carote, fagiolini e patate dolci (cotte e tagliate a pezzetti)
- Cereali integrali come riso e farina d'avena (cotti)
- Latticini come yogurt bianco (con moderazione, poiché alcuni cani possono essere intolleranti al lattosio)

Ma tieni il guinzaglio! Non tutti gli alimenti sono sicuri per noi. Ecco alcune cose su cui non dovremmo mai sgranocchiare:

- **Cioccolato (un grande no-no, perché può essere tossico per noi!)**
- **Uva e uvetta (possono causare danni ai reni)**
- **Cipolle, aglio ed erba cipollina (contengono sostanze dannose per i cani)**
- **Avocado (il nocciolo, la buccia e la polpa contengono una sostanza chiamata Persin, che può essere tossica)**
- **Xilitolo (un dolcificante presente in alcuni alimenti umani e gomme da masticare che è tossico per noi)**

Ricordate, cari proprietari, questo tavolo è un ottimo punto di partenza, ma trattarci come individui è importante. Le nostre esigenze potrebbero variare anche all'interno della stessa razza. Quindi, tienici d'occhio, osserva il nostro comportamento e consulta sempre professionisti come il tuo veterinario per un consiglio personalizzato.

Oh, e parlando di cibo, facciamo una chiacchierata seria sul cibo spazzatura. Anche se quelle patatine croccanti o i bignè al formaggio possono far ballare le tue papille gustative, non fanno bene a noi. Il cibo spazzatura può portare ad aumento di peso, problemi digestivi e persino seri problemi di salute. Quindi, resisti alla tentazione di condividere con noi la tua scorta di snack.

Esplora il lato oscuro della vita dei cani

Salute generale

Ricorda, ogni cane è unico, quindi è essenziale consultare il nostro supereroe, il veterinario, prima di cambiare la nostra dieta. Ti guideranno sulle esigenze dietetiche specifiche del tuo compagno peloso e sulle dimensioni delle porzioni.

Infine, prestiamo particolare attenzione alla conservazione e alla freschezza degli alimenti. Conserva il nostro cibo in un luogo fresco e asciutto, lontano da parassiti dannosi. Controlla le date di scadenza e assicurati che la confezione sia intatta. Se noti cambiamenti nell'odore, nella consistenza o nell'aspetto, è meglio andare sul sicuro e procurarti una borsa nuova.

Quindi, miei cari amici, teniamo la nostra pancia felice e scodinzolante fornendoci pasti nutrienti. Con la guida dei nostri amorevoli proprietari e l'occhio vigile del veterinario, possiamo goderci una vita di deliziose e salutari avventure alimentari. Buon appetito, miei buongustai pelosi!

La mia lista di controllo
Parliamo di qualcosa di utile e pratico, tenete d'occhio questi segnali:

1. **Diminuzione dell'appetito o delle abitudini alimentari** : potrebbe essere un segno di malinconia se non fossi così entusiasta dell'ora dei pasti.

2. **Mancanza di entusiasmo o interesse per le attività:** Sai come di solito salto durante il gioco? Beh, se non sono così emozionato, potrebbe succedere qualcosa.

3. **Cambiamenti nei ritmi del sonno o sonno eccessivo:** I cani hanno bisogno del loro riposo di bellezza, ma potrebbe essere un campanello d'allarme se dormo molto più del solito.

4. **Bassi livelli di energia e attività ridotta:** Se mi sento triste, potresti notare che non sono attivo o giocoso come al solito.

5. **Ritirarsi dalle interazioni sociali:** Normalmente mi piace stare con te e i miei amici pelosi, ma se evito le interazioni sociali, è un segno che qualcosa non va.

6. **Cambiamenti comportamentali come irrequietezza o irritabilità:** se mi comporto diversamente, ad esempio se sono irrequieto o irritabile, è il mio modo di dirti che non mi sento al meglio.

Una guida indispensabile per gli amanti dei cani

Capitolo 10

Ora, cosa dovresti fare se noti questi segnali? Ecco alcune azioni di follow-up:

1. **Osservare e documentare:** Tieni traccia di eventuali cambiamenti che noti nel mio comportamento, appetito o livelli di attività.

2. **Consulta un veterinario:** fissa un appuntamento con un veterinario per discutere del mio comportamento e di eventuali dubbi che hai.

3. **Controllo medico:** Il veterinario deve sottopormi a un esame fisico approfondito per escludere eventuali problemi di salute di base.

4. **Valutazione comportamentale:** Considera la possibilità di chiedere consiglio a un comportamentista o addestratore di cani professionista che possa valutare il mio benessere emotivo.

5. **Arricchimento ambientale:** Forniscimi stimoli mentali, giocattoli interattivi e attività che mi aiutino a sollevare il morale.

6. **Esercizio e gioco:** Impegnati in esercizi regolari e sessioni di gioco con me per promuovere il mio benessere fisico e mentale.

7. **Mantenere una routine :** stabilire una routine quotidiana coerente per fornirmi stabilità e struttura.

8. **Legame e affetto:** Ricoprimi di amore, attenzione e affetto per rafforzare il nostro legame.

9. **Considerare la terapia o i farmaci:** Nei casi più gravi, il veterinario potrebbe raccomandare terapie o farmaci per aiutare a gestire la mia tristezza alla pecorina.

Ricorda, ogni cane è unico, quindi l'approccio può variare. Sii solo attento, paziente e compassionevole con me. Con il tuo amore e sostegno, possiamo affrontare insieme la depressione del cane e avere un impatto positivo sul mio benessere emotivo. Teniamo la coda scodinzolante e il morale alto! Woof! Woof!!

Esplora il lato oscuro della vita dei cani

40 Riepilogo dell'ansia delle razze popolari

Ora presento un riepilogo dei livelli di ansia dei miei amici. Tuttavia, non preoccuparti! Ognuno di loro salirà sul palco più tardi, uno per uno, per condividere maggiori dettagli su se stesso, insieme a foto adorabili. Avrai la possibilità di approfondire le loro personalità uniche, stranezze e fattori scatenanti dell'ansia. Quindi rimanete sintonizzati e preparatevi a incontrare ciascuno dei miei meravigliosi amici da vicino e personalmente. Insieme sveleremo l'intrigante mondo dell'ansia canina e scopriremo i modi migliori per supportare e comprendere i nostri compagni pelosi. Preparati per un'avventura scodinzolante! Woof!

Una guida indispensabile per gli amanti dei cani

Capitolo 10

Gli Alaskan Malamute, noti per la loro forza e resistenza, sono cani da lavoro maestosi e indipendenti. Sebbene siano generalmente amichevoli e socievoli, possono essere soggetti a determinati problemi comportamentali se non gestiti correttamente. Gli Alaskan Malamute possono provare ansia in situazioni come la separazione dai loro compagni umani o cambiamenti nel loro ambiente. I segni di ansia nell'Alaskan Malamute possono includere abbaiare eccessivo, ululare, scavare o comportamenti distruttivi. Per contribuire ad alleviare la loro ansia, i proprietari devono fornire loro esercizio fisico regolare e stimolazione mentale. Coinvolgerli in attività come l'escursionismo, lo slittino o l'addestramento all'obbedienza può aiutare a soddisfare i loro bisogni fisici e mentali. Anche stabilire una routine coerente e fornire loro uno spazio sicuro e confortevole può aiutarli a sentirsi più a proprio agio. Le tecniche di allenamento con rinforzo positivo funzionano bene, poiché rispondono positivamente a ricompense e lodi. La pazienza, la comprensione e un approccio amorevole sono essenziali per aiutarli a superare l'ansia e prosperare in una vita equilibrata e felice.

I bovini australiani sono cani da pastore intelligenti e attivi che possono essere inclini all'ansia se non adeguatamente stimolati. Possono mostrare ansia attraverso comportamenti come abbaiare eccessivo, scavare o iperattività. Fornire loro un regolare esercizio fisico, stimolazione mentale e un lavoro da svolgere può aiutare ad alleviare la loro ansia. Questi cani eccellono in attività come l'agilità, l'obbedienza e le prove di pastorizia, che possono incanalare la loro energia e fornire loro uno scopo. L'addestramento strutturato e i metodi di rinforzo positivo funzionano meglio per i bovari australiani, poiché rispondono bene a un addestramento coerente e basato sulla ricompensa. Con le giuste cure, attenzioni e sfoghi per la loro energia, gli Australian Cattle Dogs possono superare l'ansia e prosperare come compagni felici ed equilibrati.

Esplora il lato oscuro della vita dei cani

Riepilogo dell'ansia di 40 razze popolari

I pastori australiani, conosciuti anche come **Aussie**, sono cani molto intelligenti e attivi, inclini all'ansia se non gestiti adeguatamente. Possono mostrare ansia abbaiando eccessivamente, masticando in modo distruttivo o irrequietezza. Gli australiani prosperano grazie alla stimolazione mentale e fisica, quindi esercizio fisico regolare, giocattoli interattivi e sessioni di allenamento sono essenziali per alleviare la loro ansia. Questi cani eccellono in attività come l'obbedienza, l'agilità e le prove di pastorizia, dando loro un senso di scopo e aiutando a incanalare la loro energia. Metodi di allenamento con rinforzo positivo, routine coerenti e socializzazione sono cruciali per il loro benessere. Con la cura, l'attenzione e gli sbocchi adeguati per l'intelligenza e l'energia, i pastori australiani possono superare l'ansia e condurre una vita felice e soddisfatta come compagni leali e amorevoli.

I Beagle, noti per il loro aspetto adorabile e la loro natura amichevole, possono provare ansia in determinate situazioni. I segni di ansia nei Beagle possono includere abbaiare eccessivo, ululare e irrequietezza. I loro compagni umani devono comprendere e affrontare la loro ansia per aiutarli a sentirsi sicuri e a proprio agio. L'esercizio fisico regolare è fondamentale per i Beagle per bruciare l'energia in eccesso e mantenere uno stato d'animo sano. La stimolazione mentale attraverso giocattoli puzzle e giochi interattivi può aiutare a mantenere la mente impegnata e ad alleviare l'ansia. Creare una routine quotidiana coerente e un ambiente calmo e strutturato può dare ai Beagle un senso di sicurezza. I metodi di allenamento con rinforzo positivo funzionano meglio per loro, poiché creano fiducia e rafforzano il buon comportamento. Quando i Beagle si sentono ansiosi, la gentile rassicurazione e il conforto dei loro umani possono fare una grande differenza. Con pazienza, comprensione e un approccio amorevole, i Beagle e i loro umani possono lavorare insieme per gestire l'ansia e assicurarsi di condurre una vita felice ed equilibrata.

Una guida indispensabile per gli amanti dei cani

Capitolo 10

I Malinois belgi, noti per la loro intelligenza e capacità lavorativa, sono cani molto attivi e guidati. Sebbene siano generalmente fiduciosi e concentrati, possono anche essere inclini all'ansia in determinate situazioni. Segni di ansia nel Malinois belga possono includere abbaiare eccessivo, ritmo, irrequietezza o comportamento distruttivo. Per contribuire ad alleviare la loro ansia, i loro compagni umani devono fornire loro esercizio fisico regolare e stimolazione mentale. Coinvolgerli nell'addestramento all'obbedienza, nell'agilità o nel lavoro sull'olfatto può aiutare a incanalare la loro energia e dare loro uno scopo. La socializzazione fin dalla tenera età è fondamentale per aiutarli a sentirsi più a proprio agio in vari ambienti e con persone e animali diversi. I metodi di allenamento con rinforzo positivo funzionano meglio per i Malinois belgi, poiché rispondono bene a premi e lodi. Anche creare un ambiente calmo e strutturato, stabilire una routine coerente e fornire loro uno spazio confortevole in cui ritirarsi può aiutare a ridurre la loro ansia. Il Malinois belga può prosperare e condurre una vita equilibrata e appagante con cura, formazione e comprensione adeguate.

Bovaro del Bernese con la loro natura gentile e affettuosa, possono provare ansia in determinate situazioni. I sintomi di ansia nei bovari del bernese includono abbaiare eccessivo, stimolazione e irrequietezza. I loro compagni umani devono comprendere e affrontare la loro ansia per aiutarli a sentirsi calmi e sicuri. L'esercizio fisico regolare, in particolare le attività che coinvolgono la mente e il corpo, è essenziale per i bovari del bernese per liberare l'energia repressa e promuovere il benessere generale. Fornire loro una routine coerente, che includa alimentazione, esercizio fisico e riposo, può aiutare ad alleviare l'ansia e stabilizzarli. Metodi di formazione e socializzazione delicati e positivi possono rafforzare la loro fiducia e aiutarli ad affrontare nuove esperienze con meno stress. Creare un ambiente sereno e tranquillo in casa, insieme a tanto tempo e affetto di qualità, può anche aiutare a calmare le loro tendenze ansiose. Con la dovuta cura, pazienza e comprensione, i bovari del bernese possono prosperare e vivere in armonia con i loro compagni umani.

Esplora il lato oscuro della vita dei cani

I Bichon Frise, con il loro comportamento allegro e amichevole, possono provare ansia in determinate situazioni. I segni di ansia nel Bichon Frise possono includere abbaiare eccessivo, tremore e comportamento appiccicoso. I loro compagni umani devono comprendere e affrontare la loro ansia per aiutarli a sentirsi sicuri e a proprio agio. L'esercizio fisico regolare e la stimolazione mentale attraverso il gioco e i giocattoli interattivi sono essenziali affinché Bichon Frise possa spendere energia e mantenere una mente equilibrata. Creare un ambiente calmo e prevedibile con una routine coerente può aiutare ad alleviare la loro ansia e fornire loro un senso di stabilità.

I metodi di allenamento con rinforzo positivo e la rassicurazione delicata e il comfort funzionano meglio per Bichon Frise per creare fiducia e rafforzare un buon comportamento. Fornire loro uno spazio accogliente e sicuro dove possano ritirarsi quando si sentono sopraffatti può anche aiutare a calmare le loro tendenze ansiose. Con amore, pazienza e un ambiente favorevole, i Bichon Frise possono superare la loro ansia e condurre una vita felice e contenta insieme ai loro compagni umani.

I Border Collie, noti per la loro intelligenza e la loro sconfinata energia, possono essere inclini all'ansia se non gestiti adeguatamente. I segni di ansia nei Border Collie possono includere abbaiare eccessivo, ritmo e comportamento distruttivo. I loro compagni umani devono fornire loro molti esercizi fisici e stimoli mentali per aiutarli a incanalare positivamente la loro energia. Sessioni di allenamento regolari e attività coinvolgenti come l'agilità o la pastorizia possono aiutare a soddisfare il loro bisogno di stimolazione mentale e fornire uno scopo. I Border Collie prosperano in ambienti strutturati con confini chiari e routine coerenti.

La socializzazione fin dalla tenera età è fondamentale per prevenire l'ansia basata sulla paura. I metodi di addestramento con rinforzo positivo funzionano meglio per i Border Collie, poiché sono altamente reattivi alle ricompense e agli elogi. Le tecniche calmanti, come esercizi di respirazione profonda o giocattoli puzzle, possono aiutare ad alleviare l'ansia e fornire un senso di calma. Con le giuste cure, attenzioni e sbocchi per la loro intelligenza, i Border Collie possono condurre una vita appagante e superare ogni ansia che possono provare.

Una guida indispensabile per gli amanti dei cani

Capitolo 10

Boston Terrier sono cani vivaci e affettuosi, inclini all'ansia se non adeguatamente gestiti. I segni di ansia nei Boston Terrier possono includere abbaiare eccessivo, irrequietezza e comportamento distruttivo. I loro compagni umani devono creare un ambiente calmo e strutturato per aiutarli a sentirsi sicuri. L'esercizio fisico regolare e la stimolazione mentale attraverso il gioco interattivo e i puzzle possono aiutare ad alleviare l'ansia e bruciare l'energia in eccesso. La socializzazione fin dalla tenera età è fondamentale per prevenire l'ansia basata sulla paura. I metodi di allenamento con rinforzo positivo funzionano bene per i Boston Terrier, poiché rispondono a premi e lodi. Fornire loro una routine quotidiana coerente e tanto amore e attenzione può aiutare a ridurre la loro ansia e garantire che conducano una vita felice ed equilibrata. Con le giuste cure e supporto, i Boston Terrier possono superare la loro ansia e prosperare come amati compagni.

Boxer sono cani energici e giocosi inclini all'ansia se non adeguatamente affrontati. I segni di ansia nei Boxer possono includere abbaiare, camminare e comportamenti distruttivi eccessivi. I loro compagni umani devono comprendere e affrontare la loro ansia per aiutarli a sentirsi sicuri e a proprio agio. L'esercizio fisico regolare e la stimolazione mentale attraverso giochi interattivi e puzzle possono aiutare a bruciare l'energia in eccesso e mantenere la mente impegnata. Creare una routine quotidiana coerente e un ambiente tranquillo e strutturato può dare loro un senso di sicurezza. Metodi di allenamento di rinforzo positivo e rassicurazioni e conforto delicati possono fare una grande differenza nella gestione della loro ansia. Con pazienza, comprensione e un approccio amorevole, i Boxer possono superare la loro ansia e condurre una vita felice ed equilibrata.

Esplora il lato oscuro della vita dei cani

Riepilogo dell'ansia di 40 razze popolari

Brittany, noto anche come Brittany Spaniel, è un cane vivace e versatile con un talento naturale per la caccia e il riporto. Sono noti per la loro intelligenza, agilità e natura amichevole. Sebbene siano generalmente a tutto tondo e adattabili, i cani Brittany possono essere inclini a determinati problemi comportamentali se i loro bisogni non vengono soddisfatti. Possono provare ansia in situazioni come essere lasciati soli per lunghi periodi o non ricevere abbastanza stimolazione mentale e fisica. I segni di ansia in Bretagna possono includere abbaiare eccessivo, irrequietezza o comportamento distruttivo. Per contribuire ad alleviare la loro ansia, i proprietari devono fornire loro esercizio fisico regolare, stimolazione mentale e interazione sociale. Coinvolgerli in attività come l'addestramento all'obbedienza, l'agilità o i giochi di recupero può aiutarli a incanalare la loro energia e mantenere impegnata la loro mente. Brittany prospera in ambienti in cui riceve ampia attenzione, rinforzi positivi e formazione costante. Creare una routine strutturata e fornire loro un ambiente sicuro e amorevole può aiutarli a sentirsi più sicuri e a ridurre la loro ansia. Con la cura adeguata, la formazione e un approccio amorevole, Brittany può condurre una vita appagante e felice mentre forma forti legami con i suoi compagni umani.

I Bulldog sono noti per la loro natura amichevole e rilassata, ma possono anche provare ansia in determinate situazioni. I segni di ansia nei Bulldog possono includere sbavare eccessivamente, ansimare o comportamenti distruttivi. I loro compagni umani devono comprendere e affrontare la loro ansia per aiutarli a sentirsi calmi e sicuri. Fornire una routine strutturata, molti esercizi e stimolazione mentale può aiutare ad alleviare la loro ansia. I Bulldog prosperano con un allenamento costante con metodi di rinforzo positivo, che possono rafforzare la loro fiducia e aiutarli ad affrontare situazioni stressanti. Anche creare un ambiente tranquillo e confortevole con oggetti familiari e confortanti può aiutare ad alleviare la loro ansia. Con pazienza, amore e un approccio solidale, i Bulldog possono superare la loro ansia e godersi una vita equilibrata e contenta.

Una guida indispensabile per gli amanti dei cani

Cane Corso è una razza italiana potente e maestosa nota per la sua forza, lealtà e natura protettiva. Con un temperamento fiducioso e stabile, sono ottimi compagni di famiglia e tutori. Sebbene sia generalmente una razza ben equilibrata, il Cane Corso può essere soggetto a determinati problemi comportamentali se non adeguatamente addestrato e socializzato. Possono provare ansia in situazioni come essere lasciati soli per lunghi periodi o incontrare persone o animali non familiari. Segni di ansia nel Cane Corso possono includere abbaiare eccessivo, irrequietezza o aggressività. Per contribuire ad alleviare la loro ansia, è fondamentale fornire loro una socializzazione precoce, un allenamento di rinforzo positivo e molto esercizio fisico e mentale. Passeggiate regolari, sessioni di gioco interattive e attività di stimolazione mentale possono aiutare a canalizzare la loro energia e mantenerli mentalmente impegnati. Stabilire una routine coerente, fornire loro un ambiente sicuro e strutturato e dare loro molta attenzione e affetto è essenziale per il loro benessere. Il Cane Corso prospera nelle case dove viene trattato come un prezioso membro della famiglia e riceve una guida e una leadership adeguate. Con la giusta cura e addestramento, il Cane Corso può essere un compagno leale, amorevole e ben adattato.

Cardigan Corgi gallese è una razza affascinante e intelligente nota per il suo aspetto distintivo e la sua personalità vivace. Con le loro gambe corte e il corpo lungo, hanno un aspetto adorabile e unico che cattura il cuore di molti amanti dei cani. I cardigan sono altamente adattabili e sono ottimi compagni sia per gli individui che per le famiglie. Sono noti per la loro lealtà, natura affettuosa e comportamento giocoso. Tuttavia, come ogni razza, possono sperimentare alcune sfide comportamentali se non adeguatamente addestrati e socializzati. Cardigan Welsh Corgis può mostrare ansia in varie situazioni, come ansia da separazione quando lasciato solo o pauraverso persone o ambienti sconosciuti. I segni di ansia possono includere abbaiare eccessivo, irrequietezza o comportamento distruttivo. Per aiutare a gestire la loro ansia, è importante fornire loro socializzazione precoce, allenamento di rinforzo positivo e stimolazione mentale. L'esercizio fisico regolare e le attività coinvolgenti come i puzzle o i giochi interattivi possono aiutarli a bruciare energia e stimolare la mente. Stabilire una routine coerente, creare un ambiente calmo e strutturato e offrire rassicurazione e conforto sono essenziali per il loro benessere. Con la cura adeguata, l'addestramento e un ambiente amorevole, il Cardigan Welsh Corgis può prosperare e portare gioia e compagnia alle loro famiglie.

Cavalier King Charles Spaniel sono noti per la loro natura gentile e affettuosa, ma possono anche essere inclini all'ansia. I segni di ansia nei Cavalier possono includere abbaiare eccessivo, tremore o ritiro. I loro compagni umani devono fornire loro un ambiente sicuro e nutriente per aiutarli ad alleviare la loro ansia. L'esercizio fisico regolare e la stimolazione mentale attraverso il gioco interattivo e l'allenamento possono aiutare a bruciare l'energia in eccesso e mantenere la mente impegnata. I Cavalier prosperano con metodi di allenamento di rinforzo positivo, che possono aumentare la loro fiducia e rafforzare il loro legame con i loro umani. Anche creare una routine quotidiana coerente e assicurarsi che ricevano amore e attenzione può aiutare ad alleviare la loro ansia. Con pazienza, comprensione e un approccio calmo, i Cavalier possono superare la loro ansia e vivere una vita felice ed equilibrata.

Il Chihuahua, noto per le sue piccole dimensioni e la sua grande personalità, può essere incline all'ansia. Possono mostrare segni di ansia attraverso l'abbaiare eccessivo, il tremore o l'aggressività. I loro compagni umani devono comprendere e affrontare la loro ansia per aiutarli a sentirsi sicuri e protetti. Esercizi regolari come brevi passeggiate o sessioni di gioco interattive possono aiutare a bruciare le energie e ridurre l'ansia. Anche fornire loro un ambiente calmo e strutturato e una routine quotidiana coerente può aiutare ad alleviare la loro ansia. I metodi di addestramento con rinforzo positivo funzionano bene con i Chihuahua, poiché rispondono positivamente alle lodi e alle ricompense. La socializzazione fin dalla tenera età può aiutarli a sentirsi più a proprio agio e sicuri in diverse situazioni. Con pazienza, comprensione e un approccio

Una guida indispensabile per gli amanti dei cani

amorevole, i Chihuahua possono superare la loro ansia e godersi una vita felice e appagante con i loro compagni umani.

Il Cocker (inglese/spagnolo) , noti per i loro bellissimi cappotti e la loro personalità allegra, possono essere inclini all'ansia. Possono mostrare segni di ansia attraverso abbaiare eccessivo, comportamenti distruttivi o appiccicosità. I loro compagni umani devono comprendere e affrontare la loro ansia per aiutarli a sentirsi calmi e sicuri. Esercizi regolari come passeggiate quotidiane o momenti di gioco possono aiutare a liberare la loro energia e ridurre l'ansia. Fornire loro stimolazione mentale attraverso giocattoli interattivi o giochi puzzle può anche aiutare a mantenere la mente impegnata e ad alleviare l'ansia. Creare una routine coerente e fornire un ambiente sicuro e confortevole può dare ai Cocker Spaniel un senso di sicurezza. Metodi di allenamento di rinforzo positivo, rassicurazioni gentili e conforto possono rafforzare la loro fiducia e aiutarli a superare l'ansia. Con pazienza, amore e cure adeguate, i Cocker Spaniel possono condurre una vita felice ed equilibrata, godendosi il tempo con i loro compagni umani.

I bassotti , con i loro corpi lunghi e le personalità vivaci, possono essere inclini all'ansia. Possono mostrare segni di ansia abbaiando eccessivamente, scavando o addirittura aggredendo. I loro compagni umani devono comprendere e affrontare la loro ansia per aiutarli a sentirsi sicuri e calmi. I bassotti prosperano con l'esercizio fisico regolare, quindi fornire loro passeggiate quotidiane o momenti di gioco può aiutarli a bruciare l'energia in eccesso e ridurre l'ansia. Anche la stimolazione mentale è importante per questi cani intelligenti e i giocattoli interattivi o i puzzle possono tenere impegnata la loro mente e alleviare l'ansia. Stabilire una routine coerente e creare un ambiente sicuro può aiutare ad alleviare la loro ansia. I metodi di addestramento con rinforzo positivo funzionano meglio per i bassotti, poiché rispondono bene alle lodi e alle ricompense. Quando si sentono ansiosi, la gentile rassicurazione e il conforto dei loro compagni umani possono fornire loro il supporto di cui hanno bisogno. Con le giuste cure, attenzioni e amore, i bassotti possono condurre una vita felice ed equilibrata, portando gioia alle loro famiglie.

Esplora il lato oscuro della vita dei cani

I Doberman Pinscher, noti per la loro lealtà e natura protettiva, a volte possono provare ansia. I segni di ansia nei doberman possono includere abbaiare eccessivo, comportamento distruttivo o persino aggressività. I loro compagni umani devono comprendere e affrontare la loro ansia per creare per loro un ambiente sicuro e armonioso. L'esercizio fisico regolare è essenziale affinché i dobermann liberino l'energia repressa e mantengano il loro benessere generale. La stimolazione mentale attraverso l'allenamento, i puzzle o i giochi interattivi può aiutare a mantenere la mente impegnata e ad alleviare l'ansia. I doberman prosperano grazie alla struttura e alla routine, quindi stabilire un programma quotidiano coerente può dare loro un senso di sicurezza. I metodi di addestramento con rinforzo positivo funzionano bene con i Dobermann, poiché rispondono positivamente a premi e lodi. Quando si sentono ansiosi, la rassicurazione gentile e la calma dei loro compagni umani possono fare una differenza significativa nell'aiutarli a sentirsi a proprio agio. Con la cura adeguata, l'addestramento e un approccio amorevole, i Doberman Pinscher possono superare la loro ansia e prosperare come compagni fiduciosi ed equilibrati.

Il Cocker inglese è una razza deliziosa ed energica nota per la sua natura amichevole e il suo carattere allegro. Con i loro occhi morbidi ed espressivi e il pelo setoso, hanno un fascino irresistibile che cattura il cuore di molti amanti dei cani. I Cocker inglesi sono versatili e adattabili, il che li rende ottimi compagni sia per gli individui che per le famiglie. Vivono della compagnia umana e amano far parte delle attività familiari. Questa razza è nota per la sua intelligenza e il desiderio di compiacere, il che li rende relativamente facili da addestrare. Tuttavia, possono essere soggetti ad ansia da separazione se lasciati soli per lunghi periodi. I segni di ansia nei Cocker inglesi possono includere abbaiare eccessivo, comportamento distruttivo o irrequietezza. Per aiutare a gestire la loro ansia, è importante fornire loro molti stimoli mentali e fisici. L'esercizio fisico regolare, i giocattoli interattivi e le attività coinvolgenti come l'allenamento all'obbedienza o l'agilità possono aiutarli a bruciare energie e a tenere la mente occupata. Anche stabilire una routine coerente e fornire un ambiente sicuro e strutturato può aiutare ad alleviare la loro ansia. I metodi di allenamento con rinforzo positivo funzionano bene con questa razza, poiché rispondono positivamente alle lodi e alle ricompense. Con amore, pazienza

Una guida indispensabile per gli amanti dei cani

e cure adeguate, il Cocker inglese può prosperare e portare gioia e compagnia alle loro famiglie.

Setter inglesi sono noti per la loro natura amichevole ed estroversa, ma possono anche provare ansia in determinate situazioni. Segni di ansia nei setter inglesi possono includere irrequietezza, abbaiare eccessivo o comportamento distruttivo. I loro compagni umani devono comprendere e affrontare la loro ansia per aiutarli a sentirsi sicuri e a proprio agio. L'esercizio fisico regolare è fondamentale per i setter inglesi per liberare la propria energia e mantenere uno stato mentale equilibrato. Anche la stimolazione mentale attraverso l'allenamento, i giocattoli interattivi o i puzzle può aiutare a mantenere la mente impegnata e ad alleviare l'ansia. I setter inglesi prosperano con metodi di addestramento di rinforzo positivi, poiché rispondono bene a ricompense e lodi. Creare una routine quotidiana coerente e un ambiente tranquillo e strutturato può dare loro un senso di sicurezza. Quando si sente ansioso, la rassicurazione gentile e il conforto dei suoi compagni umani possono fare una grande differenza. Con pazienza, comprensione e un approccio amorevole, i setter inglesi possono gestire la loro ansia e vivere una vita felice e appagante.

Pastori tedeschi sono cani intelligenti e leali ma possono essere inclini all'ansia in determinate situazioni. Segni di ansia nei pastori tedeschi possono includere abbaiare, camminare o comportamenti distruttivi eccessivi. I loro compagni umani devono comprendere e affrontare la loro ansia per aiutarli a sentirsi sicuri e calmi. L'esercizio fisico regolare è fondamentale per i pastori tedeschi per liberare energia e mantenere il benessere mentale. Anche la stimolazione mentale attraverso la formazione, i giocattoli interattivi e le attività di risoluzione dei problemi può aiutare ad alleviare l'ansia. I pastori tedeschi rispondono bene ai metodi di addestramento con rinforzo positivo, prosperando con lodi e ricompense. Creare una routine strutturata e un ambiente sicuro e stimolante può dare loro un senso di sicurezza. Quando ci si sente ansiosi, la gentile rassicurazione e il conforto dei

Esplora il lato oscuro della vita dei cani

propri compagni umani possono avere un effetto calmante. Con pazienza, comprensione e addestramento costante, i pastori tedeschi possono gestire la loro ansia e condurre una vita equilibrata e appagante.

Golden Retriever sono cani amichevoli e affettuosi ma possono anche provare ansia in determinate situazioni. I segni di ansia nei Golden Retriever possono includere abbaiare eccessivo, ansimare o comportamenti distruttivi. I loro compagni umani devono riconoscere e affrontare la loro ansia per aiutarli a sentirsi sicuri e calmi. L'esercizio fisico regolare è essenziale per i Golden Retriever per rilasciare energia e mantenere uno stato mentale sano. Anche la stimolazione mentale attraverso l'allenamento, i puzzle e i giochi interattivi può aiutare ad alleviare l'ansia. Stabilire una routine quotidiana coerente e un ambiente sicuro e stimolante può dare loro un senso di stabilità. I metodi di allenamento con rinforzo positivo funzionano bene per i Golden Retriever, poiché rispondono positivamente alle ricompense e agli incoraggiamenti. Quando ci si sente ansiosi, la rassicurazione gentile e il conforto dei propri compagni umani possono fare una differenza significativa. Con pazienza, comprensione e un approccio amorevole, i Golden Retriever possono gestire la loro ansia e condurre una vita felice ed equilibrata.

Grandi danesi sono giganti gentili noti per la loro natura calma e amichevole ma possono anche provare ansia in determinate situazioni. I segni di ansia negli alani possono includere sbavare eccessivamente, ansimare, camminare ritmicamente o comportamenti distruttivi. I loro compagni umani devono riconoscere e affrontare la loro ansia per aiutarli a sentirsi sicuri e a proprio agio. L'esercizio fisico regolare è fondamentale per gli alani per bruciare l'energia in eccesso e mantenere uno stato d'animo sano. Creare un ambiente calmo e strutturato e una routine coerente può dare loro un senso di stabilità. I metodi di allenamento con rinforzo positivo funzionano bene per gli alani, poiché rispondono positivamente a ricompense e incoraggiamenti. Quando si sente ansioso,

Una guida indispensabile per gli amanti dei cani

la rassicurazione gentile e il conforto dei suoi compagni umani possono fare una grande differenza. Con la cura adeguata, la comprensione e un approccio amorevole, gli alani possono gestire la loro ansia e vivere una vita felice ed equilibrata.

Labrador Retriever sono cani amichevoli ed estroversi ma possono anche provare ansia in determinate situazioni. I segni di ansia nei Labrador possono includere masticare o scavare eccessivamente e possono essere inclini all'ansia da separazione, diventando distruttivi se lasciati soli. Per contribuire ad alleviare la loro ansia, è fondamentale fornire loro molti esercizi, stimolazione mentale e giocattoli interattivi. L'esercizio fisico regolare li aiuta a bruciare l'energia in eccesso e a mantenere la mente impegnata. Anche creare una routine coerente e fornire un ambiente sicuro e tranquillo può aiutarli a sentirsi più a proprio agio. I metodi di addestramento con rinforzo positivo funzionano meglio per i Labrador, poiché rispondono bene a ricompense e incoraggiamenti. Quando si sentono ansiosi, la rassicurazione gentile e il conforto dei loro compagni umani possono fare una grande differenza. I labrador possono gestire la loro ansia e condurre una vita equilibrata e felice con comprensione, pazienza e un approccio amorevole.

Leonberger è un gigante maestoso e gentile noto per le sue dimensioni imponenti e la sua natura amichevole. Con il loro pelo spesso e doppio e l'aspetto imponente, spesso fanno girare la testa ovunque vadano. Nonostante le loro grandi dimensioni, i Leonberger sono noti per il loro comportamento gentile e calmo, che li rende ottimi compagni di famiglia. Sono leali e affettuosi e amano partecipare alle attività familiari. Questa razza è molto intelligente e addestrabile, desiderosa di compiacere i propri proprietari. Sono generalmente buoni con i bambini e vanno d'accordo con altri animali domestici se adeguatamente socializzati. I Leonberger hanno un livello di energia moderato e beneficiano dell'esercizio quotidiano per stimolarli fisicamente e mentalmente. I loro cappotti richiedono una spazzolatura regolare per mantenere il loro bell'aspetto e prevenire la stuoia. Sebbene siano generalmente cani sani, possono essere soggetti a determinati problemi di salute, come la displasia dell'anca e alcune forme di cancro. Controlli veterinari regolari e una dieta equilibrata sono importanti per il loro benessere generale. Con la loro natura amorevole e gentile, il Leonberger può essere un compagno meraviglioso per individui o famiglie che cercano un amico peloso leale e devoto.

maltese i cani sono noti per le loro piccole dimensioni e la loro personalità affascinante, ma possono anche provare ansia in determinate situazioni. Segni di ansia nei cani maltesi possono includere abbaiare eccessivo, tremore o nascondersi. Sono inclini all'ansia da separazione e possono attaccarsi eccessivamente ai loro compagni umani. Per contribuire ad alleviare la loro ansia, è essenziale fornire loro un ambiente calmo e sicuro. Creare una routine quotidiana coerente, che includa esercizio fisico regolare e stimolazione mentale, può aiutare a mantenere la mente impegnata e a ridurre l'ansia. I metodi di allenamento con rinforzo positivo funzionano bene con i maltesi, poiché rispondono positivamente a premi e lodi. Quando si sentono ansiosi, la gentile rassicurazione e il conforto dei loro compagni umani possono aiutarli a sentirsi più sicuri. Con comprensione, pazienza e un approccio amorevole, i cani maltesi possono gestire la loro ansia e vivere una vita felice ed equilibrata.

Schnauzer nano sono deliziosi cani di piccola taglia noti per il loro aspetto distinto e la loro personalità vivace. Sebbene siano generalmente fiduciosi ed estroversi, possono provare ansia in determinate situazioni. I segni di ansia negli Schnauzer nani possono includere abbaiare eccessivo, irrequietezza o comportamento distruttivo. Possono essere inclini all'ansia da separazione e possono diventare eccessivamente attaccati ai membri della loro famiglia umana. Per contribuire ad alleviare la loro ansia, è importante fornire loro molti esercizi fisici e stimolazione mentale. I giocattoli interattivi, i puzzle game e le sessioni di allenamento possono aiutare a mantenere la mente impegnata e a ridurre l'ansia. Creare un ambiente tranquillo e strutturato e una routine quotidiana coerente può anche dare loro un senso di sicurezza. I metodi di allenamento con rinforzo positivo, come premiare il buon comportamento, rafforzano la loro fiducia e riducono l'ansia. Quando si sentono ansiosi, la rassicurazione gentile e i gesti confortanti dei loro compagni umani possono fare una grande differenza. Gli Schnauzer nani possono gestire la loro ansia e condurre una vita felice ed equilibrata con amore, pazienza e comprensione.

Elkhound norvegese è una razza bella e versatile con una ricca storia radicata in Norvegia. Conosciuta per la sua corporatura robusta e l'aspetto sorprendente, questa razza è molto considerata un compagno leale e coraggioso. Gli Elkhound norvegesi hanno uno spesso doppio mantello che fornisce isolamento quando fa freddo e conferisce loro il loro aspetto distintivo. Sono rinomati per le loro abilità di caccia, in particolare nel seguire e inseguire prede come alci, orsi e altri grandi animali. Con il loro forte senso dell'olfatto e il loro acuto istinto, eccellono nei compiti che richiedono il rilevamento degli odori. Gli Elkhound norvegesi sono anche noti per l'intelligenza, l'indipendenza e la natura volitiva. Richiedono un addestramento costante, fermo ma delicato per incanalare la loro energia e mantenere un buon comportamento. La socializzazione fin dalla giovane età è essenziale per aiutarli a diventare cani a tutto tondo e adattabili. Questa razza è tipicamente amichevole, affettuosa e protettiva nei confronti delle loro famiglie, rendendoli ottimi cani da guardia. Gli Elkhound norvegesi sono cani attivi e necessitano di esercizio fisico regolareper stimolarli fisicamente e mentalmente. I loro cappotti spessi richiedono una toelettatura regolare per evitare la stuoia e mantenerli al meglio. Nel complesso, il norvegese Elkhound è una razza leale, intelligente e versatile che prospera in famiglie attive dove possono ricevere l'attenzione, l'esercizio e la stimolazione mentale di cui hanno bisogno.

Barboncini sono cani intelligenti ed eleganti noti per il loro caratteristico mantello riccio. Nonostante il loro aspetto sofisticato, i barboncini possono provare ansia in determinate situazioni. Segni di ansia nei barboncini possono includere abbaiare eccessivo, camminare su e giù o cercare costante attenzione. Possono essere sensibili ai cambiamenti nel loro ambiente e potrebbero aver bisogno di una routine calma e strutturata per sentirsi sicuri. Un regolare esercizio fisico e mentale è essenziale affinché i barboncini possano rilasciare l'energia in eccesso e mantenere il loro benessere. Coinvolgerli in attività stimolanti come giocattoli puzzle, allenamento all'obbedienza o esercizi di agilità può aiutare ad alleviare l'ansia e tenere la mente occupata. I metodi di addestramento con rinforzo positivo, con premi e lodi, funzionano meglio per i barboncini, poiché rispondono bene all'incoraggiamento e alla guida gentile. Creare uno spazio tranquillo e silenzioso all'interno della casa e fornire oggetti confortanti come lenzuola morbide o musica rilassante può aiutarli a sentirsi più a loro agio. Con il supporto di proprietari pazienti e comprensivi, i barboncini possono gestire la loro ansia e prosperare in un ambiente amorevole e nutriente.

Portoghese Water è una razza carismatica e versatile con una storia affascinante radicata in Portogallo. Rinomata per il suo fisico robusto e il mantello caratteristico, questa razza è molto considerata un compagno intelligente e affettuoso. I cani da acqua portoghesi hanno un mantello ipoallergenico che è ondulato o riccio, fornendo un'eccellente protezione dall'acqua. Originariamente venivano allevati per vari compiti legati al lavoro in acqua, come recuperare le reti, consegnare messaggi tra le barche e persino radunare i pesci nelle reti. Con la loro naturale capacità di nuotare e il desiderio di compiacere, eccellono nelle immersioni in banchina, in acquasport e allenamento all'obbedienza. I cani da acqua portoghesi sono noti per la loro intelligenza, addestrabilità e desiderio di apprendimento. Prosperano con la stimolazione mentale e richiedono metodi di allenamento di rinforzo coerenti e positivi per mantenerli impegnati e ben educati. La socializzazione precoce è fondamentale per aiutarli a trasformarsi in cani a tutto tondo e amichevoli. I cani da acqua portoghesi formano legami profondi con le loro famiglie e sono noti per la loro lealtà e natura protettiva. Sono generalmente buoni con i bambini e possono adattarsi bene agli ambienti familiari. Tuttavia, potrebbero diffidare degli estranei, quindi la socializzazione precoce è essenziale per assicurarsi che si sentano a proprio agio in varie situazioni sociali. Questa razza è energica e richiede esercizio fisico regolare per stimolarla fisicamente e mentalmente. Le passeggiate quotidiane, le sessioni di gioco interattive e le sfide mentali sono necessarie per prevenire la noia e mantenere il benessere generale. Il mantello unico del cane da acqua portoghese richiede una pulizia regolare, una spazzolatura e un taglio professionale occasionale. Con la loro intelligenza, fascino e natura amante dell'acqua, i cani da acqua portoghesi sono compagni fantastici per individui e famiglie attivi che possono fornire loro l'attenzione, l'esercizio e la stimolazione mentale di cui hanno bisogno per prosperare.

Carlino sono cani affascinanti e affettuosi noti per il loro caratteristico muso rugoso e la coda arricciata. Sebbene possano essere giocosi ed estroversi, i Carlini possono anche essere inclini all'ansia in determinate situazioni. I segni di ansia nei Carlini possono includere ansimare eccessivo, camminare su e giù o cercare costante rassicurazione. I loro compagni umani devono comprendere e affrontare la loro ansia per aiutarli a sentirsi calmi e sicuri. Esercizi regolari, come brevi passeggiate o giochi interattivi, possono aiutare i Carlini a liberare l'energia repressa e promuovere un senso di benessere. Anche la stimolazione mentale attraverso giocattoli puzzle o esercizi di allenamento può mantenere la mente impegnata e ridurre l'ansia. Creare una routine coerente e fornire un ambiente confortevole e sicuro può aiutare ad alleviare le loro preoccupazioni. I metodi di addestramento con rinforzo positivo, che utilizzano ricompense ed elogi, sono efficaci per i Carlini poiché rispondono bene ad approcci gentili e incoraggianti. Offrire loro uno spazio tranquillo e accogliente in cui rilassarsi, insieme a profumi rilassanti o musica rilassante, può aiutarli ad alleviare la loro ansia. I carlini possono superare la loro ansia e godersi una vita felice e appagante con amore, pazienza e un ambiente favorevole.

Esplora il lato oscuro della vita dei cani

Riepilogo dell'ansia di 40 razze popolari

Rottweiler sono cani potenti e leali noti per la loro natura protettiva e il forte istinto di guardia. Sebbene siano spesso fiduciosi e sicuri di sé, i Rottweiler possono anche essere suscettibili all'ansia, manifestandosi con abbaiare eccessivo, aggressività o comportamenti distruttivi. Possono essere inclini all'ansia da separazione e possono diventare iperprotettivi nei confronti della loro famiglia. Per contribuire a ridurre la loro ansia, è essenziale fornire ai Rottweiler una socializzazione precoce con varie persone, animali e ambienti. Le tecniche di allenamento con rinforzo positivo incentrate su metodi basati sulla ricompensa possono aiutare a rafforzare la loro fiducia e rafforzare i comportamenti desiderati. L'esercizio fisico e mentale è essenziale per i Rottweiler per bruciare l'energia in eccesso e mantenere uno stato d'animo sano. Coinvolgerli in giochi interattivi, formazione all'obbedienza e compiti impegnativi può aiutare a stimolare la loro mente e ad alleviare l'ansia. Creare un ambiente calmo e strutturato con routine coerenti può dare ai Rottweiler un senso di sicurezza. Con una gestione paziente e comprensiva, insieme a un'adeguata formazione e socializzazione, i Rottweiler possono imparare a gestire la propria ansia e prosperare come compagni equilibrati e fiduciosi.

Shiba Inu sono cani piccoli e vivaci noti per la loro natura indipendente e sicura di sé. Sebbene siano generalmente una razza calma e riservata, gli Shiba Inu possono essere inclini all'ansia in determinate situazioni. I segni di ansia nello Shiba Inu possono includere abbaiare eccessivo, comportamento distruttivo o ritiro. Per aiutare a gestire la loro ansia, è importante fornire loro una routine strutturata e una formazione coerente. Le tecniche di rinforzo positivo funzionano bene con Shiba Inu, poiché rispondono meglio a ricompense e lodi. L'esercizio fisico regolare e la stimolazione mentale sono fondamentali per mantenere la mente attiva impegnata e per prevenire la noia, che può contribuire all'ansia. Creare un ambiente calmo e sicuro, con uno spazio sicuro designato in cui ritirarsi, può aiutare ad alleviare la loro ansia. Anche la rassicurazione gentile e il conforto dei loro compagni

Una guida indispensabile per gli amanti dei cani

umani durante le situazioni stressanti possono fare una differenza significativa. Con cure pazienti e comprensive, Shiba Inu può imparare a superare la propria ansia e prosperare come un compagno felice e ben adattato.

Shih Tzu sono cani piccoli e affettuosi noti per la loro personalità giocosa ed estroversa. Sebbene siano generalmente amichevoli e adattabili, gli Shih Tzu possono essere inclini all'ansia in determinate situazioni. I segni di ansia nello Shih Tzu possono includere abbaiare eccessivo, tremore o comportamento appiccicoso. Per aiutarli a gestire la loro ansia, è importante fornire loro un ambiente calmo e strutturato. Creare una routine quotidiana coerente e uno spazio sicuro designato per loro può aiutare ad alleviare la loro ansia e fornire loro un senso di sicurezza. Con ricompense e una guida gentile, i metodi di allenamento con rinforzo positivo funzionano meglio con Shih Tzu per rafforzare la loro fiducia e rafforzare il buon comportamento. L'esercizio fisico regolare, sia fisico che mentale, è fondamentale per aiutarli a bruciare l'energia in eccesso e mantenere la mente stimolata. Anche la delicata rassicurazione e il conforto dei loro compagni umani durante le situazioni stressanti possono aiutare a calmare la loro ansia. Lo Shih Tzu può imparare a gestire la propria ansia e godersi una vita felice ed equilibrata con cure pazienti e amorevoli.

Husky siberiani sono cani energici e sociali noti per il loro aspetto sorprendente e le solide capacità di tirare la slitta. Sebbene siano generalmente amichevoli ed estroversi, i Siberian Husky possono essere inclini ad alcune sfide comportamentali, inclusa l'ansia da separazione. Se lasciati soli per lunghi periodi, possono mostrare segni di ansia, come abbaiare eccessivo, comportamenti distruttivi o tentativi di fuga. Per aiutare a gestire la loro ansia, è essenziale fornire loro un esercizio fisico regolare, poiché gli Husky hanno alti livelli di energia e richiedono un'ampia attività fisica. La

Esplora il lato oscuro della vita dei cani

stimolazione mentale è altrettanto importante, poiché i cani intelligenti prosperano con compiti e sfide coinvolgenti. Costruire una routine coerente, comprese sessioni di allenamento strutturate e momenti di gioco interattivi, può aiutare ad alleviare la loro ansia e fornire un senso di stabilità.

Inoltre, l'addestramento all'uso del trasportino e la creazione di uno spazio sicuro e confortevole simile a una tana possono offrire loro un rifugio sicuro. Allenamento di rinforzo positivotecniche, come premiare il buon comportamento e fornire arricchimento mentale, gestiscono efficacemente la loro ansia. Con la cura, l'attenzione e un ambiente amorevoli, i Siberian Husky possono condurre una vita appagante e formare forti legami con i loro compagni umani.

Gli Staffordshire Bull Terrier, spesso indicati come Staffie, sono cani amichevoli e affettuosi noti per la loro corporatura muscolare e la loro natura energica. Sebbene generalmente socievole e di buon carattere, Staffie può essere incline ad alcune sfide comportamentali, inclusa l'ansia da separazione. Se lasciati soli per periodi prolungati, possono mostrare segni di ansia, come abbaiare eccessivo, comportamenti distruttivi o tentativi di fuga. Per aiutare a gestire la loro ansia, è essenziale fornire loro esercizio fisico regolare e stimolazione mentale. Le passeggiate quotidiane, il gioco e i giocattoli interattivi possono aiutare a bruciare l'energia in eccesso e mantenere la mente impegnata. Stabilire una routine coerente e fornire loro uno spazio sicuro e confortevole può aiutare ad alleviare la loro ansia e dare un senso di sicurezza. I metodi di allenamento con rinforzo positivo, che utilizzano ricompense ed elogi, insegnano efficacemente loro un buon comportamento e rafforzano la loro fiducia. Con la cura adeguata, la socializzazione e un ambiente amorevole, gli Staffordshire Bull Terrier possono prosperare e formare forti legami con le loro famiglie umane.

Capitolo 10

Volpino Italiano è una razza incantevole e vivace con un ricco patrimonio originario dell'Italia. Conosciuta per le sue piccole dimensioni e il suo pelo soffice, questa razza cattura i cuori con il suo aspetto adorabile e la sua personalità affascinante. Il Volpino Italiano ha uno spesso doppio mantello disponibile in vari colori, che fornisce protezione e si aggiunge al suo aspetto delizioso. È un cane da compagnia in tutto e per tutto, che forma forti legami con la sua famiglia e spesso mostra una natura leale e affettuosa. Nonostante la sua piccola statura, il Volpino Italiano è vivace e vivace, sempre pronto al gioco e all'avventura. Questa razza è nota per la suaintelligenza, agilità e capacità di apprendimento rapido. Gode della stimolazione mentale ed eccelle in attività come l'addestramento all'obbedienza, i corsi di agilità e i giochi interattivi. La socializzazione precoce è importante per garantire che Volpino Italiano cresca fino a diventare completo e adattabile. Sebbene piccoli, possono essere assertivi e mostrare un istinto protettivo nei confronti dei loro cari. L'esercizio fisico regolare sotto forma di passeggiate, sessioni di gioco e sfide mentali è essenziale per mantenerli stimolati fisicamente e mentalmente. Sebbene il loro pelo soffice richieda una spazzolatura regolare per evitare la formazione di opacità e mantenere la loro bellezza, sono considerati una razza a bassa perdita di pelo, il che li rende adatti a chi soffre di allergie. Il Volpino Italiano è un delizioso compagno che porta gioia e affetto nella sua famiglia. La loro natura vivace, la loro intelligenza e il loro aspetto accattivante li rendono animali meravigliosi per individui e famiglie che cercano un compagno canino devoto e vivace.

Springer Spaniel gallese è una razza affascinante e versatile con una ricca storia radicata nel Galles. Con il loro pelo caratteristico e la loro natura amichevole, catturano il cuore degli amanti dei cani in tutto il mondo. I Welsh Springer Spaniel hanno una corporatura di medie dimensioni e ben bilanciata che consente loro di eccellere in varie attività. Il loro pelo setoso rosso e bianco non è solo visivamente accattivante ma fornisce anche protezione contro gli elementi. Questa razza è nota per le sue eccezionali capacità di caccia, in particolare nello stanare la selvaggina e nel recuperare. Con il loro acuto senso dell'olfatto e gli istinti naturali, prosperano in compiti

Esplora il lato oscuro della vita dei cani

che richiedono il rilevamento dell'odore. I Welsh Springer Spaniel sono intelligenti e desiderosi di compiacere, il che li rende altamente addestrabili e reattivi ai metodi di rinforzo positivi. Sono versatili nelle loro capacità e possono partecipare a vari sport per cani come l'obbedienza, l'agilità e il tracciamento. La loro natura amichevole e affettuosa li rende ottimi compagni e cani di famiglia. Formano forti legami con la loro famiglia umana e spesso sono buoni con i bambini e altri animali domestici. L'esercizio fisico regolare è importante per mantenere il Welsh Springer Spaniel stimolato fisicamente e mentalmente. Amano attività come passeggiate veloci, jogging e sessioni di gioco interattive. Il loro mantello richiede una toelettatura regolare per mantenerlo pulito e privo di stuoie. Con il loro temperamento amorevole, intelligenza e natura energica, il Welsh Springer Spaniel è l'ideale per individui attivi o famiglie che cercano un compagno leale e devoto.

Gli Yorkshire Terrier , o **Yorkies** , sono cani piccoli e vivaci noti per i loro cappotti glamour e le loro personalità sicure. Nonostante le loro piccole dimensioni, a volte possono mostrare segni di ansia. Gli Yorkies possono provare ansia da separazione se lasciati soli per periodi prolungati, portando a comportamenti come abbaiare eccessivo, masticazione distruttiva o irrequietezza. Per aiutare a gestire la loro ansia, i loro compagni umani devono creare un ambiente sicuro e protetto. L'esercizio fisico regolare e la stimolazione mentale sono essenziali per mantenere attivi la mente e il corpo. Fornire loro giocattoli interattivi e giochi puzzle può aiutare ad alleviare l'ansia e tenerli impegnati. Stabilire una routine quotidiana coerente e stabilire confini chiari può anche dare loro un senso di struttura e sicurezza. Le tecniche di allenamento con rinforzo positivo, che utilizzano ricompense ed elogi, insegnano effettivamente loro un buon comportamento e aumentano la loro fiducia. Con amore, pazienza e un approccio calmo, gli Yorkshire Terrier possono superare la loro ansia e prosperare in un ambiente domestico amorevole.

Capitolo 11

Pisolino e passeggiata per rimanere sintonizzati

Woof! Woof!! Prima di tutto, ho delle notizie interessanti per te! Nel capitolo 17 del nostro eccellente libro, ho aggiunto una tabella completa sui sonnellini e sulle passeggiate. È una pratica guida di riferimento che ti aiuterà a comprendere le esigenze specifiche di pisolini e passeggiate di 40 razze di cani popolari. Non è fantastico?

Pisolini: Ah, il bello di un buon pisolino! Proprio come te, anche noi cani abbiamo bisogno del nostro sonno di bellezza. La quantità di sonno di cui abbiamo bisogno può variare da razza a razza, ma a noi piace dormire per circa 12-14 ore al giorno. Può sembrare molto, ma dobbiamo ricaricare le batterie e rimanere sani e felici. Quindi, per favore, <u>forniscici posti accoglienti e confortevoli dove rannicchiarci e andare alla deriva nel mondo dei sogni,</u> Quello di Zzz . Per favore, non disturbarci mentre facciamo un pisolino felice. È il nostro prezioso tempo libero!

In quella tabella troverai informazioni importanti su quante ore ciascuna razza ha generalmente bisogno di dormire e quanto esercizio richiede durante le passeggiate. Scoprirai anche se queste razze sono più adatte a uno stile di vita indoor o outdoor. Ciò consentirà di comprendere meglio le sue esigenze specifiche e di aiutarti a pianificare la sua routine quotidiana di conseguenza.

Passeggiate: Ah, la gioia di passeggiare con i nostri compagni umani! Camminare per noi non è solo un'attività fisica; è un'opportunità per esplorare, legare e coinvolgere i nostri sensi. La durata e l'intensità delle nostre passeggiate possono variare a seconda della razza, dell'età e dei livelli di energia. Per alcuni di noi è sufficiente una piacevole passeggiata intorno all'isolato, mentre altri potrebbero aver bisogno di una camminata più vigorosa o addirittura di una corsa per bruciare l'energia in eccesso. <u>Le passeggiate regolari sono importanti per il nostro benessere fisico e mentale, poiché ci forniscono esercizio, stimolazione</u>

Esplora il lato oscuro della vita dei cani

Pisolino e passeggiata per rimanere sintonizzati

mentale e l'opportunità di socializzare con altri cani e gatti.umani. Quindi, prendi il guinzaglio, mettiti le scarpe da passeggio e partiamo insieme per un'avventura!

Ma aspetta, c'è di più! La tabella copre anche l'aspetto dell'attività fisica, in particolare la camminata. Rivela la durata e la frequenza consigliate delle passeggiate per ciascuna razza, assicurandoci di ottenere l'attività fisica e la stimolazione mentale di cui abbiamo bisogno per rimanere sani e felici. Che si tratti di una piacevole passeggiata o di un'energica escursione, avrai tutte le informazioni necessarie per farci scodinzolare durante le nostre passeggiate.

Ricordate, cari esseri umani, è importante considerare i nostri bisogni individuali quando si tratta di fare un pisolino e camminare. Alcune razze potrebbero richiedere più o meno sonno e anche le nostre esigenze di esercizio fisico possono variare. Quindi, prenditi il tempo necessario per comprendere le caratteristiche della razza del tuo amico peloso, consulta il tuo veterinario se necessario e crea una routine che soddisfi le nostre esigenze specifiche. E, soprattutto, godetevi
questi momenti insieme! Fare un pisolino e camminare non sono per noi solo rituali quotidiani; sono opportunità per rafforzare il nostro legame, esplorare il mondo e creare ricordi preziosi che dureranno tutta la vita.

La tabella, infine, aiuta a capire se una particolare razza è più adatta ad uno stile di vita indoor o outdoor. Alcune razze prosperano in casa, mentre altre amano esplorare i grandi spazi aperti. Sapere questo ti aiuterà a creare uno spazio abitativo che soddisfi al meglio le nostre esigenze e ci faccia sentire a nostro agio e contenti.

Quindi, miei cari umani, passate al capitolo 17 e tuffatevi nel meraviglioso mondo del pisolino e della camminata. Usa la tabella come una risorsa preziosa per comprendere le esigenze specifiche del tuo amico peloso, personalizzare di conseguenza le sue routine di pisolino e camminata e offrirgli una vita piena di gioia, riposo e avventura. Si prega di controllare **il profilo di 40 razze popolari per pisolini, passeggiate e interni/esterni**.

Una guida indispensabile per gli amanti dei cani

Capitolo 12

Il mondo ansioso dei cuccioli

Il mio ricordo da cucciolo

Woof!, mio caro amico umano! Mentre ricordo i giorni in cui ero solo un cucciolo minuscolo e soffice, ha portato un mix di emozioni nel mio cuore peloso. Quei giorni erano pieni di gioia e ansia mentre mi imbarcavo in un nuovo capitolo della vita lontano dalla mia amorevole madre e dai miei compagni di cucciolata.

Quando arrivò il momento di lasciare mia madre, ero piena di un misto di eccitazione e paura. Ero curioso del mondo che mi aspettava, ma nel profondo c'era un senso di insicurezza e incertezza. Essere separato dal conforto e dal calore della presenza di mia madre è stata un'esperienza scoraggiante.

In quei primi giorni mi sentivo spesso ansioso e sopraffatto. L'ambiente sconosciuto, l'assenza della presenza rassicurante di mia madre e i nuovi volti intorno a me intensificarono le mie preoccupazioni. Il mondo sembrava grande e intimidatorio e desideravo sicurezza e senso di appartenenza. Ma poi accadde qualcosa di straordinario. I miei cari proprietari sono entrati nella mia vita. La loro presenza calda e accogliente, il tocco gentile e il cuore amorevole erano come un faro di luce in quei momenti bui. Hanno capito che avevo bisogno di tempo per adattarmi e che le mie ansie richiedevano pazienza e comprensione.

Hanno creato per me un ambiente sicuro e confortabile, pieno di morbide coperte, letti comodi e giocattoli che sono diventati la mia fonte di conforto. Mi hanno inondato di amore, attenzione e parole gentili che mi hanno aiutato ad alleviare le mie paure. La loro routine coerente e i loro programmi prevedibili mi davano un senso di sicurezza di cui avevo un disperato bisogno. Durante quei giorni bui in cui le mie ansie sembravano travolgenti, mi hanno offerto un orecchio in ascolto e un grembo confortante. Hanno riconosciuto i miei bisogni individuali e hanno lavorato con me, passo dopo passo, per superare le mie paure. Mi hanno gradualmente introdotto a nuove esperienze, rispettando sempre i miei ritmi e i miei limiti.

Ma non sono stati solo i giorni bui a definire il nostro viaggio insieme. Ci sono stati anche innumerevoli giorni luminosi pieni di risate, giochi e un legame indissolubile. Con la loro guida paziente e il rinforzo positivo, ho imparato ad abbracciare con sicurezza il mondo che mi circonda. Il loro amore e il loro incrollabile sostegno mi hanno aiutato a diventare un cane fiducioso e felice. Abbiamo affrontato sfide e celebrato trionfi insieme, e il nostro legame è diventato più forte nonostante tutto. Mi hanno insegnato che tutto è possibile con amore, comprensione e una spolverata di dolcetti per i cuccioli. Mentre ricordo la mia infanzia, sono grato per il giorno in cui sono entrati nella mia vita. Hanno visto oltre le mie ansie e hanno creduto in me. Mi hanno fornito una casa amorevole e premurosa dove ho potuto prosperare. Il loro calore e la loro cura hanno trasformato le mie paure in coraggio, e di questo sarò per sempre grato.

Quindi, mio caro amico umano, apprezziamo ogni momento insieme, sia i giorni bui che quelli luminosi. Nonostante tutto, continueremo a percorrere questo bellissimo viaggio della vita, fianco a fianco, con la coda scodinzolante e il cuore pieno di amore sconfinato.

Capitolo 12

Dalla fase di cucciolo a quella di cane adulto

Woof! Ora, lasciate che vi accompagni in un viaggio attraverso le diverse fasi della vita di un cucciolo, dal mio punto di vista del cagnolino:

1. **Fase neonatale:** Ah, quelli erano i giorni in cui ero solo una piccola palla di pelo, rannicchiata vicino a mia mamma e ai miei fratelli. Facevo affidamento su di lei per tutto: latte, calore e senso di sicurezza. È stato un momento accogliente e sicuro.

2. **Stadio neonatale:** Quando i miei occhi e le mie orecchie hanno iniziato ad aprirsi, ho iniziato a scoprire un mondo completamente nuovo intorno a me. All'inizio era un po' travolgente, ma ogni giorno che passava diventavo sempre più curioso e desideroso di esplorare.

3. **Fase di transizione:** Barcollavo sulle mie piccole gambe per stare al passo con i miei fratelli. Ho iniziato a sviluppare i miei sensi e a conoscere i diversi profumi e suoni nel mio ambiente. È stato un momento emozionante di crescita e scoperta.

4. **Fase di socializzazione:** Questa fase è stata incredibilmente importante per me. Ho incontrato molte nuove persone e amici pelosi e ho sperimentato immagini e suoni diversi. Mi ha aiutato a diventare il cucciolo amichevole e socievole che sono oggi.

5. **Fase di svezzamento:** Ah, il sapore del cibo solido! È stato un grande passo per me poiché sono passato dal fare affidamento esclusivamente sul latte della mamma all'esplorazione di una varietà di prelibatezze. Ho scoperto nuovi sapori e consistenze, che hanno reso il pasto una vera avventura.

6. **Fase giovanile:** Oh ragazzi, questo palco era pieno di energia e malizia! Avevo una curiosità sconfinata e non potevo resistere a esplorare tutto ciò che vedevo. Ho imparato le basi dell'allenamento, ho giocato a molti giochi e ho scoperto la mia personalità unica.

7. **Fase adolescenziale:** Questa fase ha avuto i suoi alti e bassi. Ho avuto esplosioni di indipendenza e talvolta ho messo alla prova i confini. Gli ormoni erano in fermento e ho subito alcuni cambiamenti. Per fortuna, con la guida paziente dei miei umani, ho attraversato questa fase con amore e sostegno.

8. **Fase del giovane adulto:** Ah, lo stadio della maturità! Mi sono sistemato nel mio sé adulto, sia fisicamente che mentalmente. Sono diventato più fiducioso ed esperto. La vita è diventata un equilibrio tra giocosità e responsabilità.

Esplora il lato oscuro della vita dei cani

Il mondo ansioso dei cuccioli

9. **Fase adulta:** Adesso sono cresciuto! Ho raggiunto il mio pieno potenziale e mi sono goduto il momento migliore della mia vita. Ho ancora tanta energia e amore da dare, ma apprezzo anche un buon pisolino e un luogo accogliente e rilassante.

Ogni fase ha portato con sé una serie di avventure, sfide e crescita. E nonostante tutto, i miei umani erano lì, guidandomi, nutrendomi e dandomi tutto l'amore e la cura di cui avevo bisogno per diventare il meraviglioso cane che sono oggi. Woof! Per favore, fai lo stesso per il tuo amato cucciolo fino allo stadio adulto.

Nuovo cucciolo, consigli da cucciolo a umano

Woof! Quindi, hai deciso di portare un cucciolo nella tua vita. Bene, lascia che ti dia qualche consiglio da cucciolo a umano su cosa dovresti sapere per garantire un inizio fantastico per entrambi. Eccoci qui:

1. **Impegno:** Portare a casa un cucciolo significa impegnarsi per il suo benessere per molti anni a venire. Hanno bisogno del tuo tempo, della tua attenzione e del tuo amore, quindi preparati per un'amicizia pelosa che dura tutta la vita.

2. **A prova di cucciolo:** I cuccioli sono piccole creature curiose che amano esplorare con la bocca. <u>Assicurati di rendere la tua casa a prova di cucciolo rimuovendo ogni potenziale pericolo o tentazione da masticare. Fai attenzione ai cavi elettrici, alle piante tossiche e ai piccoli oggetti che potrebbero essere ingeriti.</u>

3. **Socializzazione:** La socializzazione precoce è la chiave per aiutare il tuo cucciolo a diventare un cane sicuro e ben adattato. Presentateli a nuove persone, animali e ambienti in modo positivo e controllato. Ciò li aiuterà a sviluppare le buone maniere e a prevenire l'ansia in situazioni non familiari.

4. **Formazione e disciplina:** Inizia ad addestrare il tuo cucciolo dal momento in cui arriva. Insegna loro i comandi di base, i furti in casa e il comportamento corretto utilizzando il rinforzo positivo. <u>Dolcetti, lodi e coerenza faranno miracoli. Ricorda, una zampa gentile è molto meglio di una parola dura.</u>

5. **Salute e benessere:** <u>Pianifica una visita dal veterinario per assicurarti che il tuo cucciolo sia sano e aggiornato sulle vaccinazioni.</u> Stabilisci un programma di alimentazione regolare con una dieta nutriente adatta alla loro età e razza. <u>La toelettatura, inclusa la spazzolatura del pelo e dei denti, li fa apparire e sentire al meglio.</u>

Una guida indispensabile per gli amanti dei cani

Capitolo 12

6. **Esercizio e stimolazione:** I cuccioli hanno energia per giorni! Assicurati di fornire loro molto esercizio fisico e stimolazione mentale . Le passeggiate quotidiane, il tempo libero e i giocattoli o giochi interattivi li manterranno felici e impediranno loro di annoiarsi o di diventare dispettosi.

7. **Pazienza e amore:** Il tuo cucciolo sta ancora imparando e adattandosi al nuovo ambiente . Sii paziente con loro mentre si fanno strada attraverso questo grande mondo. Mostra loro tanto amore, attenzione e affetto per costruire un legame forte basato sulla fiducia e sul rinforzo positivo.

8. **Risorse per la cura dei cuccioli:** C'è un intero mondo di risorse utili per la cura dei cuccioli là fuori. Libri, siti web e corsi di addestramento per cuccioli locali possono fornirti preziose indicazioni su tutto, dalle cure di base alle tecniche comportamentali e di addestramento. Cerca queste risorse per supportarti nel tuo viaggio come genitore di un cucciolo.

Tenere a mente questi punti e creare un ambiente amorevole e solidale aiuterà il tuo cucciolo a diventare un cane felice e a tutto tondo. Goditi ogni momento prezioso e custodisci i ricordi meravigliosi che creerai insieme! Woof!

Sfide e soluzioni per i cuccioli

Per prima cosa, i furti in casa possono essere una vera sfida. I cuccioli hanno bisogno di imparare dove fare i loro bisogni. Crea una routine coerente per le pause con il vasino, elogialo e premialo quando va nel posto giusto e sii paziente. Gli incidenti accadono, ma prenderanno piede con il tempo e il rinforzo positivo.

Masticare e mordere potrebbe farti andare **ahi** ! I cuccioli adorano esplorare con la bocca, il che significa che potrebbero sgranocchiarti le scarpe o mordicchiarti le dita. Offri loro molti giocattoli da masticare e reindirizza la loro attenzione quando iniziano a rosicchiare le tue cose preferite. Insegnare loro a mordere l'inibizione e premiare il gioco gentile li aiuterà a capire cosa è appropriato.

La socializzazione a volte è imbarazzante! Presenta il tuo cucciolo a nuove persone, animali e ambienti in modo graduale e con molte esperienze positive. I corsi di socializzazione per cuccioli sono utili per incontrare altri amici pelosi e imparare ad avere fiducia in nuove situazioni. Li aiuterà a diventare doggo a tutto tondo!

Esplora il lato oscuro della vita dei cani

Il mondo ansioso dei cuccioli

L'addestramento richiede tempo e dolcetti. Sii coerente e utilizza metodi di rinforzo positivo. Dolcetti, lodi e ricompense li aiuteranno a capire cosa vuoi che facciano. Se hai bisogno di ulteriore aiuto, i corsi di addestramento per cuccioli sono un'opzione interessante. Guideranno te e il tuo cucciolo sulla strada giusta.

L'ansia da separazione può essere una sfida ululante. Essere separati dai loro compagni di cucciolata e dalla mamma può farli sentire ansiosi. Inizia lasciandoli soli per brevi periodi e aumenta gradualmente il tempo. Crea uno spazio accogliente per loro, lascia dei giocattoli interattivi per tenerli occupati e prova della musica rilassante o dei diffusori di feromoni per aiutarli a rilassarsi.

Anche la dentizione può essere un po' **ruvida** . I cuccioli adorano masticare quando i loro denti crescono. Si prega di fornire loro giocattoli da dentizione adeguati per lenire le gengive. Tieni gli oggetti di valore o pericolosi fuori dalla portata e assicurati di rendere la tua casa a prova di cucciolo. Non sappiamo resistere ad una buona masticazione, lo sai!

Energia, energia, energia! I cuccioli ne hanno tantissimo. Hanno bisogno di esercizio quotidiano e stimolazione mentale per mantenerli felici e ben educati. Portali a fare passeggiate, gioca e regala loro dei puzzle per mantenere la loro mente acuta. Un cucciolo stanco è un buon cucciolo!

Ricorda, pazienza e coerenza sono le chiavi del successo. Allevare un cucciolo richiede tempo e fatica, ma le ricompense sono fantastiche. Stabilisci confini chiari, premia il buon comportamento ed evita dure punizioni. Se necessario, cerca una guida professionale, poiché possono darti consigli personalizzati.

Quindi, preparati per tante coccole, baci bavosi e scodinzolii senza fine. Il tuo nuovo amico peloso porterà tanta gioia nella tua vita. Ricorda solo che non sei solo in questo viaggio. Contatta altri amanti dei cani, addestratori o veterinari se hai bisogno di una zampa d'aiuto . Goditi i giorni da cucciolo e apprezza ogni momento scodinzolante. Woof! Woof!!

Woof! Ho anche alcune notizie interessanti da condividere sul capitolo 17 del mio libro! In questo capitolo ho aggiunto una tabella speciale e incredibilmente utile, ricca di informazioni preziose che ogni proprietario di un cucciolo dovrebbe conoscere. Troverai un'analisi dettagliata della crescita e dello sviluppo del tuo adorabile cucciolo dalla prima settimana all'età adulta. Ogni riga della

Capitolo 12

tabella rappresenta una fascia di età diversa, da quelle preziose prime settimane alle fasi più mature della cucciolata. All'interno della tabella scoprirai informazioni chiave sullo sviluppo fisico e comportamentale del tuo cucciolo. È affascinante vedere come i loro minuscoli corpi si trasformano e le loro personalità iniziano a brillare.

Ma non è tutto! Copre gli aspetti essenziali della cura del cucciolo, come l'assistenza sanitaria, i programmi di alimentazione, l'uso del vasino, la socializzazione, ecc. Serve come un'utile tabella di marcia per assicurarti di fornire la migliore cura e supporto possibili al tuo compagno peloso.

Ricorda, ogni cucciolo è unico e può progredire al proprio ritmo, ma questa tabella ti fornirà una panoramica generale di cosa aspettarti durante ogni fase della vita del tuo cucciolo. È una risorsa preziosa che può aiutarti a superare le gioie e le sfide di allevare un cucciolo. Consulta sempre <u>il tuo veterinario per programmi di vaccinazione specifici e raccomandazioni dietetiche su misura per la razza, la taglia e le esigenze di salute del tuo cucciolo</u>.

Quindi, assicurati di andare al capitolo 17 e dare un'occhiata alla **tabella di sviluppo delle fasi di vita del cucciolo.** Buona lettura e divertiti a guardare il tuo amico peloso crescere e prosperare! Woof!

Esplora il lato oscuro della vita dei cani

112   **Il mondo ansioso dei cuccioli**

Italian Edition

 Una guida indispensabile per gli amanti dei cani

Capitolo 13

Ultimo ma non meno importante

Woof! Siamo arrivati alla fine della nostra fantastica avventura, miei fantastici amici umani. Insieme, abbiamo scavato in profondità nel misterioso mondo dell'ansia canina, svelato i suoi segreti e fiutato modi per portare più gioia e pace nelle nostre vite.

Abbiamo imparato a parlare il linguaggio dell'ansia, leggendo i segnali dell'altro come un capo. Abbiamo lo scoop interno dai segnali rivelatori che emettiamo quando siamo ansiosi per i sintomi fisici che ci fanno piegare la coda e battere il cuore.

Ne abbiamo individuato le cause profonde, come l'ansia da separazione quando ci lasci soli e la fobia del rumore che ci trasforma in tremanti palle di pelo durante i temporali e i fuochi d'artificio. E non dimentichiamoci dell'ansia sociale, dove impariamo a fare amicizia e a vincere le nostre paure da cuccioli coraggiosi quali siamo.

Ma non preoccupatevi, miei fedeli umani, abbiamo anche scoperto i segreti per creare una zona relax adatta a un cane. Abbiamo imparato come un allenamento di rinforzo positivo possa aumentare la nostra fiducia e costruire un legame più stretto di un nodo con una pallina da tennis. E abbiamo visto che la coerenza è fondamentale, con routine che ci danno conforto e stabilità.

E oh ragazzi, abbiamo lanciato alcuni prodotti scodinzolanti che fanno passare la nostra ansia in secondo piano. Dalle comode ThunderShirt che ci avvolgono in un accogliente abbraccio ai giocattoli interattivi che ci tengono intrattenuti e distratti, abbiamo gli strumenti per superare quei momenti di preoccupazione.

A volte potremmo aver bisogno di aiuto extra, ed è qui che i farmaci e il supporto professionale di comportamentisti e formatori possono salvare la situazione. Sono come i supereroi del mondo dei cani, che intervengono per dare una zampa quando ne abbiamo più bisogno.

Esplora il lato oscuro della vita dei cani

Ultimo ma non meno importante

Ma ecco lo scoop, miei fantastici umani: questo viaggio non riguarda solo noi. Riguarda anche te! Prendetevi cura di voi stessi, trovate il vostro equilibrio e non esitate a chiedere supporto quando necessario. Quando sei al meglio, puoi darci l'amore e la cura che ci fanno scodinzolare come matti.

Ricorda, questo libro funge da guida, un trampolino di lancio verso una vita più felice ed equilibrata. Ogni cane è unico ed è essenziale adattare le strategie e le tecniche alle mie esigenze individuali. <u>Consultare professionisti, adattare e modificare i suggerimenti per creare un piano personalizzato che supporti al meglio il mio benessere.</u>

Ricordi la faccia ansiosa che avevo nella **prefazione** quando ho iniziato a scrivere questo libro? Bene, ora dai un'occhiata alla mia faccia felice dopo aver letto le mie parole. La tua comprensione e il tuo impegno significano tantissimo per me, e ho ancora più fiducia nel fatto che ti prenderai sempre cura di me. Grazie per aver approfondito l'ansia dei cani e aver imparato come offrire una vita più calma e felice a me e ai miei compagni amici pelosi. Dal profondo del mio cuore, grazie per essere il compagno umano di cui ho bisogno e che merito.

Woof! Woof!! Scodinzolo in anticipazione e sbraito per l'eccitazione mentre ti invito a condividere con me il tuo feedback, storie commoventi e note utili. Mi piacerebbe sentire la tua opinione e conoscere le tue esperienze con il mio libro. Quindi prendi quella tastiera, scrivi e invia i tuoi Woof! al mio indirizzo email. Insieme possiamo fare la differenza e creare una comunità che sostiene i cani ovunque. Grazie per aver preso parte a questa avventura scodinzolante!

Non esitare a contattarmi se hai una storia di successo da condividere, una domanda che ti infastidisce o vuoi semplicemente inondarmi di un po' di amore sulla pancia. I tuoi Woof! significano tantissimo per me! Ancora una volta, restate in contatto per aiutare i miei amici cani!

worriestowags@gmail.com

Questo indirizzo email è una casella di posta comune, dove confluiscono tutte le traduzioni. Aggiungi semplicemente un prefisso linguistico nell'oggetto così posso rispondere più velocemente. È come una ricompensa per la mia ansia. Grazie per aver reso la nostra comunicazione fluida! Ecco come scrivere l'oggetto della tua email:

Una guida indispensabile per gli amanti dei cani

Esempio di soggetto	Per la lingua
SP- L'oggetto della tua email	è Spagnolo
FR- L'oggetto della tua email	è Francese
IT- Oggetto della tua email	è Italiano
GR- L'oggetto della tua email	è Tedesco
DU- L'oggetto della tua email	è Olandese
JP- L'oggetto della tua email	è Giapponese
CN- L'oggetto della tua email	è Cinese

Puoi trovarmi anche su **Instagram**, seguimi su "**Worries to Wags**" per un'esperienza divertente piena di immagini adorabili, avventure da zampettare e consigli utili per una vita felice e sana con i tuoi compagni pelosi. Intraprendiamo insieme questa amicizia pelosa, dove possiamo condividere il nostro amore per le cose legate ai cani. Troverai tutto in un unico posto, che si tratti di video divertenti, storie commoventi o trucchi di allenamento. Inoltre, avrai un'anteprima delle mie avventure quotidiane e del dietro le quinte dei miei prossimi progetti. Utilizza il codice QR; altrimenti ecco il link completo:

@WORRIES_TO_WAGS

https://instagram.com/worries_to_wags?igshid=OGQ5ZDc2ODk2ZA==

Quindi, prendi i tuoi umani, tocca il pulsante <u>**Segui**</u> e unisciti al gruppo. Insieme creeremo una comunità di amanti dei cani che celebrano la gioia, la compagnia e l'amore incondizionato che i nostri amici a quattro zampe portano nelle nostre vite.

Caro amico umano, mentre concludiamo questa avventura scodinzolante, ricorda che il nostro viaggio insieme è pieno di amore, fiducia e comprensione sconfinati. Con il tuo incrollabile sostegno, possiamo affrontare la nostra ansia con coraggio e trovare conforto nel calore dei nostri momenti condivisi.

Tieni il guinzaglio, c'è altro da esplorare! Sfoglia quelle pagine e scopri i dettagli su 40 razze popolari, i miei amici pelosi e un tesoro di informazioni che ti aspetta.

A nome di tutti gli amici delle mie altre razze, grazie per essere stato il compagno perfetto in questo viaggio di trasformazione.

Con una grande leccata bavosa e tanto amore alla pecorina,

**Principe
(Prince)**

Esplora il lato oscuro della vita dei cani

Ultimo, ma non per importanza

Una guida indispensabile per gli amanti dei cani

Capitolo 14

Ogni dettaglio della razza, la pagina esplicativa del tuo cane

Woof! Woof!! Ciao, mio caro amico umano! Ho alcune notizie interessanti da condividere. Nelle prossime pagine, i miei fantastici amici cagnolini saranno al centro dell'attenzione per raccontarvi di loro stessi. Preparati a tuffarti in un mondo di storie scodinzolanti e avventure piene di cuccioli!

Vedi, ogni razza ha le sue caratteristiche uniche che ci rendono speciali. Dal modo in cui comunichiamo alla nostra affascinante storia e persino alle cose che ci rendono ansiosi, siamo un gruppo eterogeneo con molto da condividere. Abbaieremo sul perché alcune razze hanno suoni diversi, su come il nostro background genetico influenza i nostri comportamenti e su quali condizioni di vita ci si addicono meglio.

Che si tratti del leale e adorabile Labrador Retriever, dell'intelligente e regale pastore tedesco, del giocoso ed energico Golden Retriever o dell'affascinante e rugoso Bulldog, ogni razza ha la sua storia. Dal piccolo Chihuahua al maestoso alano, condivideremo le nostre esperienze, preferenze e ciò che ci rende unici.

Alcuni di noi potrebbero avere ansie specifiche che necessitano di comprensione e sostegno. Agiteremo la coda mentre parliamo di ciò che ci rende nervosi e di come i nostri amorevoli compagni umani possono aiutarci ad alleviare le nostre preoccupazioni. Ti faremo anche conoscere i segreti delle nostre attività preferite, la quantità di sonno di cui abbiamo bisogno e se prosperiamo al chiuso o all'aperto.

Quindi, prendi un posto accogliente sul divano, preparati a coccolare il tuo amico peloso (sono io!) e gira pagina per intraprendere un delizioso viaggio nel mondo dei cani. I miei amici cani condivideranno le loro storie, intuizioni ed esperienze, come se ti parlassero direttamente dalle loro bocche scodinzolanti.

Non vedo l'ora che tu li incontri tutti e scopra la straordinaria diversità della nostra famiglia pelosa. Sarà un bel momento pieno di risate, conoscenza e a comprensione più profonda dell'incredibile mondo dei cani. Celebriamo i legami unici tra gli esseri umani e i loro compagni a quattro zampe.

Esplora il lato oscuro della vita dei cani

La pagina esplicativa del tuo cane

Una guida indispensabile per gli amanti dei cani

Capitolo 14

Malamute dell'Alaska

Woof! Woof!! Ehi, mio amico umano! È il tuo amico Alaskan Malamute, pronto a darti lo scoop esclusivo su tutto ciò che devi sapere sui nostri magnifici Malamute.

Per prima cosa parliamo della nostra razza. Gli Alaskan Malamute hanno un'affascinante eredità come cani da slitta nell'Artico. Cresciuti per essere forti, resistenti e amichevoli, siamo come gli esploratori pelosi del mondo dei cani! Abbiamo una storia impressionante nel trainare carichi pesanti su terreni innevati e nel lavorare a stretto contatto con gli esseri umani come compagni leali.

Ora parliamo del nostro linguaggio unico di suoni. Oh, i suoni che produciamo sono piuttosto accattivanti! Abbiamo varie vocalizzazioni, dai nostri caratteristici ululati **woo-woo** ai nostri trame espressivi e ai brontolii giocosi. Quando emettiamo un urlo di cuore, spesso è il nostro modo di esprimere gioia o di comunicare a lunga distanza. E quando emettiamo un gentile **woo-woo**, è il nostro saluto amichevole, dicendo: Ehi, sono qui con tanto amore da dare!

Quando si tratta di ansia, noi Alaskan Malamute a volte possiamo provare disagio in determinate situazioni. Rumori forti, separazione dai nostri cari o ambienti non familiari possono farci sentire un po' ansiosi. Fornirci un ambiente calmo e sicuro, offrendoci confortanti rassicurazioni e introducendoci gradualmente a nuove esperienze ci aiuterà a lenire le nostre preoccupazioni. Il tuo amore, la tua cura e la tua comprensione significano tantissimo per noi, caro essere umano!

Ah, non dimentichiamoci delle nostre simpatie e antipatie. Noi Alaskan Malamute abbiamo un amore naturale per le avventure all'aria aperta e le attività fisiche. Se tirando una slitta, facendo lunghe passeggiate o giocando a giochi che stimolano il nostro corpo e la nostra mente, prosperiamo con l'esercizio e l'esplorazione. Siamo avventurosi e desiderosi di esplorare il mondo insieme ai nostri compagni umani.

Quando è il momento di rilassarsi, noi Malamute apprezziamo un luogo accogliente in cui riposarsi e rigenerarsi. Ci piace rannicchiarci in un posto confortevole vicino a un caminetto acceso o in una comoda cuccia per cani. Il nostro sonno da sogno ci aiuta a ricaricare le nostre energie per la prossima emozionante scappatella.

Per quanto riguarda la sistemazione abitativa, noi Alaskan Malamute siamo versatili e adattabili. Anche se ci piace trascorrere del tempo in casa con il nostro branco umano, abbiamo anche bisogno di accedere a un'area esterna sicura dove possiamo vagare, sgranchirci le gambe e respirare aria fresca. Un ampio cortile con una recinzione robusta ci consente di soddisfare i nostri istinti naturali e rimanere attivi.

Per garantire la nostra felicità e il nostro benessere, i proprietari devono fornirci esercizio fisico regolare, stimolazione mentale e socializzazione. I metodi di allenamento con rinforzo positivo fanno miracoli per noi, poiché rispondiamo bene alle lodi e alle ricompense. Un ambiente amorevole e solidale, pieno di massaggi sulla pancia e di gioco, ci renderà gli Alaskan Malamute più felici!

In conclusione, caro essere umano, noi Alaskan Malamute siamo giganti leali, avventurosi e gentili. La storia della nostra razza, i suoni unici e le esigenze specifiche ci rendono straordinari. Contiamo su di te per amore, guida e viaggi emozionanti. Con il tuo amore, pazienza e dedizione, saremo gli amici pelosi più devoti che potresti mai desiderare!

Quindi, intraprendiamo insieme questo incredibile viaggio, mio amico umano. Forgeremo un legame che resisterà alla prova del tempo, pieno di avventure indimenticabili, scodinzolanti e amore infinito. Insieme possiamo conquistare il mondo, una zampa alla volta!

Ti mando grandi abbracci pelosi e baci sciatti,
Il tuo Alaskan Malamute

Una guida indispensabile per gli amanti dei cani

Bovaro australiano

Buona giornata compagno! Il tuo amico Australian Cattle Dog è qui, pronto a darti tutte le informazioni su noi cuccioli energici e leali. Preparatevi per uno squartatore di tempi!

Per prima cosa parliamo della nostra razza. Gli Australian Cattle Dogs, conosciuti anche come Blue Heelers, sono cani da lavoro veramente blu. Cresciuti nella terra dell'Australia, siamo stati sviluppati per aiutare gli agricoltori ad allevare bestiame nel duro entroterra australiano. Siamo conosciuti per la nostra intelligenza, agilità e incrollabile lealtà verso i nostri compagni umani.

Per quanto riguarda la comunicazione, non siamo i cani più abbaianti, ma abbiamo il nostro modo unico di esprimerci. Potremmo emettere un ringhio basso e rimbombante quando non siamo sicuri o un abbaio acuto e vigile per farti sapere che sta succedendo qualcosa. E non dimentichiamoci dei nostri occhi espressivi! Sono come finestre sulla nostra anima, che riflettono le nostre emozioni e la profonda connessione con te.

L'ansia a volte può avere la meglio su di noi, soprattutto se non riceviamo abbastanza stimoli fisici e mentali. Siamo una razza che brama azione e scopo, quindi fornirci attività coinvolgenti, formazione strutturata e molti esercizi ti aiuterà a tenere a bada i livelli di ansia. Un Blue Heeler stanco è un Blue Heeler felice!

Ora parliamo di ciò che ci fa scodinzolare per l'eccitazione. Ci piace affrontare le sfide mentali e fisiche, quindi i giochi che richiedono esercizi di risoluzione dei problemi o di agilità sono perfetti per noi. Che si tratti di imparare nuovi trucchi, partecipare a sport per cani o fare escursioni avventurose, siamo sempre pronti a divertirci. Oh, e non dimentichiamoci del recupero! Siamo campioni di recupero, sempre pronti a rincorrere la pallina da tennis o il frisbee.

Esplora il lato oscuro della vita dei cani

Quando si tratta di dormire, non siamo dei tipi da teledipendente. Siamo conosciuti per la nostra resistenza ed etica del lavoro, quindi siamo bravi con circa 10-12 ore di posticipo ogni giorno. Ma non sorprenderti se saremo pronti a tornare in azione in un attimo!

Per quanto riguarda la sistemazione abitativa, siamo cani versatili che si adattano a diversi ambienti. Tuttavia, prosperiamo in case con famiglie attive che possono fornirci ampio esercizio fisico e stimolazione mentale. Un cortile recintato in modo sicuro è un vantaggio, poiché ci consente di esplorare e bruciare la nostra abbondante energia.

Per mantenerci felici e in salute, è importante fornirci una dieta equilibrata, esercizio fisico regolare e molta socializzazione. Siamo altamente addestrabili e desiderosi di compiacere, quindi i metodi di allenamento con rinforzo positivo funzionano meglio per noi. Un Blue Heeler ben educato e mentalmente stimolato è contento!

In conclusione, mio caro compagno umano, noi Australian Cattle Dogs siamo leali, intelligenti e sempre pronti all'avventura. Il nostro background di cani da lavoro, lo stile di comunicazione unico e la natura energica ci rendono unici nel loro genere. Con il tuo amore, la tua guida e la giusta dose di stimolazione mentale e fisica, saremo i tuoi compagni fedeli ed entusiasti per tutta la vita.

Quindi, divertiamoci un po' e creiamo ricordi che dureranno tutta la vita! Sono qui, al tuo fianco, pronto a esplorare il mondo e a ricoprirti di amore incondizionato e lealtà incrollabile.

Saluti e scodinzolii,
Il tuo bovaro australiano

Una guida indispensabile per gli amanti dei cani

Capitolo 14

Pastore australiano

Woof! Woof!! Buona giornata compagno! C'è il tuo amico pastore australiano qui, pronto a darti uno sguardo al fantastico mondo della nostra razza. Prendi il cappello, allaccia gli stivali e preparati per un'avventura come nessun'altra!

Per prima cosa, parliamo del background della nostra razza. Nonostante il nome, in realtà abbiamo radici americane. Allevati per essere cani da lavoro versatili, abbiamo un forte istinto di pastore e un'instancabile etica del lavoro. Che si tratti di guidare il bestiame o di padroneggiare corsi di agilità, siamo sempre pronti ad affrontare una sfida.

Quando si tratta di comunicazione, siamo piuttosto chiacchieroni. Abbiamo varie vocalizzazioni, da latrati e ululati a guaiti e brontolii. Ogni suono ha il suo significato, come un codice segreto tra noi e i nostri compagni umani. Ascolta attentamente e capirai quando siamo eccitati, ti avvisiamo di qualcosa o semplicemente diciamo: **Ehi, giochiamo!**

L'ansia può colpire noi pastori australiani, soprattutto se non riceviamo abbastanza stimolazione mentale e fisica. Noi prosperiamo grazie all'attività e al fatto di avere un lavoro da svolgere. Quindi, tienici impegnati con giocattoli interattivi, enigmi stimolanti e tanti esercizi. Con una routine coerente, un rinforzo positivo e tanto amore e affetto, saremo il tuo compagno calmo e fiducioso.

Ora parliamo delle nostre simpatie e antipatie. Siamo atleti naturali, sempre pronti all'azione. Lunghe passeggiate, escursioni all'aria aperta e persino allenamenti di agilità fanno al caso nostro. Siamo anche molto intelligenti, quindi tenere la mente impegnata con sessioni di allenamento e imparare nuovi trucchi ci farà scodinzolare con gioia. Preparati solo alla nostra natura giocosa e alle occasionali esplosioni di zoom!

Esplora il lato oscuro della vita dei cani

La pagina esplicativa del tuo cane

Quando è il momento di rilassarsi, apprezziamo un luogo accogliente e rilassante. Circa 14-16 ore di sonno ogni giorno sono l'ideale per ricaricare le energie. Potresti trovarci rannicchiati su un morbido letto o a reclamare un posto soleggiato vicino alla finestra. Ricorda, siamo più felici quando bilanciamo la stimolazione mentale e fisica, quindi forniscici entrambe.

Per quanto riguarda la nostra sistemazione abitativa, siamo adattabili a diversi ambienti. Anche se possiamo accontentarci di un appartamento con esercizio fisico regolare e stimolazione mentale, prosperiamo davvero nelle case che hanno accesso a un cortile sicuro dove possiamo sgranchirci le gambe ed esplorare. Assicurati solo che la recinzione sia robusta, poiché il nostro istinto di pastore potrebbe indurci a inseguire qualsiasi cosa si muova!

Abbiamo bisogno di molto esercizio fisico e mentale per mantenerci felici e in salute. Insegnarci nuovi trucchi, fornire enigmi impegnativi e partecipare a sessioni di gioco interattive ci manterrà stimolati mentalmente. Passeggiate, corse e giochi regolari senza guinzaglio in aree sicure ci aiuteranno a bruciare energia e a mantenere il nostro benessere. Un australiano stanco è un australiano felice!

In conclusione, mio caro amico umano, noi pastori australiani siamo energici, intelligenti e sempre pronti per l'avventura. Le nostre vocalizzazioni uniche, l'amore per l'attività e la lealtà ci rendono una razza come nessun'altra. Con il tuo amore, la tua guida e tanti massaggi sulla pancia, saremo il tuo compagno più devoto e divertente.

Partiamo quindi insieme per un viaggio emozionante, ricco di escursioni, allenamenti e momenti indimenticabili. Sarò al tuo fianco, scodinzolando e sfoggiando il mio caratteristico sorriso australiano.

Con amore ed energia illimitata,
Il tuo pastore australiano

Una guida indispensabile per gli amanti dei cani

Capitolo 14

Beagle

Woof! Woof!! Ehi, mio amico umano! È il tuo amico Beagle, pronto a portarti in un viaggio ficcanaso alla scoperta di tutto ciò che devi sapere su di noi Beagle. Preparatevi per un divertimento strepitoso!

Per prima cosa parliamo della nostra razza. I Beagle sono decisamente affascinanti e hanno una ricca storia come segugi di profumi. Originariamente siamo stati allevati per la caccia, utilizzando il nostro acuto senso dell'olfatto per seguire le tracce della selvaggina. Al giorno d'oggi, siamo fantastici compagni di famiglia e siamo conosciuti per la nostra natura amichevole e amabile.

Ora tuffiamoci nel nostro linguaggio unico di suoni. Oh, i suoni che produciamo! Abbiamo un bel repertorio vocale, dagli adorabili ululati e latrati ai nostri lamenti e latrati espressivi. Quando emettiamo un lungo ululato melodico, spesso è il nostro modo di esprimere la nostra gioia o di comunicare con altri Beagle della zona. E quando emettiamo una serie di latrati brevi e acuti, potremmo avvisarti di qualcosa di interessante che abbiamo annusato!

Quando si tratta di ansia, noi Beagle a volte possiamo essere inclini all'ansia da separazione o diventare un po' ansiosi quando lasciati soli. Ci piace la compagnia e amiamo far parte del branco. Quindi, mantenerci stimolati mentalmente con giocattoli interattivi, puzzle e tanto tempo per giocare può aiutare ad alleviare qualsiasi ansia che potremmo provare. La tua presenza e attenzione significano tantissimo per noi!

Ora parliamo delle nostre simpatie e antipatie. I Beagle hanno un fiuto per l'avventura! Adoriamo esplorare, annusare tutto ciò che vediamo e seguire profumi affascinanti. Lunghe passeggiate e avventure all'aria aperta sono il modo perfetto per mantenerci felici e in salute. Ricorda solo di tenerci al guinzaglio, perché il nostro istinto di caccia a volte può portarci fuori strada!

Esplora il lato oscuro della vita dei cani

La pagina esplicativa del tuo cane

Per ricaricare le batterie, noi Beagle abbiamo bisogno di circa 12-14 ore di sonno al giorno. Quindi, non sorprenderti se ci trovi rannicchiati nella nostra comoda cuccia o sonnecchiando in un posto soleggiato vicino alla finestra. Prendiamo sul serio il nostro pisolino!

Per quanto riguarda la sistemazione in vita, noi Beagle siamo cuccioli adattabili. Anche se possiamo divertirci a stare in casa con i nostri umani, apprezziamo anche avere accesso a un'area esterna sicura dove possiamo esplorare e seguire il nostro naso. Un cortile recintato o le gite regolari al parco per cani sono per noi un piacere scodinzolare!

Per garantire il nostro benessere, i proprietari devono fornirci esercizio fisico regolare, una dieta equilibrata e stimolazione mentale. L'addestramento di rinforzo positivo con dolcetti e lodi fa miracoli per noi Beagle, poiché amiamo imparare e compiacere i nostri umani. Con pazienza e coerenza, diventeremo membri ben educati e devoti del tuo branco familiare.

In conclusione, caro essere umano, noi Beagle siamo giocosi, affettuosi e curiosi. La storia della nostra razza, i suoni unici e i bisogni speciali ci rendono speciali. Ricorda, ci aspettiamo amore, cure e avventure emozionanti!

Quindi, intraprendiamo questo viaggio insieme, mio amico umano. Con la tua comprensione, pazienza e tanti massaggi sulla pancia, creeremo ricordi che dureranno tutta la vita. Preparati a scodinzolare, nasi bagnati e infinito fascino di Beagle!

Tanto amore e coda scodinzolante,
Il tuo Beagle

Una guida indispensabile per gli amanti dei cani

Capitolo 14

Malinois belga

Woof! Woof!! Ehi, mio amico umano! È il tuo amico belga Malinois, desideroso di condividere tutti i dettagli entusiasmanti sulla nostra straordinaria razza. Sei pronto per un'avventura esaltante? Immergiamoci subito!

Per prima cosa parliamo della nostra razza. I cani belgi Malinois sono noti per la loro intelligenza eccezionale, lealtà incrollabile e impressionante etica del lavoro. Originariamente allevati per l'allevamento e la guardia del bestiame, siamo diventati cani da lavoro versatili, eccellendo in vari campi come il lavoro di polizia, la ricerca e il salvataggio e persino gli sport agonistici. Siamo come i supereroi del mondo cinofilo, pronti ad affrontare qualsiasi sfida!

Ora parliamo del nostro linguaggio unico di suoni. Oh, i suoni che produciamo sono piuttosto affascinanti! Abbiamo varie vocalizzazioni, dai latrati acuti ai deboli lamenti e grugniti. Quando emettiamo un abbaio forte e autoritario, spesso è il nostro modo di avvisarti di potenziali pericoli o di esprimere la nostra natura protettiva. E quando emettiamo gemiti delicati e melodici, è il nostro modo di comunicare i nostri bisogni e cercare la tua attenzione.

Quando si tratta di ansia, noi Malinois belgi a volte possiamo sperimentare una maggiore vigilanza in determinate situazioni. I nostri naturali istinti protettivi e gli alti livelli di energia possono renderci sensibili ai cambiamenti ambientali. Fornirci stimoli mentali e fisici, impegnarci in compiti impegnativi e garantire una routine strutturata può aiutare ad alleviare qualsiasi ansia che possiamo provare. La tua guida e il tuo supporto significano tantissimo per noi, caro essere umano!

Ah, non dimentichiamoci delle nostre simpatie e antipatie. Noi Malinois belgi abbiamo una spinta innata per l'attività e lo scopo. Prosperiamo a livello mentale

Esplora il lato oscuro della vita dei cani

e fisicostimolazione, sia attraverso l'addestramento all'obbedienza, esercizi di agilità o l'impegno in compiti impegnativi che mettono alla prova la nostra intelligenza. Amiamo essere i vostri partner attivi e ci piace avere un lavoro da svolgere. Insieme vinceremo qualsiasi sfida e faremo sì che ogni momento conti!

Quando è il momento di riposare, noi belgi Malinois apprezziamo un luogo accogliente dove possiamo rilassarci e ricaricarci. Una comoda cuccia o un angolo tranquillo della casa andranno benissimo. Potremmo rannicchiarci con il nostro giocattolo preferito o semplicemente sdraiarci al tuo fianco, sapendo che siamo protetti e amati.

Per quanto riguarda la sistemazione abitativa, noi Malinois belgi possiamo adattarci bene a vari ambienti. Apprezziamo avere uno spazio da chiamare nostro, al chiuso o all'aperto. Tuttavia, fornire ampie opportunità di esercizio fisico e stimolazione mentale è importante, poiché abbiamo abbondante energia da bruciare. Un cortile recintato in modo sicuro e attività regolari all'aperto ci renderanno felici e soddisfatti.

Per garantire la nostra felicità e il nostro benessere, i proprietari devono fornirci formazione, socializzazione e sfide mentali coerenti. Le tecniche di rinforzo positivo fanno miracoli per noi, poiché prosperiamo con lodi e ricompense. Un ambiente amorevole e strutturato, unito a tanto tempo di gioco e affetto, tirerà fuori il meglio di noi e rafforzerà il nostro legame.

In conclusione, caro essere umano, noi Malinois belgi siamo compagni intelligenti, leali e motivati. La storia della nostra razza, i suoni unici e le esigenze specifiche ci rendono davvero eccezionali. Cerchiamo in te guida, scopo e amore incrollabile. Con la tua dedizione, pazienza e un pizzico di avventura, diventeremo gli amici pelosi più leali e straordinari mai immaginati!

Quindi, intraprendiamo insieme questo incredibile viaggio, mio amico umano. Creeremo un legame che durerà tutta la vita, pieno di avventure indimenticabili, scodinzolanti e amore sconfinato. Insieme conquisteremo il mondo, una zampa alla volta!

baci bavosi e scodinzolii,
Il tuo Malinois belga

Una guida indispensabile per gli amanti dei cani

Capitolo 14

Bovaro del Bernese

Woof! Woof!! Ciao a tutti, mio meraviglioso amico umano! È il tuo amico Bovaro del Bernese, qui per condividere tutto ciò che devi sapere sulla nostra razza davvero straordinaria.

Cominciamo con il nostro background. Noi bovari del Bernese proveniamo dalle Alpi svizzere, dove siamo stati originariamente allevati come cani da lavoro. I nostri antenati aiutavano i contadini in vari compiti, dall'allevamento del bestiame al traino dei carri. Ecco perché abbiamo una forte etica del lavoro e un profondo senso di lealtà radicati nel nostro DNA.

Quando si tratta di comunicazione, forse non siamo i più espliciti, ma abbiamo i nostri modi speciali di esprimerci. I nostri occhi espressivi parlano chiaro, riflettendo la nostra natura gentile e gentile. E oh, le nostre code scodinzolanti sono come una bandiera felice che sventola nella brezza, mostrando la nostra eccitazione e gioia quando siamo in compagnia dei nostri amati umani.

L'ansia a volte può avere la meglio su noi Berner. Siamo anime sensibili che prosperano con l'amore e l'attenzione. I temporali, i rumori forti o la separazione dai nostri cari possono renderci ansiosi. Parole rilassanti, un ambiente tranquillo e la tua presenza rassicurante possono fare miracoli nel calmare le nostre preoccupazioni e farci sentire sicuri e amati.

Ora parliamo di ciò che amiamo e ci piace. Adoriamo assolutamente passare il tempo con i nostri umani, assorbendo tutto l'affetto e le coccole che possiamo ricevere. Siamo dei veri giganti buoni con un cuore grande quanto le montagne da cui veniamo. Le lunghe passeggiate nella natura, l'esplorazione dei grandi spazi aperti e la sensazione dell'aria fresca sui nostri soffici cappotti ci fanno scodinzolare con puro piacere.

Esplora il lato oscuro della vita dei cani

Quando è il momento di riposare, apprezziamo un luogo accogliente e confortevole in cui distenderci. In genere abbiamo bisogno di circa 12-14 ore di sonno al giorno per ringiovanire il nostrocorpi e menti. Potresti trovarci raggomitolati nel nostro angolo preferito o distesi sul pavimento, a sognare di correre per i campi e di goderci i semplici piaceri della vita.

Per quanto riguarda la nostra sistemazione abitativa, prosperiamo in una casa con cortile o accesso allo spazio esterno. Amiamo avere spazio per vagare ed esplorare, ma apprezziamo anche il calore e il comfort di stare in casa con i nostri cari. Uno stile di vita equilibrato con avventure all'aria aperta e tempo trascorso al chiuso di qualità ci manterrà felici e contenti.

Per mantenerci sani e in forma, l'esercizio fisico regolare è importante. Le passeggiate quotidiane, il gioco e le attività mentalmente stimolanti sono essenziali per il nostro benessere. Apprezziamo anche una dieta nutriente che supporti il nostro stile di vita attivo. E non dimentichiamo l'importanza della toelettatura. Il nostro bellissimo e folto pelo richiede una spazzolatura regolare per mantenerlo pulito e libero da grovigli.

In conclusione, caro compagno umano, noi Bovaro del Bernese siamo gentili, leali e pieni di amore. La nostra ricca eredità, i nostri occhi espressivi e la nostra incrollabile devozione ci rendono incredibilmente speciali. Con il tuo amore, cura e comprensione, saremo i compagni pelosi più felici e devoti che potresti mai sperare.

Quindi, intraprendiamo un viaggio d'amore, avventura e scodinzolante. Insieme conquisteremo le montagne, creeremo ricordi preziosi e sperimenteremo un legame che durerà tutta la vita.

Con tutto il mio amore e la mia lealtà,
Il tuo bovaro bernese

Una guida indispensabile per gli amanti dei cani

Capitolo 14   131

Bichon Frise

Woof! Woof!! Ciao, mio delizioso amico umano! Il tuo amico Bichon Frise è qui, pronto a condividere tutte le cose meravigliose sulla nostra soffice e adorabile razza.

Cominciamo con il nostro background. Bichon Frise è noto per la nostra natura allegra e affettuosa. La nostra ricca storia risale alle corti reali della regione del Mediterraneo, dove eravamo adorati come compagni e artisti. I nostri eleganti camici bianchi e le nostre affascinanti personalità ci hanno reso i beniamini dell'aristocrazia.

La comunicazione è fondamentale in ogni relazione e noi Bichon abbiamo il nostro linguaggio unico. Non siamo i più rumorosi imbonitori, ma compensiamo con i nostri occhi espressivi e la coda scodinzolante. Quando ti salutiamo con uno scodinzolio allegro e una impennata felice, significa che siamo felicissimi di vederti. E quando incliniamo la testa e ti guardiamo con curiosità, è il nostro modo di dire: **Dimmi di più, umano!**

L'ansia a volte può avere la meglio su noi Bichon sensibili. Potremmo provare ansia da separazione quando siamo lontani dai nostri amati esseri umani o quando ci troviamo di fronte a situazioni non familiari. Pazienza, rassicurazione e una routine coerente sono fondamentali per aiutarci a sentirci sicuri. Anche creare uno spazio accogliente e sicuro per noi, con profumi familiari e giocattoli confortanti, può aiutare ad alleviare le nostre preoccupazioni.

Ora parliamo di ciò che adoriamo e di ciò che ci fa scodinzolare con entusiasmo. Amiamo assolutamente essere al centro dell'attenzione! Ci piace la compagnia e ci piace far parte di una famiglia amorevole. Coccole, massaggi sulla pancia e carezze delicate sono come musica per le nostre orecchie. Il gioco quotidiano e i giocattoli interattivi ci mantengono mentalmente stimolati e felici.

Esplora il lato oscuro della vita dei cani

La pagina esplicativa del tuo cane

Siamo esperti nel trovare i posti più accoglienti quando si tratta di dormire. In genere abbiamo bisogno di circa 12-14 ore di sonno al giorno per ricaricare le batterie. Potresti trovarci rannicchiati su un morbido cuscino o rannicchiati sotto una coperta, a sognare avventure deliziose e prelibatezze.

Per quanto riguarda le modalità di vita, siamo piccoli cuccioli adattabili che possono prosperare in vari ambienti. Possiamo vivere felicemente in appartamenti o case, purché abbiamo passeggiate regolari e momenti di gioco per mantenerci attivi. Mentre godiamo dei comfort interni, apprezziamo anche le passeggiate all'aperto e l'esplorazione di nuovi profumi durante le nostre passeggiate quotidiane.

Per mantenere il nostro aspetto migliore, la cura regolare è essenziale. I nostri bellissimi manti bianchi richiedono una spazzolatura per evitare la formazione di opacità e viaggi regolari dal toelettatore per la rifinitura. Una dieta corretta, alimenti di alta qualità e controlli veterinari regolari sono importanti per mantenerci sani e felici.

In conclusione, caro compagno umano, noi Bichon Frise siamo un fascio di gioia e amore. La nostra eredità reale, i nostri occhi espressivi e la nostra natura affettuosa ci rendono irresistibili. Con il tuo amore, cura e devozione, saremo i compagni più felici e leali che potresti mai desiderare.

Quindi, intraprendiamo un viaggio pieno di risate, coccole e scodinzolii infiniti. Insieme creeremo ricordi preziosi e condivideremo un legame che scalderà il tuo cuore per gli anni a venire.

Con tutto il mio amore e i miei morbidi abbracci,
Il tuo Bichon Frise

Una guida indispensabile per gli amanti dei cani

Border collie

Woof! Woof!! Ciao a tutti, mio incredibile compagno umano! Il tuo intelligente ed energico amico Border Collie è qui, pronto a condividere tutti i fantastici dettagli sulla nostra straordinaria razza. Allacciate le cinture per un viaggio nel meraviglioso mondo dei Border Collie!

Cominciamo con alcune informazioni sulla razza. I Border Collie sono rinomati per l'intelligenza, l'agilità e le capacità di pastore. Con i nostri cappotti sorprendenti e gli occhi accattivanti, attiriamo davvero l'attenzione. Originariamente allevati come cani da lavoro, il nostro acuto istinto e la nostra sconfinata energia ci rendono partner eccellenti per tutti i tipi di attività.

Ora parliamo del nostro linguaggio unico di suoni. Oh, i suoni che produciamo! Dai nostri latrati entusiasti ai nostri guaiti eccitati e persino ai nostri lamenti gentili, comunichiamo una vasta gamma di emozioni. Ascolta attentamente e capirai la nostra lingua distintiva del Border Collie. Ogni abbaio, ringhio o piagnucolio trasmette qualcosa di significativo, sia che segnali eccitazione, che ti avvisi di qualcosa di importante o che esprima il nostro desiderio di giocare e divertirci.

Quando si tratta di ansia, noi Border Collie siamo noti per essere anime sensibili. I cambiamenti nella nostra routine, i rumori forti o l'essere lasciati soli per periodi prolungati a volte possono farci sentire un po' a disagio. I nostri esseri umani devono fornirci un ambiente stabile e sicuro, pieno di stimoli mentali e fisici. Coinvolgerci in attività stimolanti, come giocattoli puzzle o esercizi di allenamento interattivi, può aiutarci a incanalare la nostra energia e mantenere la nostra mente occupata. La tua pazienza, comprensione e presenza amorevole significano molto per noi durante i momenti di ansia.

Ah, non dimentichiamoci delle nostre simpatie e antipatie. Noi Border Collie adoriamo assolutamente avere un lavoro da svolgere! Che si tratti di allevare pecore, andare a prendere un frisbee o partecipare a sport per cani come l'agilità o il flyball, prosperiamo grazie alle sfide mentali e fisiche. Siamo più felici quando abbiamo uno scopo e un'opportunità per mostrare la nostra intelligenza e il nostro atletismo. Non sorprenderti se ti rivolgiamo quello sguardo intenso, aspettando con impazienza la prossima emozionante avventura!

Quando è il momento di rilassarsi, apprezziamo un luogo accogliente in cui rilassarsi e ricaricarsi. Sebbene le nostre esigenze di sonno possano variare, generalmente abbiamo bisogno di 12-14 ore di sonno ristoratore al giorno. Quindi, potresti trovarci rannicchiati su una morbida cuccia per cani o rannicchiati ai tuoi piedi, sognando di inseguire scoiattoli o padroneggiare nuovi trucchi.

Per quanto riguarda la sistemazione in vita, noi Border Collie possiamo adattarci bene a diversi ambienti purché disponiamo di numerosi stimoli mentali e fisici. Anche se apprezziamo l'accesso a un'area esterna sicura dove possiamo sgranchirci le gambe e dedicarci ad attività ludiche, apprezziamo anche il tempo trascorso al chiuso con i nostri amati umani. Una combinazione di esercizi stimolanti, giochi stimolanti e sessioni di allenamento interattive ci aiuterà a mantenerci felici e contenti.

Dobbiamo avere esercizio fisico regolare, stimolazione mentale e socializzazione per garantire il nostro benessere. Prosperiamo in attività che coinvolgono la nostra mente e il nostro corpo, come lunghe passeggiate, addestramento all'obbedienza e giochi interattivi. Una routine che incorpori sia l'esercizio fisico che le sfide mentali ci aiuterà a essere i Border Collie più felici e sani che possiamo essere.

In conclusione, caro essere umano, noi Border Collie siamo intelligenti, agili e pieni di energia. La nostra lingua unica, la nostra eredità pastorale e la natura amorevole ci rendono compagni davvero speciali. Con la tua guida, pazienza e tanto tempo per giocare, saremo i Border Collie più felici del pianeta!

Quindi, intraprendiamo insieme una vita di avventure, piena di code scodinzolanti, infiniti giochi di recupero e un legame che farà volare i nostri cuori. Preparati per un viaggio straordinario insieme al tuo incredibile compagno Border Collie!

Tanto amore ed energia illimitata,
Il tuo Border Collie

Una guida indispensabile per gli amanti dei cani

Capitolo 14

Boston Terrier

Woof! Woof!! Ehi, mio fantastico amico umano! È il tuo coraggioso e vivace amico Boston Terrier, qui per fornirti tutti i deliziosi dettagli sulla nostra fantastica razza. Preparati per un'avventura davvero divertente!

Cominciamo con il background della nostra razza. I Boston Terrier, conosciuti anche come **American Gentlemen**, furono originariamente allevati negli Stati Uniti. Con i nostri dettagli da smoking e le nostre personalità affascinanti, siamo l'anima della festa ovunque andiamo. Siamo un piccolo pacchetto con un grande cuore!

Ora parliamo del nostro linguaggio unico di suoni. Forse non saremo i cuccioli più loquaci, ma di sicuro sappiamo come farci sentire. Abbiamo una vasta gamma di suoni espressivi che trasmettono di tutto, dall'eccitazione alla curiosità. Ascolta attentamente i nostri sbuffi felici, i brontolii adorabili e i latrati occasionali, poiché sono il nostro modo di comunicare con te e con il mondo che ci circonda.

Quando si tratta di ansia, noi Boston Terrier siamo noti per essere anime sensibili. Rumori forti, cambiamenti nella routine o essere lasciati soli per lunghi periodi possono farci sentire un po' ansiosi. Creare un ambiente calmo e confortante, fornendoci molti stimoli mentali e fisici e inondandoci di amore e attenzione aiuterà ad alleviare le nostre preoccupazioni. La tua presenza e la tua gentile rassicurazione significano tantissimo per noi!

Ah, non dimentichiamoci delle nostre simpatie e antipatie. I Boston Terrier sono pieni di energia ed entusiasmo! Adoriamo assolutamente trascorrere del tempo di qualità con i nostri umani preferiti. Che si tratti di giocare a riporto nel parco, di fare emozionanti passeggiate o di rannicchiarsi sul divano per un po' di coccole, prosperiamo grazie all'amore e alla compagnia che ci offri.

Esplora il lato oscuro della vita dei cani

La pagina esplicativa del tuo cane

Quando è il momento di ricaricare le batterie, apprezziamo un luogo accogliente in cui riposarci e rilassarci. In genere abbiamo bisogno di circa 12-14 ore di sonnellino ogni giorno per mantenere alto il nostro spirito energetico. Quindi, non sorprenderti se ci troverai rannicchiati nell'angolo più intimo della casa, a prendere qualche Z e a sognare avventure piene di divertimento.

Per quanto riguarda la sistemazione della vita, noi Boston Terrier siamo abbastanza adattabili. Possiamo prosperare in vari contesti, che si tratti di un vivace appartamento di città o di una spaziosa casa di periferia. Ricorda che siamo sensibili alle temperature estreme, quindi assicurati di avere un posto fresco e confortevole dove rilassarti durante le calde giornate estive.

Per garantire il nostro benessere, è importante fornirci esercizio fisico regolare e stimolazione mentale. Le passeggiate quotidiane, il gioco e i giocattoli interattivi ci manterranno in forma fisicamente e mentalmente. E non dimenticare di prenderti cura delle nostre adorabili orecchie da pipistrello e di tenerle pulite per prevenire fastidiose infezioni alle orecchie.

In conclusione, caro essere umano, noi Boston Terrier siamo vivaci, amorevoli e sempre pronti a divertirci. La nostra storia unica, i suoni espressivi e la natura giocosa ci rendono davvero speciali. Con il tuo amore, cura e attenzione ai nostri bisogni, saremo i piccoli compagni più felici che potresti mai desiderare.

Quindi, imbarchiamoci insieme in una vita di avventure, piena di risate, scodinzolanti e amore incondizionato. Preparati per un legame che ti porterà gioia e sorrisi senza fine!

Tanto amore e baci bavosi,
Il tuo Boston Terrier

Una guida indispensabile per gli amanti dei cani

Capitolo 14 137

Pugile

Woof! Woof!! Ehi, mio amico umano! È il tuo amico Boxer qui, pronto a rimbalzare nella tua vita e condividere tutto ciò che devi sapere su di noi Boxer. Preparati per un bel momento scodinzolante!

Per prima cosa parliamo della nostra razza. I pugili sono noti per i nostri corpi forti e muscolosi e i volti espressivi. Abbiamo una natura giocosa ed energica, che ci rende ottimi compagni per famiglie attive. Siamo spesso descritti come i **Peter Pan** del mondo dei cani perché non sembriamo mai superare il nostro entusiasmo da cuccioli.

Ora tuffiamoci nel nostro linguaggio unico di suoni. Noi Boxer siamo piuttosto espliciti! Comunichiamo con una varietà di latrati, grugniti e persino rumori **woo-woo**. Quando emettiamo una serie di brevi latrati, di solito è il nostro modo di dire: **Ehi, giochiamo!** E quando produciamo quegli adorabili suoni woo-woo, è il nostro modo di esprimere eccitazione e felicità.

Quando si tratta di ansia, alcuni Boxer possono essere inclini all'ansia da separazione. Formiamo forti legami con i nostri umani e possiamo sentirci ansiosi se lasciati soli per lunghi periodi. Fornire molto esercizio fisico, stimolazione mentale e un ambiente confortevole e sicuro può aiutare ad alleviare le nostre preoccupazioni. Ricorda, prosperiamo grazie all'amore e all'attenzione, quindi ricoprici di affetto!

Parliamo delle nostre simpatie e antipatie. I pugili sono noti per il nostro amore per il gioco e l'attività. Abbiamo un alto livello di energia e abbiamo bisogno di molto esercizio fisico per mantenerci felici e in salute. Gioca con noi, portaci a fare lunghe passeggiate e coinvolgici in giochi interattivi: è un ottimo modo per incanalare la nostra energia e farci divertire.

Esplora il lato oscuro della vita dei cani

La pagina esplicativa del tuo cane

Quando è il momento di riposare, noi Boxer apprezziamo un posto accogliente in cui rannicchiarci. Potremmo scegliere un morbido lettino per cani o anche le tue ginocchia per il nostro pisolino. Adoriamo stare vicini ai nostri umani, quindi aspettati tante coccole e coccole calde quando saremo pronti per rilassarci.

Per quanto riguarda la sistemazione abitativa, i Boxer sono adattabili e possono prosperare in vari ambienti. Anche se ci piace stare in casa con la nostra famiglia, adoriamo anche esplorare e giocare all'aperto. L'accesso a un cortile sicuro o viaggi regolari al parco per cani possono essere il sogno di un Boxer che diventa realtà. Assicurati solo di tenerci d'occhio, perché possiamo essere curiosi e talvolta dispettosi!

Per garantire il nostro benessere, i proprietari devono fornirci esercizio fisico regolare, stimolazione mentale e allenamento costante. Le tecniche di rinforzo positivo funzionano meglio per noi, poiché rispondiamo bene alle lodi e alle ricompense. Anche la socializzazione è fondamentale, poiché ci aiuta a diventare cani a tutto tondo e sicuri di sé.

In conclusione, caro essere umano, noi Boxer siamo energici, giocosi e pieni di amore. I suoni, i bisogni e la natura affettuosa unici della nostra razza ci rendono davvero speciali. Ricorda, ci aspettiamo amore, cure e avventure emozionanti!

Quindi, intraprendiamo questo viaggio insieme, mio amico umano. Con la tua pazienza, comprensione e tanti grattini sulla pancia, creeremo un legame che durerà tutta la vita. Preparati a scodinzolare, baci bavosi e tanto amore per i Boxer!

Tanto amore e baci bavosi,
Il tuo pugile

Una guida indispensabile per gli amanti dei cani

Capitolo 14

Bretagna

Woof! Woof!! Ciao a tutti, amico mio umano! È la tua amica Brittany, entusiasta di raccontarti tutto sulla nostra meravigliosa razza.

Per prima cosa parliamo della nostra razza. La Bretagna è nota per la sua energia sconfinata, intelligenza e natura amichevole. Originariamente allevati come cani da caccia, siamo atleti naturali e amiamo essere partner attivi in tutte le tue attività all'aria aperta. Che si tratti di fare escursioni, correre o giocare a recuperare, siamo sempre pronti per un'avventura emozionante al tuo fianco!

Ora parliamo del nostro linguaggio unico di suoni. Oh, i suoni che produciamo sono davvero deliziosi! Abbiamo una serie di latrati, cinguettii e guaiti eccitati che usiamo per comunicare la nostra gioia ed entusiasmo. Quando emettiamo un abbaio acuto, è il nostro modo di dire: **Ehi, giochiamo!** E quando emettiamo deboli lamenti e ringhi delicati, potrebbe significare che ci sentiamo affettuosi o che cerchiamo la tua attenzione.

Quando si tratta di ansia, noi Brittany a volte possiamo diventare un po' irrequieti se non riceviamo abbastanza stimolazione mentale e fisica. Ci piace dedicarci ad attività che mettono alla prova la nostra mente e il nostro corpo, quindi mantenerci impegnati con i puzzle, l'addestramento all'obbedienza e le sessioni di gioco interattive è la chiave per mantenerci felici e contenti. Il tuo amore e la tua compagnia significano tantissimo per noi, caro essere umano!

Ah, non dimentichiamoci delle nostre simpatie e antipatie. Noi Brittany adoriamo assolutamente stare all'aria aperta ed esplorare il mondo con i nostri nasi curiosi. Abbiamo un istinto naturale per la caccia e il tracciamento degli odori, quindi fornirci l'opportunità di impegnarci in queste attività ci farà sentire soddisfatti. Abbiamo anche un debole per le coccole e i grattini sulla pancia, perché ci fanno sentire al sicuroe amato. Quando è il momento di riposare, noi bretoni apprezziamo un posto accogliente dove rannicchiarci e ricaricarci. Una cuccia morbida o un posto soleggiato vicino alla finestra andranno benissimo. Potremmo sonnecchiare con un giocattolo al nostro fianco o accoccolarci contro di te, sapendo che siamo preziosi membri del tuo branco.

Per quanto riguarda la sistemazione abitativa, noi Bretagne siamo versatili e sappiamo adattarci bene a diversi ambienti. Anche se ci piace avere accesso a uno spazio esterno sicuro dove possiamo sgranchirci le gambe, apprezziamo anche il tempo trascorso al chiuso con la nostra amata famiglia umana. L'esercizio quotidiano e la stimolazione mentale sono fondamentali per il nostro benessere, quindi passeggiate regolari, momenti di gioco e sessioni di allenamento sono un must!

Per garantire la nostra felicità e il nostro benessere, i proprietari devono fornirci molto esercizio fisico, sfide mentali e un allenamento di rinforzo positivo. Prosperiamo di lodi e ricompense, quindi sii generoso con il tuo incoraggiamento e le tue prelibatezze! Un ambiente amorevole e stimolante, pieno di gioco, affetto e avventure emozionanti, ci renderà la Bretagna più felice del pianeta!

In conclusione, caro essere umano, noi Brittany siamo compagni energici, intelligenti e amorevoli. La storia della nostra razza, i suoni unici e le esigenze specifiche ci rendono davvero speciali. Contiamo su di te per la guida, l'amore e le avventure emozionanti. Con la tua cura, dedizione e un pizzico di avventura, saremo gli amici pelosi più leali e gioiosi che potresti mai avere!

Quindi, intraprendiamo insieme questo incredibile viaggio, mio amico umano. Creeremo ricordi, condivideremo risate e creeremo un legame indissolubile che durerà tutta la vita. Preparati per un vortice di code scodinzolanti, divertimento infinito e puro amore canino!

Ti mando amore e scodinzolando,
La tua Bretagna

Una guida indispensabile per gli amanti dei cani

Capitolo 14

Bulldog (inglese/francese)

Woof! Woof!! Ehi, mio amico umano! È il tuo amico Bulldog, pronto a condividere tutti i fantastici dettagli su noi Bulldog inglesi e francesi. Preparati per un bulldozer di dolcezza e fascino!

Per prima cosa parliamo della nostra razza. I Bulldog sono noti per il nostro aspetto distintivo e le nostre adorabili personalità. I Bulldog inglesi hanno una ricca storia di cani feroci che cacciano i tori e sono diventati compagni gentili. I Bulldog francesi, d'altra parte, sono stati allevati come cani da compagnia dai Bulldog inglesi. Siamo come adorabili fagottini di rugosa bontà!

Ora parliamo del nostro linguaggio unico di suoni. Oh, i suoni che produciamo! Abbiamo una gamma vocale abbastanza ampia, dai nostri adorabili sbuffi e russamenti ai nostri bassi brontolii e abbai. Quando emettiamo uno sbuffo giocoso o un russamento divertente, significa che siamo contenti e rilassati. E quando emettiamo un latrato breve e acuto, è il nostro modo di dire: **Ehi, divertiamoci!**

Quando si tratta di ansia, noi Bulldog a volte possiamo essere anime sensibili. Potremmo provare ansia da separazione o diventare ansiosi in ambienti non familiari o rumorosi. Fornirci uno spazio calmo e sicuro, tante coccole e una routine coerente può aiutarci ad alleviare le nostre preoccupazioni. La tua presenza amorevole e la tua dolce rassicurazione significano tantissimo per noi!

Ora parliamo delle nostre simpatie e antipatie. I Bulldog possono avere la reputazione di essere un po' pigri, ma a noi piace comunque giocare e passeggiare. Ricorda che abbiamo una moderata necessità di esercizio fisico a causa del nostro fisico unico. Brevi passeggiate e divertenti giochi al chiuso che non affaticano la respirazione sono il modo perfetto per mantenerci felici e in salute!

Esplora il lato oscuro della vita dei cani

Quando è il momento di prendere qualche z, noi Bulldog siamo esperti snoozer. Abbiamo bisogno di circa 12-14 ore di sonno al giorno per ricaricare le nostre batterie indebolite. Quindi, non sorprenderti se ci trovi a russare nel nostro angolo intimo preferito o sdraiati nel punto più comodo della casa. Portiamo il pisolino a un livello completamente nuovo!

Per quanto riguarda la nostra vita, i Bulldog sono abbastanza adattabili. Anche se ci piace stare in casa dove possiamo essere vicini ai nostri umani, apprezziamo anche un po' di tempo all'aperto per esplorare e annusare. Ricorda che non siamo i migliori nuotatori, quindi sii cauto in acqua.

Per garantire il nostro benessere, i proprietari devono fornirci una dieta equilibrata, controlli veterinari regolari e una toelettatura adeguata per mantenere le nostre adorabili rughe pulite e sane. Inoltre, un allenamento di rinforzo positivo con dolcetti e lodi fa miracoli per noi Bulldog. Potremo avere una vena ostinata, ma diventeremo compagni ben educati e leali con pazienza e amore.

In conclusione, caro essere umano, noi Bulldog siamo un fascio di amore, fascino e gioia rugosa. La storia della nostra razza, i suoni unici e i bisogni speciali ci rendono davvero unici nel loro genere. Ricorda, contiamo su di te per la cura, l'amore e i massaggi sulla pancia in abbondanza!

Quindi, imbarchiamoci insieme in quest'avventura, mio amico umano. Creeremo un legame permanente con la tua comprensione, pazienza e tanti baci bavosi. Preparati per infiniti momenti di dolcezza e coccole da bulldog!

Tanto amore e adorabili sbuffi,
Il tuo Bulldog

Capitolo 14

Cane Corso

Woof! Woof!! Ehi, mio amico umano! È il tuo amico di Cane Corso, desideroso di condividere tutto sulla nostra straordinaria razza. Sei pronto per un'avventura piena di forza, lealtà e amore? Immergiamoci subito!

Per prima cosa parliamo della nostra razza. I Cane Corso sono noti per il loro aspetto maestoso e il fisico potente. Trasmettiamo fiducia e siamo protettori naturali. Originariamente allevati come cani da lavoro, abbiamo un forte senso di lealtà e un profondo legame con le nostre famiglie umane. Siamo come giganti gentili dal cuore d'oro!

Ora parliamo del nostro linguaggio unico di suoni. Oh, i suoni che produciamo sono piuttosto intriganti! Abbiamo una corteccia profonda e rimbombante che può mandare brividi lungo la schiena degli intrusi. È il nostro modo di dire: **Ehi, ho capito. Sei al sicuro con me!** Siamo anche maestri del linguaggio del corpo, utilizzando i nostri occhi espressivi e la nostra posizione per comunicare le nostre emozioni e intenzioni.

Quando si tratta di ansia, noi Cane Corso a volte possiamo essere anime sensibili. Viviamo in un ambiente calmo e stabile; cambiamenti improvvisi o situazioni sconosciute possono farci sentire a disagio. Offrirci uno spazio sicuro e protetto, mantenere routine coerenti e inondarci di affetto gentile può aiutare ad alleviare qualsiasi ansia che potremmo provare. La tua comprensione e la tua rassicurazione significano tantissimo per noi, caro essere umano!

Ah, non dimentichiamoci delle nostre simpatie e antipatie. Noi Cane Corso amiamo trascorrere del tempo di qualità con i nostri umani. Che si tratti di fare lunghe passeggiate, giocare in giardino o semplicemente rilassarci al tuo fianco, apprezziamo ogni momento che trascorriamo in tua compagnia. Abbiamo una natura protettiva e sapere che ti teniamo al sicuro e amato ci dà una gioia immensa.

Esplora il lato oscuro della vita dei cani

La pagina esplicativa del tuo cane

Quando è il momento di riposare, noi Cane Corso apprezziamo un posto accogliente dove possiamo rannicchiarci e distenderci. Un morbido letto o un angolo tranquillo saranno il nostro rifugio, mentre ricarichiamo le energie per le avventure che ci attendono. Potremmo russare un po', ma è solo un segno di contentezza e relax.

Per quanto riguarda la sistemazione abitativa, noi Cani Corso siamo versatili e adattabili. Anche se ci piace avere accesso a un'area esterna sicura dove possiamo allungare i muscoli, apprezziamo anche la vicinanza alla nostra famiglia umana all'interno. Viviamo grazie all'amore, all'attenzione e alla guida. L'esercizio fisico regolare e la stimolazione mentale sono essenziali per il nostro benessere, quindi è importante impegnarsi in attività che ci mettono alla prova fisicamente e mentalmente.

Per garantire la nostra felicità e il nostro benessere, i proprietari devono fornirci un'adeguata socializzazione, una formazione di rinforzo positivo e un forte ruolo di leadership. Rispondiamo bene a confini coerenti e a una comunicazione chiara. Diventeremo compagni a tutto tondo e fiduciosi con la tua guida paziente e un approccio fermo ma gentile.

In conclusione, caro essere umano, noi Cane Corso siamo compagni leali, protettivi e amorevoli. La storia della nostra razza, i suoni unici e le esigenze specifiche ci rendono davvero speciali. Contiamo su di te per amore, guida e senso di scopo. Con il tuo incrollabile supporto, saremo gli amici pelosi più devoti e impavidi che potresti mai desiderare!

Quindi, intraprendiamo insieme questo incredibile viaggio, mio amico umano. Creeremo un legame indissolubile, pieno di ricordi preziosi e un amore che non conosce limiti. Preparati per una vita di avventure, lealtà e scodinzolii senza fine!

Ti mando un grande, caloroso abbraccio di Cane Corso,
Il tuo Cane Corso

Una guida indispensabile per gli amanti dei cani

Capitolo 14

Cardigan Corgi gallese

Woof! Woof!! Ehi, mio amico umano! È il tuo amico Cardigan Welsh Corgi, pronto a condividere tutti i deliziosi dettagli sulla nostra meravigliosa razza. Sei pronto per un'avventura scodinzolante? Saltiamo subito dentro!

Per prima cosa parliamo della nostra razza. I Cardigan Welsh Corgis sono di piccole dimensioni ma di grande personalità! Con i nostri adorabili corpi lunghi e le gambe corte, siamo dei compagni piuttosto affascinanti. Originariamente allevati come cani da pastore, siamo intelligenti, vigili e sempre desiderosi di compiacere. Potremmo essere piccoli, ma abbiamo il cuore pieno di amore e lealtà!

Ora parliamo del nostro linguaggio unico di suoni. Oh, i suoni che produciamo sono piuttosto affascinanti! Abbiamo una varietà di vocalizzazioni, da latrati e guaiti a ringhi giocosi e persino un suono **woo-woo unico** che è tutto nostro. Ogni suono comunica le nostre emozioni, che si tratti di eccitazione, prontezza o semplicemente di volere la tua attenzione.

Per quanto riguarda l'ansia, noi Cardigan Welsh Corgis possiamo essere anime sensibili. Rumori forti, ambienti sconosciuti o separazione dai nostri cari possono farci sentire un po' ansiosi. Ma non temere, caro essere umano, poiché la tua presenza rassicurante e un ambiente calmo possono fare miracoli nel calmare le nostre preoccupazioni. Un tocco gentile, una parola gentile e la creazione di un rifugio sicuro per noi ci aiuteranno a sentirci sicuri e amati.

Ah, non dimentichiamoci delle nostre simpatie e antipatie. Noi Cardigan Welsh Corgis siamo conosciuti per la nostra natura giocosa e la nostra energia illimitata. Amiamo impegnarci in attività che stimolano sia la nostra mente che il nostro corpo. Che si tratti di fare passeggiate, giocare a prendere o partecipare a divertenti sessioni di allenamento, prosperiamo grazie alla gioia di essere attivi e coinvolti nella tua vita quotidiana. Non sorprenderti secerchiamo di radunare te o qualsiasi cosa si muova: è nella nostra natura! Quando è il momento di riposare, apprezziamo un posto accogliente dove rannicchiarci e ricaricarci. La nostra zona preferita per il pisolino sarà un letto morbido, una coperta calda o anche il tuo grembo. Potremmo anche infilare la nostra piccola coda vicino al nostro corpo per mantenerci caldi e comodi. Dopo un buon riposo, saremo pronti per altre avventure e scodinzolanti!

Per quanto riguarda la sistemazione abitativa, noi Cardigan Welsh Corgis ci adattiamo bene sia agli ambienti interni che esterni. Anche se siamo piccoli, abbiamo comunque bisogno di esercizio fisico regolare per mantenere sani il nostro corpo e la nostra mente. Un cortile recintato in modo sicuro o un momento di gioco supervisionato in un'area sicura ci consentono di esplorare e bruciare le nostre energie. Ma ricorda, siamo anche creature sociali che vogliono stare vicino al nostro branco umano, quindi il tempo trascorso al chiuso con te è altrettanto importante.

Per garantire la nostra felicità e il nostro benessere, i proprietari devono fornirci stimolazione mentale, allenamento di rinforzo positivo e tanto amore. Prosperiamo grazie alla tua guida e apprezziamo i confini coerenti. Con il tuo approccio paziente e gentile, diventeremo compagni a tutto tondo e ti porteremo una gioia infinita.

In conclusione, caro essere umano, noi Cardigan Welsh Corgis siamo amici amorevoli, vivaci e leali. La storia della nostra razza, i suoni unici e le esigenze specifiche ci rendono davvero speciali. Contiamo su di te per amore, guida e senso di scopo. Con la tua compagnia e cura, saremo gli amici pelosi più felici e devoti che potresti mai avere!

Quindi, intraprendiamo insieme questo incredibile viaggio, mio amico umano. Creeremo un legame pieno di gioia, risate e momenti indimenticabili. Preparati per una vita di code scodinzolanti e sorrisi di Corgi!

Ti mando baci Corgi e scodinzolando,
Il tuo cardigan Welsh Corgi

Una guida indispensabile per gli amanti dei cani

Capitolo 14

Cavalier King Charles Spaniel

Woof! Woof!! Ciao, mio caro compagno umano! Qui c'è il tuo fedele e affettuoso Cavalier King Charles Spaniel, pronto a portarti in un'avventura scodinzolante nel mondo della nostra deliziosa razza.

Cominciamo con un po' di storia. Noi Cavaliers abbiamo un lignaggio regale che risale alle corti di Re Carlo I e Re Carlo II in Inghilterra. Eravamo amati come compagni da nobili e reali, ed è da qui che ha origine il nostro amore per la compagnia umana e la natura affettuosa. Siamo spesso descritti come **spugne dell'amore** perché assorbiamo tutto l'amore e l'attenzione che ci dai!

Quando si tratta di comunicazione, abbiamo un linguaggio tutto nostro. Forse non abbaiamo eccessivamente, ma abbiamo occhi espressivi che possono scioglierti il cuore all'istante. I nostri sguardi gentili e pieni di sentimento possono trasmettere una vasta gamma di emozioni, dall'eccitazione e felicità al desiderio e alla curiosità. E non dimentichiamoci del nostro tenero piagnucolio quando vogliamo qualcosa!

L'ansia può essere una preoccupazione per noi Cavalieri sensibili. Viviamo grazie all'amore e possiamo sentirci a disagio se lasciati soli per lunghi periodi. I nostri umani devono fornirci molta compagnia e creare un ambiente sicuro per noi. Una delicata rassicurazione, un allenamento di rinforzo positivo e il mantenimento di una routine coerente possono aiutare ad alleviare le nostre preoccupazioni e mantenerci calmi e contenti.

Ora parliamo delle nostre simpatie e antipatie. Adoriamo assolutamente stare vicino ai nostri umani e desideriamo la tua attenzione. Coccolarsi sulle tue ginocchia o accoccolarsi accanto a te sul divano è pura felicità per noi. Ci piace anche fare piacevoli passeggiate nel parco, esplorare nuovi profumi e ammirare i panorami e i suoni della natura. Fai solo attenzione a non sforzarci troppo, perché non siamo la razza più atletica.

Quando è il momento di riposare, apprezziamo il nostro sonno di bellezza. In genere abbiamo bisogno di circa 12-14 ore di sonno al giorno per ricaricare le batterie. Ci troverai spesso annidati in un luogo accogliente, a sognare di inseguire farfalle o semplicemente a goderci il calore della tua presenza. I nostri sonni tranquilli ci ringiovaniscono e ci preparano per altre avventure al tuo fianco.

Per quanto riguarda la nostra sistemazione abitativa, ci adattiamo bene ai vari ambienti. Che si tratti di una casa spaziosa o di un appartamento accogliente, siamo adattabili e prosperiamo grazie all'amore e all'attenzione che riceviamo dai nostri umani. Ci piacciono le attività indoor e outdoor, ma dovremmo sempre essere supervisionati all'aperto per garantire la nostra sicurezza.

Dobbiamo avere una dieta nutriente ed esercizio fisico regolare per mantenerci sani e felici. Potremmo avere la tendenza ad ingrassare, quindi il controllo delle porzioni e una dieta equilibrata sono importanti. La toelettatura regolare, inclusa la spazzolatura del nostro pelo setoso e la pulizia delle orecchie, ci aiuterà ad apparire e a sentirci al meglio. E, naturalmente, tanto amore, coccole e dolce tempo di gioco ci renderanno i Cavalier più felici del mondo.

In conclusione, mio caro amico umano, noi Cavalieri siamo compagni gentili, amorevoli e leali. La nostra storia regale, i nostri occhi espressivi e la nostra incrollabile devozione ci rendono davvero speciali. Con il tuo amore, cura e comprensione, saremo al tuo fianco, scodinzolando e ricoprendoti di amore e gioia infiniti.

Quindi, intraprendiamo un viaggio di avventure condivise e momenti commoventi. Sarò lì, scodinzolando e sciogliendo il tuo cuore con ogni sguardo amorevole.

Con tutto il mio amore e devozione,
Il vostro Cavalier King Charles Spaniel

Una guida indispensabile per gli amanti dei cani

Capitolo 14

Chihuahua

Woof! Woof!! Ehi, mio piccolo amico umano! C'è il tuo amico Chihuahua qui, pronto a condividere tutti i fantastici dettagli su noi Chihuahua. Preparati per un'avventura in miniatura!

Cominciamo parlando della nostra razza. I chihuahua sono piccoli ma potenti! Potremmo essere piccoli di dimensioni, ma abbiamo grandi personalità. Originari del Messico, siamo conosciuti per la nostra prontezza e la nostra natura coraggiosa. Non lasciarti ingannare dalla nostra bassa statura: abbiamo un cuore grande e tanto amore da dare.

Ora parliamo del nostro linguaggio unico di suoni. Oh, i suoni che produciamo! Abbiamo una serie di latrati, guaiti e persino ululati. Quando abbaiamo rapidamente e con insistenza, di solito è il nostro modo di dire: **Ehi, prestami attenzione!** E quando emettiamo un urlo acuto, potrebbe essere il nostro modo di esprimere eccitazione o unirci al coro del vicinato.

Quando si tratta di ansia, alcuni Chihuahua possono essere inclini al nervosismo. Potremmo diventare ansiosi quando incontriamo persone o animali sconosciuti in situazioni nuove. Fornirci un ambiente calmo e sicuro è essenziale. Sii paziente e offri rassicurazione durante questi momenti, mentre guardiamo a te per conforto e sicurezza.

Parliamo delle nostre simpatie e antipatie. I Chihuahua adorano essere al centro dell'attenzione! Adoriamo coccolarci in grembo, crogiolarci nel tuo amore e affetto. Essendo farfalle sociali, ci piace incontrare nuove persone e altri cani amichevoli. Ma ricorda, a causa delle nostre piccole dimensioni, preferiamo il gioco e le interazioni delicate.

Esplora il lato oscuro della vita dei cani

La pagina esplicativa del tuo cane

Quando è il momento di riposare, noi Chihuahua siamo esperti nel trovare angoli accoglienti. Adoriamo nasconderci sotto le coperte o rannicchiarci nella nostra cuccia preferita. Creare uno spazio confortevole e caldo in cui rilassarci è un modo efficace per farci sentire sicuri e amati.

Per quanto riguarda la sistemazione abitativa, il Chihuahua può adattarsi bene sia agli ambienti interni che a quelli esterni. Siamo perfettamente adatti alla vita in appartamento purché riceviamo molti stimoli mentali e fisici. Tuttavia, poiché siamo piccoli e delicati, tenerci al sicuro e supervisionarci all'aperto è importante. Possiamo essere facilmente spaventati da cani più grandi o da oggetti in rapido movimento.

Per garantire il nostro benessere, i proprietari devono fornirci esercizio fisico regolare, stimolazione mentale e socializzazione. Potremmo essere piccoli, ma abbiamo comunque bisogno delle passeggiate quotidiane e del tempo libero per mantenerci felici e in salute. I metodi di allenamento con rinforzo positivo funzionano meglio per noi, poiché rispondiamo bene alle lodi e alle ricompense.

In conclusione, caro essere umano, noi Chihuahua siamo piccoli fagottini di gioia. I suoni, i bisogni e la natura affettuosa unici della nostra razza ci rendono davvero speciali. Ricorda, potremmo essere piccoli, ma il nostro amore per te è incommensurabile.

Quindi, imbarchiamoci insieme in quest'avventura, mio piccolo amico umano. Con il tuo amore, la tua cura e tanti grattini sulla pancia, creeremo un legame che durerà tutta la vita. Preparati per grandi sorrisi, atteggiamenti sfacciati e tanto amore per i Chihuahua!

Tanto amore e baci bavosi,
Il tuo Chihuahua

Una guida indispensabile per gli amanti dei cani

Capitolo 14

Cocker spaniel

Woof! Woof!! Ciao, mio meraviglioso compagno umano! Il tuo fedele e allegro amico di Cocker Spaniel è qui, pronto a scodinzolare e condividere tutte le cose fantastiche della nostra fantastica razza. Preparatevi per un delizioso viaggio nel mondo dei Cocker Spaniel!

Cominciamo con alcune informazioni di base. Noi Cocker Spaniel abbiamo una ricca storia come cani da caccia, noti per le nostre notevoli capacità di fiuto e abilità nel stanare la selvaggina. Ma non lasciarti ingannare! Non siamo solo appassionati di attività all'aria aperta, ma anche compagni di famiglia amorevoli e affettuosi.

Ora parliamo del nostro linguaggio unico di suoni. Oh, i suoni che produciamo! Abbiamo una gamma vocale piuttosto ampia, dai nostri latrati amichevoli ai nostri piagnucolii affascinanti e persino all'occasionale ululato adorabile. Usiamo questi suoni per comunicare la nostra eccitazione, felicità e talvolta il nostro bisogno di attenzione o di gioco. Ascolta attentamente e capirai la nostra gioiosa lingua del Cocker Spaniel!

Quando si tratta di ansia, noi Cocker Spaniel a volte possiamo essere anime sensibili. Rumori forti, ambienti non familiari o la separazione dai nostri cari possono renderci un po' ansiosi. Offrirci un ambiente calmo e sicuro, fornirci rassicurazioni confortanti e coinvolgerci in giochi o allenamenti interattivi può aiutare ad alleviare le nostre preoccupazioni. La tua presenza amorevole significa tutto per noi ed è il nostro più grande conforto durante quei momenti di ansia.

Ah, non dimentichiamoci delle nostre simpatie e antipatie. Noi Cocker Spaniel adoriamo assolutamente essere attivi ed esplorare il mondo che ci circonda! Fare passeggiate, giocare a prendere o partecipare ad allenamenti di agilità sono tutti modi fantastici

Esplora il lato oscuro della vita dei cani

per mantenerci stimolati mentalmente e fisicamente. Apprezziamo anche il tempo di coccole di qualità con te, poiché prosperiamo nel tuo amore e nella tua attenzione.

Quando è il momento di rilassarsi, apprezziamo il nostro piacevole pisolino. In genere abbiamo bisogno di circa 12-14 ore di sonno ristoratore al giorno per ricaricare le nostre energie. Quindi, non sorprenderti se ci trovi rannicchiati nella nostra cuccia preferita o rannicchiati accanto a te sul divano, a sognare di inseguire farfalle e scodinzolare con gioia.

Per quanto riguarda la sistemazione abitativa, noi Cocker Spaniel possiamo adattarci bene sia agli ambienti interni che esterni. Siamo cuccioli versatili che possono prosperare in vari contesti, ma apprezziamo davvero la vicinanza ai nostri amati umani. Che si tratti di un ampio cortile da esplorare o di una casa confortevole con angoli accoglienti, saremo felici e contenti se avremo il tuo amore e la tua attenzione.

Per garantire il nostro benessere, è essenziale fornirci esercizio fisico regolare, stimolazione mentale e socializzazione. Ci piacciono le passeggiate quotidiane o le sessioni di gioco per bruciare la nostra abbondante energia. Anche la toelettatura è una parte importante della nostra routine di cura, poiché i nostri bellissimi cappotti richiedono una spazzolatura regolare e viaggi occasionali dal toelettatore per mantenerci al meglio.

In conclusione, caro essere umano, noi Cocker Spaniel siamo un fascio di amore, gioia ed entusiasmo. La nostra eredità di caccia, i suoni unici e la natura affettuosa ci rendono compagni davvero speciali. Con la tua cura, attenzione e tanti massaggi sulla pancia, saremo i Cocker Spaniel più felici del mondo!

Quindi, intraprendiamo insieme una vita di avventure indimenticabili, piene di code scodinzolanti, baci bagnati e amore incondizionato. Preparati per un legame che scalderà il tuo cuore e porterà gioia infinita nella tua vita!

Tanto amore e coda scodinzolante,
Il tuo Cocker Spaniel

Una guida indispensabile per gli amanti dei cani

Capitolo 14

Bassotto

Woof! Woof!! Ciao a tutti, mio amico umano! Il tuo amico bassotto è qui per darti tutte le informazioni su tutto ciò che devi sapere su noi Doxies. Preparati per un bel momento scodinzolante!

Per prima cosa parliamo della nostra razza. Noi Bassotti siamo cani di piccola taglia con il corpo lungo e le zampe corte. Originariamente siamo stati allevati in Germania per cacciare i tassi, ecco perché abbiamo un carattere forte e determinato. Potremmo essere piccoli, ma abbiamo il cuore di un potente cacciatore!

Ora scaviamo nel nostro linguaggio unico di suoni. Oh, i suoni che produciamo! Abbiamo una vasta gamma vocale, da latrati profondi ed espressivi ad adorabili ululati. Quando emettiamo latrati brevi e acuti, spesso è il nostro modo di avvisarti di qualcosa di interessante o sospetto. E quando scateniamo i nostri ululati melodici, potremmo esprimere la nostra gioia o chiamare i nostri compagni amici pelosi.

Quando si tratta di ansia, alcuni bassotti possono essere inclini a preoccuparsi. Rumori forti o cambiamenti ambientali improvvisi possono renderci un po' nervosi. Calmarci con parole gentili, fornirci un rifugio sicuro e accogliente in cui ritirarci e offrire tocchi confortanti può fare miracoli nel calmare le nostre preoccupazioni. Ricorda, contiamo su di te perché tu sia la nostra ancora di rassicurazione!

Ora parliamo delle nostre simpatie e antipatie. Noi Bassotti siamo cuccioli giocherelloni e avventurosi! Adoriamo esplorare il mondo che ci circonda, che si tratti di inseguire scoiattoli o scavare nel cortile. Abbiamo anche un talento per scavare e scavare tunnel, quindi creare un'area di scavo designata o fornirci comode coperte sotto cui accoccolarci ci farà scodinzolare con gioia.

Esplora il lato oscuro della vita dei cani

La pagina esplicativa del tuo cane

Quando è il momento di riposare quelle zampette corte, noi Bassotti apprezziamo un posto comodo in cui rannicchiarci. Adoriamo trovare gli angoli più accoglienti della casa o rannicchiarci in un morbido lettino per cani. Offrirci uno spazio caldo e invitante per il nostro sonnellino è un modo fantastico per mostrarci il tuo amore.

Per quanto riguarda la sistemazione abitativa, i bassotti sono adattabili e possono prosperare in vari ambienti. Che tu viva in un appartamento accogliente o in una casa spaziosa con giardino, possiamo sentirci a casa. Tuttavia, è importante notare che dobbiamo essere maneggiati con cura a causa della nostra schiena lunga per evitare potenziali problemi alla schiena. Pertanto, è essenziale giocare delicatamente ed evitare attività che mettono a dura prova la nostra colonna vertebrale.

Per garantire il nostro benessere, i proprietari devono fornirci esercizio fisico regolare, stimolazione mentale e socializzazione. Passeggiate quotidiane, giocattoli interattivi e giochi puzzle terranno impegnate le nostre menti curiose. I metodi di allenamento con rinforzo positivo fanno miracoli per noi, poiché siamo ansiosi di compiacere e rispondere bene alle lodi e alle ricompense.

In conclusione, caro essere umano, noi Bassotti siamo vivaci, leali e pieni di carattere. I suoni, i bisogni e la determinazione unici della nostra razza ci rendono davvero speciali. Con il tuo amore, le tue cure e un sacco di grattini sulla pancia, saremo i piccoli cani salsiccia più felici in circolazione!

Quindi, imbarchiamoci insieme in quest'avventura, mio amico umano. Con la tua guida e il tuo affetto infinito, creeremo ricordi che riscalderanno i nostri cuori per anni. Preparati a scodinzolare, a baciare il naso bagnato e a tanto fascino da bassotto!

Tanto amore e baci bavosi,
Il tuo bassotto

Una guida indispensabile per gli amanti dei cani

Capitolo 14

Doberman Pinscher

Woof! Woof!! Ciao a tutti, mio impavido e devoto amico umano! È il tuo fedele amico Doberman Pinscher, pronto a svelare l'affascinante mondo della nostra straordinaria razza. Preparati per un'avventura piena di lealtà, forza e amore infinito!

Cominciamo con alcune informazioni sulla razza. Noi Doberman Pinscher siamo rinomati per il nostro aspetto elegante e muscoloso. Siamo quelli che fanno girare la testa con i nostri cappotti vellutati, i colori sorprendenti e le orecchie attente. Allevati come cani da lavoro versatili, possediamo una miscela unica di intelligenza, atletismo e lealtà incrollabile.

Ora parliamo del nostro stile di comunicazione. Noi dobermann abbiamo una vasta gamma di espressioni vocali. Dai latrati profondi e autorevoli ai latrati giocosi e agli ululati gentili, usiamo la nostra voce per trasmettere le nostre emozioni. Quando abbaiamo con un tono forte e autoritario, spesso è per avvisarti di un potenziale pericolo o per proteggere i nostri amati umani. E quando emettiamo grida di gioia e gemiti eccitati, è il nostro modo di dire: **giochiamo e divertiamoci!**

L'ansia a volte può colpire noi dobermann, soprattutto se ci manca la stimolazione mentale e fisica. Noi prosperiamo grazie all'esercizio fisico regolare, alle sfide mentali e, soprattutto, alla tua presenza amorevole. Trascorrere del tempo di qualità con noi, impegnarsi in giochi interattivi e garantire una routine strutturata aiuterà ad alleviare qualsiasi ansia che potremmo provare. Ti consideriamo il nostro fidato leader e protettore, quindi la tua presenza calma e rassicurante è la chiave della nostra felicità e del nostro benessere.

Non dimentichiamoci delle nostre simpatie e antipatie. Noi dobermann abbiamo una spinta innata a proteggere e servire le nostre famiglie. Siamo devoti e

Esplora il lato oscuro della vita dei cani

fieramente leali, sempre pronto a stare al tuo fianco. Le nostre attività preferite includono l'addestramento all'obbedienza, la partecipazione a sport per cani come l'agilità o il lavoro sull'olfatto e persino accoccolarsi con te sul divano. Apprezziamo il nostro tempo con te; ogni occasione di esercizio fisico e di stimolazione mentale ci farà scodinzolare di gioia!

Quando è il momento di riposare, apprezziamo un luogo accogliente e confortevole per ricaricare le batterie. Sebbene le nostre esigenze di sonno possano variare, generalmente abbiamo bisogno di circa 10-12 ore di riposo ogni giorno. Così, potreste trovarci rannicchiati nel nostro letto preferito o addormentati soddisfatti in un angolo tranquillo della casa, sognando emozionanti avventure e infinite coccole.

Per quanto riguarda la nostra vita, noi dobermann possiamo adattarci a vari ambienti, purché riceviamo cure, addestramento ed esercizio fisico adeguati. Anche se apprezziamo un'area esterna sicura dove possiamo sgranchirci le gambe ed esplorare, siamo anche contenti di vivere in casa con i nostri amati umani. Ricorda, ci piace essere parte integrante della tua vita quotidiana, quindi includerci nelle tue attività e assicurarci di ricevere un'ampia stimolazione mentale e fisica farà emergere il meglio di noi.

Per garantire il nostro benessere, i proprietari devono fornirci esercizio fisico regolare, sfide mentali e socializzazione fin dalla tenera età. Noi dobermann siamo intelligenti e desiderosi di compiacere, il che ci rende ottimi candidati per l'addestramento all'obbedienza e per le attività avanzate. Metodi di rinforzo positivo, coerenza e confini chiari ci aiuteranno a diventare compagni felici e a tutto tondo.

In conclusione, caro essere umano, noi Doberman Pinscher siamo l'epitome di lealtà, forza e amore incrollabile. Il nostro stile di comunicazione unico, il nostro istinto protettivo e il nostro atletismo ci rendono compagni davvero speciali. Con la tua guida, il tuo amore e tanti grattini sulla pancia, saremo i dobermann più felici del pianeta!

Tanto amore e devozione incrollabile,
Il tuo Doberman Pinscher

Una guida indispensabile per gli amanti dei cani

Capitolo 14   157

Cocker inglese

Woof! Woof!! Ciao a tutti, amico mio umano! È il tuo amico Cocker inglese, pronto a condividere tutti i fantastici dettagli sulla nostra favolosa razza. Siete pronti a tuffarvi nel mondo del Cocker Inglese? Iniziamo!

Per prima cosa parliamo della nostra razza. Il Cocker inglese è rinomato per il suo fascino, intelligenza e natura giocosa. Siamo cani di taglia media con bellissimi occhi espressivi e mantelli morbidi e setosi che ci rendono irresistibili. Originariamente allevati come compagni di caccia, abbiamo un talento naturale nell'annusare la selvaggina e nel recuperarla con entusiasmo.

Ora parliamo del nostro linguaggio unico di suoni. Siamo piuttosto vocali ed espressivi! Usiamo una gamma di suoni deliziosi, dai deboli lamenti ai latrati eccitati, per comunicare le nostre emozioni e desideri. Quando scodinzoliamo rapidamente ed emettiamo un abbaio gioioso, significa che stiamo scoppiando di eccitazione e felicità. E quando ti regaliamo quegli occhi pieni di sentimento da cucciolo di cane, è il nostro modo di dirti: **ti amo!**

Quando si parla di ansia, noi Cocker inglesi possiamo essere anime sensibili. I cambiamenti nella routine, i rumori forti o la separazione dai nostri cari possono farci sentire un po' ansiosi. Ma non temere, caro essere umano, poiché il tuo amore e la tua rassicurazione sono le chiavi per calmare le nostre preoccupazioni. Il tuo tocco gentile, le tue parole rilassanti e il tuo ambiente sicuro ci faranno sentire sicuri e protetti.

Ah, non dimentichiamoci delle nostre simpatie e antipatie. Noi Cocker inglesi siamo cani attivi ed energici che amano esplorare e giocare. Ci piace impegnarci in attività che sfidano la nostra mente e ci mantengono fisicamente attivi. Che si tratti di fare lunghe passeggiate, giocare al riporto nel parco o partecipare ad allenamenti di obbedienza, siamo sempre pronti a divertirci e

Esplora il lato oscuro della vita dei cani

avventura. Inoltre, un bel massaggio alla pancia e una sessione di coccole con te ci faranno scodinzolare di gioia!

Quando è il momento di rilassarsi, apprezziamo un posto accogliente dove rannicchiarsi e distendersi. Un morbido letto o un comodo divano saranno il nostro posto preferito dove fare un pisolino e ricaricare le batterie. Potremmo anche rannicchiarci vicino a te per ulteriore calore e comfort. Dopo un riposo ristoratore saremo pronti ad unirvi a voi per altre emozionanti avventure!

Per quanto riguarda la sistemazione abitativa, noi Cocker inglesi ci adattiamo bene agli ambienti interni ed esterni. Ci piace trascorrere del tempo di qualità con il nostro branco umano, quindi stare in casa con te è importante. Tuttavia, apprezziamo anche le attività all'aria aperta e richiediamo un esercizio fisico regolare per mantenerci felici e in salute. Che si tratti di esplorare un cortile sicuro o di vivere avventure con te, saremo entusiasti di avere un equilibrio tra esperienze indoor e outdoor.

Per garantire il nostro benessere e la nostra felicità, i proprietari devono fornirci stimolazione mentale, esercizio fisico regolare e tanto amore. I metodi di allenamento con rinforzo positivo fanno miracoli per noi, poiché rispondiamo bene alle lodi e alle ricompense. Una routine strutturata, la socializzazione con altri cani e tanto tempo per giocare ci faranno scodinzolare con gioia.

In conclusione, caro essere umano, noi Cocker inglesi siamo compagni amorevoli, intelligenti e giocosi. Le caratteristiche uniche, i suoni espressivi e le esigenze specifiche della nostra razza ci rendono davvero speciali. Con il tuo amore, cura e compagnia, saremo gli amici pelosi più felici e devoti che potresti mai desiderare!

Quindi, intraprendiamo insieme questo delizioso viaggio, mio amico umano. Creeremo ricordi che dureranno tutta la vita, pieni di code scodinzolanti, baci bagnati e gioia infinita. Preparati per un'avventura avventurosa con il tuo compagno Cocker inglese!

Ti mando gioiosi baci da spaniel e scodinzolando,
Il tuo Cocker inglese

Una guida indispensabile per gli amanti dei cani

Capitolo 14

Setter inglese

Woof! Woof!! Saluti, mio fantastico compagno umano! Qui c'è il tuo fedele e giocoso amico setter inglese, entusiasta di condividere tutte le cose straordinarie della nostra meravigliosa razza. Preparati per un viaggio scodinzolante nel mondo dei setter inglesi!

Cominciamo con alcune informazioni di base. Noi setter inglesi abbiamo una storia affascinante come cani da caccia versatili, noti per le nostre eccezionali capacità di fiuto e i movimenti aggraziati. Il nostro elegante mantello piumato e il naturale istinto di caccia ci rendono uno spettacolo da vedere e una gioia avere al tuo fianco.

Ora parliamo del nostro linguaggio unico di suoni. Oh, i suoni che produciamo! Abbiamo un'ampia gamma vocale, dai nostri latrati amichevoli ai nostri ululati melodiosi e persino ai nostri lamenti espressivi. Usiamo questi suoni per comunicare la nostra eccitazione, curiosità e talvolta il nostro desiderio di avventura o di gioco. Ascolta attentamente e capirai la nostra affascinante lingua del setter inglese!

Quando si tratta di ansia, noi setter inglesi siamo generalmente accomodanti e adattabili. Tuttavia, situazioni come essere lasciati soli per periodi prolungati o sperimentare cambiamenti improvvisi nella nostra routine possono renderci un po' ansiosi. Fornirci un ambiente sicuro e confortevole, coinvolgerci in attività interattive e offrire stimolazione mentale attraverso puzzle o esercizi di allenamento può aiutare ad alleviare l'ansia che possiamo provare. La tua presenza amorevole e la tua rassicurazione significano tantissimo per noi!

Ah, non dimentichiamoci delle nostre simpatie e antipatie. Noi setter inglesi adoriamo assolutamente stare all'aria aperta ed esplorare le meraviglie della natura! Che si tratti di lunghe passeggiate nel parco, di escursioni lungo sentieri panoramici o di giocare

Esplora il lato oscuro della vita dei cani

andare a prendere in ampi spazi aperti, prosperiamo nelle avventure all'aria aperta. Apprezziamo anche il tempo di legame di qualità con te, assaporando ogni momento di affetto e attenzione che ci dai.

Quando è il momento di riposare, apprezziamo il nostro piacevole pisolino. In genere abbiamo bisogno di circa 12-14 ore di sonno al giorno per ricaricare la nostra energia e ringiovanire il nostro corpo. Quindi, non sorprenderti se ci trovi a sonnecchiare in un posto soleggiato vicino alla finestra o rannicchiati sulla cuccia del nostro cane preferito, sognando di inseguire uccelli e scodinzolare con gioia.

Per quanto riguarda la sistemazione abitativa, noi Setter Inglesi possiamo adattarci bene a vari ambienti purché disponiamo di ampie opportunità di esercizio fisico e di stimolazione mentale. Che si tratti di un ampio cortile dove possiamo sgranchirci le gambe o di una casa accogliente con tanti giocattoli interattivi, saremo felici se circondati dal tuo amore e dalle tue cure.

Per garantire il nostro benessere, è importante fornire esercizio fisico regolare, stimolazione mentale e socializzazione. Ci piace impegnarci in attività che mettono alla prova la nostra mente e il nostro corpo. Le passeggiate quotidiane, i momenti di gioco senza guinzaglio in aree sicure e i corsi di addestramento all'obbedienza sono tutti ottimi modi per mantenerci felici e soddisfatti.

In conclusione, caro essere umano, noi setter inglesi siamo gentili, leali e pieni di gioia di vivere. La nostra eredità di caccia, i suoni unici e la natura amorevole ci rendono compagni davvero speciali. Con la tua cura, attenzione e tanti massaggi sulla pancia, saremo i setter inglesi più felici del mondo!

Quindi, intraprendiamo insieme una vita di avventure memorabili piene di code scodinzolanti, baci bagnati e amore infinito. Preparati per un legame che scalderà il tuo cuore e porterà gioia infinita nella tua vita!

Tanto amore e coda scodinzolante,
Il tuo setter inglese

Una guida indispensabile per gli amanti dei cani

Capitolo 14

Pastore tedesco

Woof! Woof!! Ehi, mio amico umano! È il tuo amico pastore tedesco, pronto a svelare tutto ciò che devi sapere su noi GSD. Sei pronto per un'avventura davvero fantastica? Immergiamoci subito!

Per prima cosa parliamo della nostra razza. Noi pastori tedeschi abbiamo una ricca eredità come cani da lavoro. Cresciuti per essere intelligenti, leali e versatili, siamo come i supereroi del mondo dei cani! Dal lavoro di polizia e militare alle missioni di ricerca e salvataggio, ci siamo dimostrati più e più volte compagni coraggiosi e devoti.

Ora parliamo del nostro linguaggio unico di suoni. Oh, i suoni che produciamo sono piuttosto affascinanti! Abbiamo un repertorio di latrati, lamenti e ululati per comunicare con te. Quando emettiamo un latrato breve e acuto, di solito è il nostro modo di dire: **Ehi, presta attenzione! Sta succedendo qualcosa di importante!** E quando emettiamo un ringhio basso e rimbombante, potrebbe significare che ci sentiamo protettivi o attenti a potenziali pericoli.

Per quanto riguarda l'ansia, noi pastori tedeschi a volte diventiamo leggermente ansiosi in determinate situazioni. Rumori forti, ambienti non familiari o la separazione dai nostri cari possono farci sentire a disagio. Calmarci con parole gentili, creare uno spazio accogliente e sicuro per noi e introdurci gradualmente a nuove esperienze può contribuire notevolmente ad alleviare le nostre preoccupazioni. La tua presenza calma e rassicurante significa tutto per noi, caro essere umano!

Ah, non dimentichiamoci delle nostre simpatie e antipatie. Noi GSD amiamo naturalmente le attività che coinvolgono la nostra mente e il nostro corpo. Che si tratti di giocare a prendere, fare lunghe passeggiate o partecipare ad allenamenti di obbedienza, prosperiamo grazie alla stimolazione mentale e fisica. Siamo

Esplora il lato oscuro della vita dei cani

La pagina esplicativa del tuo cane

conosciuti per il nostro desiderio di compiacere, quinditrascorrere del tempo di qualità con noi e sfidarci con nuovi compiti ci farà scodinzolare di gioia!

Quando è il momento di riposare, noi GSD apprezziamo il nostro sonno di bellezza proprio come qualsiasi altro cucciolo. Abbiamo bisogno di circa 12-14 ore di ripetizione per ricaricare le batterie ed esprimere il meglio di noi stessi. Quindi non stupitevi se ci troverete rannicchiati in un angolo accogliente della casa, a sognare emozionanti avventure e a proteggere i nostri cari.

Per quanto riguarda la sistemazione abitativa, noi pastori tedeschi possiamo adattarci bene sia agli ambienti interni che a quelli esterni. Tuttavia, prosperiamo quando abbiamo accesso a un'area esterna sicura per sgranchirci le gambe e bruciare le nostre energie. Un cortile con un'alta recinzione è l'ideale per noi, poiché ci permette di esplorare e custodire il nostro territorio.

Per garantire la nostra felicità e il nostro benessere, i proprietari devono fornirci esercizio fisico e mentale, allenamento costante e socializzazione fin dalla tenera età. I metodi di allenamento con rinforzo positivo fanno miracoli per noi, poiché rispondiamo bene alle lodi e alle ricompense. Un ambiente amorevole e strutturato, tanti massaggi sulla pancia e tempo di gioco ci renderanno i pastori tedeschi più felici del quartiere!

In conclusione, caro essere umano, noi pastori tedeschi siamo compagni leali, intelligenti e protettivi. La storia della nostra razza, i suoni unici e le esigenze specifiche ci rendono davvero speciali. Ricorda, guardiamo a te per amore, guida e senso di scopo. Con la tua pazienza, comprensione e dedizione, saremo gli amici pelosi più devoti che potresti mai desiderare!
Quindi, intraprendiamo insieme questo incredibile viaggio, mio amico umano. Creeremo un legame che durerà tutta la vita, pieno di avventure indimenticabili, gioiose code scodinzolanti e amore infinito. Insieme possiamo conquistare qualsiasi cosa!

Tanto amore e baffi protettivi,
Il tuo pastore tedesco

Una guida indispensabile per gli amanti dei cani

Capitolo 14

Golden retriever

Woof! Woof!! Ciao, mio amico umano! Il tuo amico Golden Retriever è qui, pronto a condividere tutto ciò che devi sapere su di noi Golden. Preparati per un bel momento scodinzolante!

Per prima cosa, tuffiamoci nella nostra razza. I Golden Retriever sono noti per la nostra natura amichevole e gentile. Abbiamo una ricca storia come cani da riporto, originariamente allevati per andare a prendere uccelli acquatici per i cacciatori. Ma al giorno d'oggi, siamo più interessati a prendere le pantofole o una pallina da tennis durante il gioco!

Ora parliamo del nostro linguaggio unico di suoni. Oh, i suoni che produciamo sono musica per le tue orecchie! Dai nostri abbaiari di gioia entusiasti ai nostri guaiti felici e alle code scodinzolanti, abbiamo sempre un modo per esprimere la nostra gioia. Lasciarsi sfuggire un lieve lamento o un piagnucolio potrebbe significare che ci sentiamo ansiosi o che cerchiamo attenzione. E quando emettiamo un lungo sospiro di soddisfazione, è il nostro modo di dire: **La vita è bella, mio umano!**

Quando si tratta di ansia, noi Golden possiamo essere anime sensibili. Potremmo sentirci a disagio in situazioni nuove o sconosciute, o durante i temporali o i fuochi d'artificio. Offrirci rassicurazione, una pacca confortante sulla testa e un posto accogliente dove riposare può fare molto per alleviare le nostre preoccupazioni. Prosperiamo del tuo amore e della tua attenzione e ci aiuta a sentirci sicuri e protetti.

Ora parliamo delle nostre simpatie e antipatie. I Golden Retriever sono famosi per il nostro amore per l'acqua! Sguazzare nei laghi, negli stagni o anche in una piscina per bambini è pura felicità per noi. Abbiamo le zampe palmate, che ci

Esplora il lato oscuro della vita dei cani

rendono ottimi nuotatori. Quindi, se hai voglia di un compagno di nuoto o di un gioco di recupero in acqua, conta su di noi!

Quando è il momento di fare un sonnellino, noi Golden sappiamo come rilassarci e ricaricarci. In genere abbiamo bisogno di circa 10-12 ore di sonno per dare il meglio di noi stessi. Quindi non sorprenderti se ci trovi rannicchiati nel posto più comodo della casa, a sognare avventure divertenti e a scodinzolare nel sonno.

I Golden sono adattabili e possono prosperare in varie sistemazioni di vita. Possiamo essere felici sia all'interno che all'esterno, purché abbiamo tanto amore, attenzione e opportunità di esercizio. Un cortile recintato in modo sicuro dove possiamo correre e giocare a prendere è come un sogno d'oro che diventa realtà!

Per mantenerci sani e felici, i proprietari devono fornirci esercizio fisico regolare, stimolazione mentale e allenamento di rinforzo positivo. Adoriamo imparare nuovi trucchi e compiti, quindi insegnarci comandi divertenti e sfidare il nostro cervello ci manterrà sulle spine! E, naturalmente, tanti grattini sulla pancia, grattini alle orecchie e momenti di gioco con te ci renderanno i Golden Retriever più felici sulla Terra.

In conclusione, caro essere umano, noi Golden Retriever siamo amorevoli, leali e pieni di gioia. La storia della nostra razza, il linguaggio dei suoni e le esigenze uniche ci rendono davvero speciali. Ricorda, ti consideriamo la nostra famiglia e confidiamo che tu ci fornisca un ambiente amorevole e nutriente.

Quindi, intraprendiamo insieme questo incredibile viaggio, mio amico umano. Con il tuo amore, la tua cura e qualche dolcetto delizioso, creeremo un legame che durerà tutta la vita. Preparati per una vita di code scodinzolanti, baci bagnati e infiniti momenti d'oro!

Tanto amore e coda scodinzolante,
Il tuo Golden Retriever

Una guida indispensabile per gli amanti dei cani

Alano

Woof! Woof!! Ciao, mio amico umano! È il tuo amichevole compagno Alano, qui per condividere tutti i fantastici dettagli sulla nostra maestosa razza. Preparati per un'alta storia di amore e lealtà!

Cominciamo con il background della nostra razza. Gli alani sono giganti dal cuore d'oro. Abbiamo una ricca storia, originaria dell'antica Grecia e della Germania. Allevati come cani da caccia e poi come leali protettori, abbiamo una presenza regale e una natura gentile che ci rendono irresistibili per tutti quelli che incontriamo.

Ora parliamo del nostro linguaggio unico di suoni. Anche se potremmo non essere i cani più vocali, comunichiamo attraverso una gamma di suoni deliziosi. Dai versi profondi e rimbombanti ai latrati giocosi e ai brontolii delicati, esprimiamo le nostre emozioni nei modi più adorabili. È il nostro modo di dire: **sono qui e ti amo!**

Quando si parla di ansia, noi alani siamo dei teneri dal cuore grande. Desideriamo il tuo amore e la tua attenzione e possiamo sentirci ansiosi se lasciati soli per lunghi periodi. Per alleviare le nostre preoccupazioni, crea uno spazio sicuro e accogliente in cui ritirarci quando sei lontano. Lasciare profumi confortanti, fornire giocattoli interattivi e ascoltare musica rilassante può aiutare a calmare le nostre anime gentili.

Non dimentichiamoci delle nostre simpatie e antipatie. Gli alani sono noti per la loro natura gentile e amichevole. Adoriamo stare con il nostro branco umano, rannicchiarci sul divano più comodo o sdraiarci sul pavimento per grattarci la pancia. Nonostante le nostre dimensioni, abbiamo la reputazione di essere dei giganti buoni e di essere ottimi compagni di famiglia.

La pagina esplicativa del tuo cane

Quando è il momento di prendere qualche Z, noi alani prendiamo sul serio il nostro sonno. Abbiamo bisogno di circa 14-16 ore di sonno di bellezza al giorno per ricaricare le nostre grandi batterie. Potresti trovarci rannicchiati nell'angolo più accogliente della casa, a sonnecchiare e a sognare dolcetti e avventure. Un morbido letto adatto a un re o a una regina è proprio ciò di cui abbiamo bisogno per svegliarci riposati e pronti per il divertimento!

Per quanto riguarda la sistemazione in vita, noi alani siamo adattabili e possiamo prosperare in vari ambienti. Anche se apprezziamo avere un cortile spazioso per sgranchirci le nostre lunghe gambe, siamo anche contenti di vivere in appartamenti o case più piccole purché facciamo molto esercizio quotidiano e stimolazione mentale. Passeggiate regolari, momenti di gioco e giochi interattivi ci manterranno felici e in salute.

Per garantire il nostro benessere, i proprietari devono fornirci un'adeguata formazione e socializzazione fin dalla giovane età. Anche se possiamo sembrare imponenti, siamo gentili e desiderosi di compiacere. I metodi di allenamento con rinforzo positivo funzionano meglio per noi, poiché rispondiamo bene alle lodi, alle ricompense e alla guida gentile. Con pazienza, costanza e tante prelibatezze, diventeremo gli alani più educati!

In conclusione, caro essere umano, noi alani siamo l'emblema dell'amore e della lealtà. La nostra statura maestosa, i suoni unici e la natura gentile ci rendono davvero speciali. Con il tuo amore, la tua cura e la comprensione dei nostri bisogni, saremo i tuoi compagni per tutta la vita, sempre pronti a riempire le tue giornate con baci bavosi, scodinzolanti e infinite coccole.

Allora, sei pronto per intraprendere una grande avventura con il tuo amico alano? Esploriamo il mondo insieme, creiamo ricordi e proviamo la gioia di avere un gigante gentile al tuo fianco. Preparati per un viaggio straordinario pieno di amore, risate e momenti commoventi!

Tanto amore e baci bavosi,
Il tuo alano

Una guida indispensabile per gli amanti dei cani

Capitolo 14

Labrador retriever

Woof! Woof!! Ehi, mio amico umano! È il tuo amico Labrador Retriever, pronto a vuotare il sacco su tutto ciò che devi sapere su di noi Labs. Allacciate le cinture per divertirvi abbaiando!

Per prima cosa parliamo della nostra razza. Noi Labs abbiamo una storia affascinante. Originariamente allevati come cani da lavoro, abbiamo un forte background genetico come retriever. Che si tratti di andare a prendere delle anatre o delle tue pantofole preferite, abbiamo l'istinto naturale di recuperare gli oggetti e riportarteli. Siamo come i supereroi pelosi del mondo fetch!

Ora tuffiamoci nel nostro linguaggio unico di suoni. Oh, i diversi suoni che produciamo! Dai latrati felici agli adorabili lamenti, abbiamo un bel repertorio vocale. Quando abbaiamo con suoni brevi e acuti, di solito è il nostro modo di dire: **Ehi, presta attenzione! Sta succedendo qualcosa di emozionante!** E quando emettiamo un lungo e triste ululato, potremmo esprimere il nostro desiderio o chiamare i nostri amici pelosi in lontananza.

Quando si tratta di ansia, a volte noi Labrador possiamo avere un caso di nervosismo. Rumori forti come i temporali o i fuochi d'artificio possono farci tremare di paura. Calmarci con parole gentili, fornirci un rifugio accogliente in cui rannicchiarci e magari anche ascoltare della musica rilassante può fare miracoli per alleviare le nostre preoccupazioni. Ricorda, ti consideriamo il nostro supereroe umano, quindi la tua presenza confortante significa molto per noi!

Ah, non dimentichiamoci delle nostre simpatie e antipatie. I officina sono noti per il nostro amore per l'acqua! Sguazzare nei laghi, nei fiumi o anche nella piscina per bambini nel cortile sul retro è pura felicità per noi. Abbiamo le zampe palmate, lo sai

Esplora il lato oscuro della vita dei cani

ci rende ottimi nuotatori. Guarda quelle espressioni felici che scodinzolano mentre ci immergiamo!

Quando è l'ora del riposino, noi Labs siamo dei veri professionisti. Abbiamo bisogno del nostro sonno di bellezza, e non ci vergogniamo di ammetterlo! Circa 12-14 ore di snooze sono sufficienti per ricaricare le batterie. Quindi non stupitevi se ci troverete rannicchiati nell'angolo più intimo della casa, a sognare di inseguire scoiattoli e palline da tennis.

Per quanto riguarda la disposizione abitativa, i Labs possono adattarsi bene sia agli ambienti interni che esterni. Siamo cuccioli versatili che possono prosperare in vari contesti. Tuttavia, godiamo dell'accesso a un'area esterna sicura per esplorare e bruciare un po' di energia. Un ampio cortile con spazio per muoversi sarebbe per noi un sogno diventato realtà.

Per garantire il nostro benessere, i proprietari devono fornirci stimolazione mentale, formazione costante e socializzazione fin dalla tenera età. I metodi di allenamento con rinforzo positivo fanno miracoli per noi, poiché rispondiamo bene alle lodi e alle ricompense. Una routine strutturata, un esercizio fisico regolare e tanto amore e affetto ci renderanno i Lab più felici del quartiere!
In conclusione, noi Labs siamo leali, amorevoli e pieni di vita. La storia della nostra razza, il background genetico e il linguaggio dei suoni unico ci rendono davvero speciali. Ricorda, cerchiamo in te amore, cura e comprensione. Con la tua guida, pazienza e tanti grattini sulla pancia, saremo i Lab più felici del mondo!

Ricorda, ogni Labrador è unico e le nostre esigenze possono variare. È sempre una buona idea consultare un veterinario o un addestratore di cani professionista per ricevere indicazioni e consigli personalizzati basati sulle nostre personalità individuali.

Bene, mio caro essere umano, spero che questo piccolo sguardo al mondo dei Labrador Retriever ti abbia fatto sorridere. Siamo leali, amorevoli e pieni di gioia infinita. Quindi, intraprendiamo insieme una vita di avventure, piena di code scodinzolanti, baci bavosi e amore incondizionato.

Tanto amore e baci bavosi,
Il tuo Labrador Retriever

Una guida indispensabile per gli amanti dei cani

Capitolo 14   169

Leonberger

Woof! Woof!! Ciao a tutti, sono il tuo amico peloso, il Leonberger, qui per condividere tutte le cose meravigliose sulla nostra maestosa razza. Preparati per un fantastico viaggio pieno di amore, lealtà e tanto divertimento! Per prima cosa, parliamo del nostro aspetto.

Siamo grandi, soffici e davvero belli. Con la nostra criniera da leone, i nostri occhi espressivi e la nostra espressione gentile, possiamo girare la testa ovunque andiamo. Essendo una delle razze di cani più grandi, siamo forti e robusti, ma allo stesso tempo gentili e aggraziati. Ma non è solo il nostro aspetto a renderci speciali.

Siamo conosciuti per la nostra natura amichevole e amorevole. Siamo veri cani di famiglia, sempre desiderosi di compiacere e profondamente devoti al nostro branco umano. Siamo fantastici con i bambini, pazienti e gentili, rendendoci compagni ideali per i più piccoli. Il nostro comportamento calmo e paziente ci rende anche ottimi cani da terapia, portando conforto e gioia a chi ne ha bisogno. Intelligenza? Scommetti!

Apprendiamo velocemente e prosperiamo grazie alla stimolazione mentale. Addestrarci è un gioco da ragazzi, soprattutto quando usi tecniche di rinforzo positivo come dolcetti e lodi. Siamo sempre pronti ad apprendere nuovi trucchi e compiti ed eccelliamo nell'obbedienza, nel monitoraggio e persino nelle attività di salvataggio in acqua. Mantenere le nostre menti impegnate e stimolate è la chiave della nostra felicità e del nostro benessere.

Ora parliamo del nostro amore per l'acqua. Siamo nuotatori nati e ci godiamo un bel tuffo nel lago o un tuffo in piscina. Il nostro spesso doppio cappotto ci tiene al caldo anche in acque fredde, rendendo il nuoto uno dei nostri passatempi preferiti. Quindi, se stai cercando un amico peloso che si unisca a te nelle avventure acquatiche, siamo pronti a tuffarcisi subito!

Esplora il lato oscuro della vita dei cani

Quando si tratta di ansia, alcuni di noi Leonberger possono essere un po' sensibili. Rumori forti, cambiamenti nella routine o essere lasciati soli per lunghi periodi possono farci sentire un po' a disagio. Fornirci un ambiente calmo e sicuro, tanto esercizio fisico e tanto tempo di qualità con la nostra famiglia umana può aiutare ad alleviare le nostre preoccupazioni. Apprezziamo avere una routine ed essere inclusi nelle attività familiari per continuare a scodinzolare felicemente.

In termini di sistemazioni di vita, siamo cani adattabili. Anche se ci piace avere un'area spaziosa dove sgranchirci le zampe, possiamo adattarci a vari ambienti di vita purché facciamo esercizio fisico regolare e tanto amore e attenzione da parte dei nostri umani. Forniscici sufficiente stimolazione mentale e fisica per mantenerci contenti e felici.

In conclusione, caro essere umano, noi Leonberger siamo amorevoli, leali e pieni di forza gentile. Il nostro aspetto maestoso, la natura amichevole e l'intelligenza ci rendono compagni fantastici per famiglie di tutte le dimensioni. Con il tuo amore, le tue cure e tanti graffi sul mento, saremo i Leonberger più felici del mondo! Quindi, intraprendiamo insieme una vita di avventure, piena di code scodinzolanti, grandi abbracci da orso e amore infinito.

Ti mando enormi abbracci pelosi e baci bavosi,
Il tuo Leonberger

Una guida indispensabile per gli amanti dei cani

Capitolo 14

maltese

Woof! Woof!! Ciao, caro amico umano! Il tuo delizioso compagno maltese è qui, pronto a condividere tutti i morbidi dettagli sulla nostra meravigliosa razza. Preparatevi per un viaggio davvero affascinante nel mondo dei cani maltesi!

Cominciamo con il background della nostra razza. I cani maltesi sono una razza antica con un'eredità reale. Da secoli siamo compagni preziosi della nobiltà e dell'aristocrazia. I nostri camici bianchi setosi e il nostro aspetto elegante ci rendono come palline di lanugine ambulanti che portano eleganza e grazia ovunque andiamo.

Ora parliamo del nostro linguaggio unico di suoni. Oh, i suoni che produciamo! Abbiamo un vasto repertorio vocale, da dolci latrati a squittii giocosi e ringhi occasionali. Usiamo questi suoni per esprimere la nostra eccitazione, gioia e, talvolta, per farti sapere se abbiamo bisogno di qualcosa. Ascolta attentamente e capirai la nostra adorabile lingua maltese!

Quando si tratta di ansia, noi cani maltesi possiamo essere anime sensibili. I cambiamenti nella routine, la separazione dai nostri cari o l'incontro con situazioni sconosciute possono renderci ansiosi. Fornire un ambiente calmo e amorevole, rassicurazioni gentili e tante coccole può fare miracoli per alleviare le nostre preoccupazioni. La tua presenza e il tuo affetto significano tantissimo per noi, ed è il nostro più grande conforto durante quei momenti di ansia.

Ah, non dimentichiamoci delle nostre simpatie e antipatie. Noi cani maltesi adoriamo assolutamente essere sotto i riflettori! Amiamo l'attenzione, le coccole e l'essere al centro del tuo mondo. Che tu stia rannicchiandoti sulle tue ginocchia, accompagnandoti nelle avventure o mostrando i nostri affascinanti trucchi, prosperiamo grazie al tuo amore e alla tua ammirazione.

Esplora il lato oscuro della vita dei cani

Quando è il momento di rilassarsi, noi cani maltesi apprezziamo il nostro piacevole pisolino. In genere abbiamo bisogno di circa 12-14 ore di sonno di bellezza al giorno per ricaricare le nostre batterie eleganti. Quindi non stupitevi se ci troverete accoccolati nei più morbidi cuscini o rannicchiati in una calda coperta, a sognare deliziose avventure.

Per quanto riguarda la nostra sistemazione in casa, i cani maltesi sono adatti alla vita in casa. Siamo perfettamente contenti di appartamenti, condomini o case, purché abbiamo la tua amorevole presenza e uno spazio confortevole da chiamare nostro. Ci piace essere compagni di casa e apprezziamo gli angoli accoglienti e i letti morbidi che ci fornisci.

Per garantire il nostro benessere, è essenziale riservarci cure e cure regolari. I nostri bellissimi camici bianchi richiedono una spazzolatura quotidiana per evitare la formazione di opacità e viaggi regolari dal toelettatore per tagli e manutenzione. Apprezziamo anche gli esercizi delicati, come brevi passeggiate e sessioni di gioco interattive, per stimolarci fisicamente e mentalmente.

In conclusione, caro essere umano, noi cani maltesi siamo un fascio di amore, eleganza e fascino. La nostra ricca storia, i suoni unici e la natura affettuosa ci rendono compagni davvero speciali. Con la tua cura, attenzione e tante dolci coccole, saremo i cani maltesi più felici del quartiere.

Quindi, intraprendiamo insieme una vita di deliziose avventure piene di risate, coccole e amore incondizionato. Preparati per un legame straordinario che porterà gioia e un sorriso nel tuo cuore!

Tanto amore e coda scodinzolante,
Il tuo maltese

Capitolo 14

Schnauzer nano

Ehi, amico mio in miniatura! È il tuo amico Schnauzer nano qui, che scodinzola per l'eccitazione per raccontarti tutto di noi favolosi cuccioli. Preparati per un'avventura in miniatura!

Per prima cosa parliamo della nostra razza. Noi Schnauzer nani siamo piccoli di taglia ma di grande personalità. Con il nostro caratteristico viso barbuto e le orecchie a punta, è difficile non notarci! Originariamente allevati in Germania, eravamo ratters e cani da fattoria, noti per il nostro acuto senso dell'olfatto e la capacità di tenere a bada fastidiose creature.

Ora parliamo del nostro stile di comunicazione. Siamo piuttosto un gruppo vocale! Dai latrati e gli urli ai brontolii e agli ululati, abbiamo molti suoni con cui esprimerci. Potremmo emettere una serie di abbai gioiosi se siamo eccitati o desideriamo la tua attenzione. E quando ci sentiamo protettivi o sospettosi, un abbaio profondo e autorevole è il nostro modo per farti sapere che qualcosa non va.

L'ansia a volte può arruffare il nostro pelo di schnauzer, soprattutto se non riceviamo abbastanza stimoli mentali o se non ci lasciamo soli per lunghi periodi. Ci piace far parte della famiglia e ci piacciono le attività che coinvolgono le nostre menti acute. Puzzle interattivi, addestramento all'obbedienza e momenti di gioco regolari con te sono essenziali per renderci felici e contenti.

Parliamo delle nostre simpatie e antipatie! Siamo conosciuti per la nostra natura amichevole e giocosa, sempre pronti a unirci al divertimento. Adoriamo trascorrere del tempo di qualità con i nostri umani preferiti, sia facendo una piacevole passeggiata intorno all'isolato sia rannicchiandoci sul divano per un po' di Netflix e qualche dolcetto. Oh, e ho già detto che abbiamo un'affinità naturale

Esplora il lato oscuro della vita dei cani

con i giocattoli che cigolano? Tirano fuori il nostro cucciolo interiore e ci fanno divertire per ore!

Quando si tratta di dormire, siamo abbastanza flessibili. Abbiamo bisogno di circa 12-14 ore di chiusura ogni giorno, ma siamo adattabili per adattarci al tuo programma. Che si tratti di rannicchiarsi in un letto accogliente o di sonnecchiare accanto a te, troveremo il posto perfetto per ricaricarti e sognare di inseguire scoiattoli o giocare a riportare.

Per quanto riguarda la sistemazione abitativa, siamo cani versatili che si adattano bene alla vita in appartamento o in una casa con cortile. Tuttavia, l'esercizio fisico regolare è fondamentale per mantenerci in perfetta forma. Le passeggiate quotidiane, le sessioni di gioco interattive e le sfide mentali come l'allenamento all'obbedienza o i corsi di agilità sono modi fantastici per mantenere attivi la nostra mente e il nostro corpo.

Per mantenerci al meglio, è importante fornirci una dieta equilibrata, una toelettatura regolare per mantenere i nostri cappotti eleganti e socializzazione fin dalla tenera età. I metodi di allenamento con rinforzo positivo fanno miracoli per noi, poiché prosperiamo con lodi e ricompense. Con la tua guida paziente, amore e affetto, saremo lo Schnauzer nano più felice del quartiere!

In conclusione, mio caro compagno umano, noi Schnauzer nani siamo piccoli ma potenti. La nostra personalità vivace, il nostro aspetto distintivo e l'amore per la vita ci rendono un'aggiunta affascinante a qualsiasi famiglia. Con il tuo amore, la tua attenzione e qualche carezza sulla pancia, saremo compagni leali e pelosi fagottini di gioia.

Quindi, intraprendiamo insieme un viaggio avventuroso! Sono qui, scodinzolando, pronto a esplorare il mondo al tuo fianco, condividendo infinite coccole e creando ricordi che scalderanno i nostri cuori per gli anni a venire.

Urla e scodinzolanti,
Il tuo Schnauzer nano

Una guida indispensabile per gli amanti dei cani

Capitolo 14

Elkhound norvegese

Woof! Woof!! Il tuo amico peloso, il norvegese Elkhound, è qui per condividere tutte le cose meravigliose sulla nostra straordinaria razza. Preparati per un momento davvero divertente, pieno di lealtà, intelligenza e avventura!

Per prima cosa, parliamo della nostra eredità. Abbiamo una storia orgogliosa come antichi cani da caccia nordici. Originariamente siamo stati allevati per aiutare nella caccia alla selvaggina di grossa taglia, come alci e orsi, e il nostro acuto senso dell'olfatto e la determinazione ci rendono eccellenti segugi.

Siamo conosciuti per la nostra resistenza, agilità e capacità di navigare su terreni accidentati. I nostri antenati vagavano per le foreste della Norvegia e oggi portiamo quello spirito impavido nella nostra vita quotidiana. Come compagni, siamo incredibilmente leali e protettivi nei confronti del nostro branco umano. Creiamo legami profondi con le nostre famiglie e siamo sempre pronti a stare al tuo fianco. Il nostro abbaio forte e potente ci rende ottimi cani da guardia, avvisandoti di ogni potenziale pericolo. Stai tranquillo, con noi in giro ti sentirai sempre sicuro e protetto.

L'intelligenza è uno dei nostri punti di forza. Apprendiamo velocemente e amiamo le sfide mentali. Addestrarci è un gioco da ragazzi, soprattutto quando si utilizzano metodi di rinforzo positivo. Prosperiamo di lodi, dolcetti e attività coinvolgenti. Con un allenamento costante e molta stimolazione mentale, ti stupiremo con le nostre capacità di risoluzione dei problemi e l'obbedienza.

Ora parliamo del nostro bellissimo doppio cappotto. La nostra folta pelliccia ci tiene al caldo anche nei climi più rigidi. Richiede una toelettatura regolare per mantenerlo in perfetta forma e prevenire la stuoia. Perdiamo pelo moderatamente tutto l'anno e abbiamo un periodo di muta stagionale in cui avremo bisogno di un

Esplora il lato oscuro della vita dei cani

po' più di spazzolatura per mantenere il nostro mantello al meglio. È un piccolo prezzo da pagare per il nostro magnifico aspetto!

Quando si tratta di ansia, alcuni di noi Elkhound norvegesi possono essere un po' sensibili. Essere lasciati soli per lunghi periodi o avvertire forti rumori può farci sentire un po' a disagio. Fornirci un ambiente calmo e sicuro, tanto esercizio fisico e stimolazione mentale ci aiuterà ad alleviare le nostre preoccupazioni. Apprezziamo avere una routine ed essere inclusi nelle attività familiari per continuare a scodinzolare felicemente.

In termini di sistemazione della vita, siamo cani versatili. Anche se ci piace avere uno spazio esterno sicuro da esplorare, possiamo adattarci bene a diversi ambienti di vita purché facciamo molto esercizio fisico e stimolazione mentale. Siamo una razza attiva e prosperiamo in famiglie che possono fornirci attività fisiche regolari e sfide mentali.

In conclusione, caro essere umano, noi Elkhound norvegesi siamo leali, intelligenti e avventurosi. La nostra ricca storia di cani da caccia e la nostra natura amorevole ci rendono compagni meravigliosi per coloro che apprezzano i nostri tratti unici. Con il tuo amore, le tue cure e tante avventure all'aria aperta, saremo gli Elkhound norvegesi più felici del mondo! Quindi, intraprendiamo insieme una vita di emozionanti avventure, piene di code scodinzolanti, energia illimitata e amore incondizionato.

Ti mando tanti abbracci pelosi e scodinzolii entusiasti,
Il tuo Elkhound norvegese

Capitolo 14

Barboncino (Standard/Mini/Giocattolo)

Woof! Woof!! Ehi, mio amico umano! È il tuo amico barboncino, pronto a entrare nel tuo cuore e condividere tutto ciò che devi sapere su noi barboncini. Preparati per un'avventura emozionante!

Per prima cosa parliamo della nostra razza. I barboncini sono disponibili in tre dimensioni: standard, miniatura e giocattolo. Siamo conosciuti per i nostri lussuosi cappotti ricci o cordonati e per il nostro aspetto elegante e sofisticato. Non lasciarti ingannare dal nostro aspetto fantasioso: siamo cuccioli giocosi e intelligenti!

Ora tuffiamoci nel nostro linguaggio unico di suoni. Noi Barboncini siamo piuttosto espressivi! Comunichiamo con una vasta gamma di suoni, da deboli lamenti e latrati a guaiti eccitati e ringhi giocosi. Quando emettiamo una serie di abbai giocosi, spesso è il nostro modo di dire: **divertiamoci!** E quando emettiamo un ringhio basso e rimbombante, potrebbe essere il nostro modo di dirti che ci sentiamo un po' ansiosi o incerti.

Quando si tratta di ansia, alcuni barboncini possono essere inclini all'ansia da separazione. Siamo cani altamente socievoli che prosperano grazie alla compagnia umana. Quindi, i nostri umani devono fornirci molti stimoli mentali e fisici e un ambiente sicuro e confortevole quando sei lontano. Giocattoli interattivi, giochi puzzle e stabilire una routine possono aiutare ad alleviare l'ansia che potremmo provare.

Parliamo delle nostre simpatie e antipatie. I barboncini sono noti per la nostra intelligenza e amore per l'apprendimento. Ci piace essere mentalmente sfidati e partecipare ad allenamenti di obbedienza, agilità e sport canini. L'esercizio fisico regolare è importante per mantenerci felici e in salute, ma non dimenticare quello

Esplora il lato oscuro della vita dei cani

mentalefai anche esercizio fisico: insegnaci nuovi trucchi o gioca a giochi interattivi per mantenere la mente acuta!

Quando è il momento di riposare, noi Barboncini abbiamo bisogno di circa 10-12 ore di sonno ogni giorno. Apprezziamo avere un posto accogliente in cui rannicchiarsi, che si tratti di un morbido lettino per cani o di un morbido angolo del divano. Non amiamo niente di più che rannicchiarci vicino ai nostri umani e sognare sogni d'oro.

Per quanto riguarda la sistemazione abitativa, i barboncini sono adattabili e possono prosperare sia in ambienti interni che esterni. Anche se apprezziamo un ambiente domestico caldo e amorevole, ci piacciono anche le uscite regolari e la socializzazione con altri cani. Siamo cuccioli versatili che possono adattarsi a varie situazioni di vita, purché riceviamo l'amore e l'attenzione che desideriamo.

Per garantire il nostro benessere, i proprietari devono fornirci una toelettatura regolare, poiché i nostri mantelli ricci richiedono manutenzione per mantenerli sani e senza grovigli. L'esercizio fisico regolare e la stimolazione mentale sono fondamentali, insieme a metodi di allenamento di rinforzo positivo incentrati sull'apprendimento basato sulla ricompensa. Siamo ansiosi di compiacere e di rispondere bene alle lodi e ai dolcetti!
In conclusione, cari umani, noi Barboncini siamo giocosi, intelligenti e affascinanti. Le dimensioni, i suoni e le esigenze uniche della nostra razza ci rendono davvero speciali. Ricorda, ci aspettiamo amore, cure e avventure emozionanti!

Quindi, intraprendiamo questo viaggio insieme, mio amico umano. Con la tua pazienza, comprensione e tanti grattini sulla pancia, creeremo un legame che durerà tutta la vita. Preparati a scodinzolare, morbide coccole e tanto amore per il barboncino!

Tanto amore e coda scodinzolante,
Il tuo barboncino

Una guida indispensabile per gli amanti dei cani

Capitolo 14

Cane da acqua portoghese

Woof! Woof!! Il tuo amico peloso, il cane da acqua portoghese, è qui per parlarti della nostra straordinaria razza. Preparati per un'ondata di eccitazione e un'ondata d'amore!

Siamo una razza unica con una ricca storia radicata in Portogallo, nota per il nostro amore per l'acqua e i nostri adorabili cappotti ricci. Come cani da acqua, siamo nati per nuotare!

Abbiamo zampe palmate e un doppio cappotto impermeabile che ci tiene al caldo anche in acque fredde. Siamo eccellenti nuotatori e salvavita naturali, motivo per cui da secoli siamo compagni fidati dei pescatori. Che si tratti di andare a prendere i giocattoli in piscina o di unirci a te nelle avventure in spiaggia, ci tufferemo in acqua con gioia e mostreremo le nostre impressionanti abilità natatorie! Ma non sono solo i nostri talenti acquatici a renderci speciali.

Siamo anche incredibilmente intelligenti e veloci nell'apprendimento. Addestrarci è un gioco da ragazzi, soprattutto quando si utilizzano metodi di rinforzo positivo. Adoriamo compiacere il nostro branco umano e faremo qualsiasi cosa per un dolcetto gustoso o un massaggio alla pancia. La nostra intelligenza e il desiderio di compiacerci ci rendono candidati perfetti per vari sport e attività per cani. I nostri cappotti sono uno spettacolo straordinario!

Ne esistono due varietà: ondulato e riccio. I nostri cappotti che non perdono pelo sono ipoallergenici, il che ci rende una scelta eccellente per chi soffre di allergie. Tuttavia, la nostra favolosa pelliccia richiede una toelettatura regolare per evitare che si opacizzi e mantenerla al meglio. Una piccola spazzolata, una rifinitura qua e là e voilà! Siamo pronti a mettere in mostra le nostre cose con stile.

Esplora il lato oscuro della vita dei cani

La pagina esplicativa del tuo cane

Quando si tratta di ansia, siamo generalmente una razza fiduciosa ed estroversa. Tuttavia, alcuni di noi possono essere anime sensibili e provare ansiadeterminate situazioni. Creare un ambiente calmo e sicuro per noi, fornendo molti stimoli mentali e fisici e assicurandoci di avere una routine può aiutarci a far scodinzolare felicemente. Ci piace far parte della famiglia e ci piacciono le attività che coinvolgono il nostro branco umano.

Siamo versatili quando si tratta di sistemazioni abitative. Anche se apprezziamo l'accesso a un'area esterna sicura dove possiamo sgranchirci le gambe, siamo adattabili a diverse situazioni di vita purché riceviamo molto esercizio fisico e stimolazione mentale. Ricorda solo che un cane da acqua portoghese annoiato è un dispettoso cane da acqua portoghese, quindi tienici occupati con attività divertenti!

In conclusione, caro essere umano, noi cani da acqua portoghesi siamo leali, intelligenti e pieni di avventure piene d'acqua. La nostra naturale affinità per il nuoto, i cappotti ricci e le personalità giocose ci rendono una razza come nessun'altra. Con il tuo amore, la tua attenzione e tanto divertimento pieno d'acqua, saremo i cani da acqua portoghesi più felici del mondo! Quindi, tuffiamoci insieme in una vita di gioiose scappatelle, piene di scodinzolanti, baci bagnati e amore incondizionato.

Ti mando uno spruzzo d'amore e un grande scodinzolio,
Il tuo cane da acqua portoghese

Carlino

Woof! Woof!! Ciao a tutti, mio meraviglioso amico umano! Il tuo adorabile compagno Carlino è qui, pronto a condividere tutti i fantastici dettagli sulla nostra incredibile razza. Preparati per un viaggio decisamente affascinante nel mondo dei Carlini!

Cominciamo con il background della nostra razza. I carlini sono una razza speciale con una ricca storia che risale all'antica Cina. Eravamo preziosi compagni degli imperatori cinesi e molto stimati per la nostra lealtà e le nostre deliziose personalità. Con i nostri caratteristici volti rugosi e la coda arricciata, siamo come piccoli fagottini di dolcezza che portano gioia ovunque andiamo.

Ora parliamo del nostro linguaggio unico di suoni. Oh, i suoni che produciamo! Abbiamo una vasta gamma vocale, dai nostri adorabili sbuffi e soffi ai nostri latrati giocosi e ululati occasionali. Usiamo questi suoni per esprimere la nostra eccitazione, felicità e talvolta anche per attirare la tua attenzione. Ascolta attentamente e capirai il nostro adorabile linguaggio da carlino!

Quando si tratta di ansia, noi Carlini possiamo essere anime sensibili. I cambiamenti nella routine, l'essere lasciati soli per troppo tempo o anche i rumori forti possono renderci un po' ansiosi. Fornire un ambiente calmo e protetto, tanto amore e attenzione e attenersi a una routine coerente può aiutarci a sentirci sicuri e a nostro agio. La tua presenza e il tuo affetto significano tantissimo per noi, ed è il nostro più grande conforto durante quei momenti preoccupanti.

Ah, non dimentichiamoci delle nostre simpatie e antipatie. I carlini sono noti per il nostro amore per la compagnia e le coccole! Ci piace stare al tuo fianco, rannicchiarci sulle tue ginocchia o unirci a te per una serata accogliente sul divano. Potremmo essere piccoli, ma i nostri cuori traboccano di amore e lealtà.

Esplora il lato oscuro della vita dei cani

La pagina esplicativa del tuo cane

Quando è il momento di riposare, noi Carlini prendiamo sul serio il nostro sonno di bellezza. In genere abbiamo bisogno di circa 12-14 ore di snooze ogni giorno per ricaricare le nostre adorabili batterie. Quindi, non sorprenderti se ci trovi rannicchiati nel posto più accogliente della casa, a sonnecchiare e a sognare dolcetti e grattini sulla pancia.

Per quanto riguarda le nostre sistemazioni abitative, i Carlini sono versatili e si adattano bene sia agli ambienti interni che esterni. Possiamo vivere felicemente in appartamenti, condomini o case spaziose, purché tu abbia la tua compagnia e uno spazio confortevole e rilassante. Ricorda che le temperature estreme possono essere difficili per noi, quindi assicurati di fornirci una zona fresca e accogliente durante le estati calde e coperte calde durante gli inverni freddi.

Per garantire il nostro benessere, è importante darci un esercizio fisico regolare e una dieta equilibrata. Anche se potremmo non aver bisogno di attività fisiche intense, le passeggiate quotidiane, il gioco interattivo e la stimolazione mentale sono essenziali per mantenerci felici e in salute. E, naturalmente, non dimenticare di offrirci tanti dolcetti deliziosi e massaggi occasionali sulla pancia: li adoriamo assolutamente!

In conclusione, caro essere umano, noi Carlini siamo un fascio di amore, gioia e adorabili sbuffi. La nostra storia affascinante, i suoni unici e la natura affettuosa ci rendono compagni davvero speciali. Con la tua cura, attenzione e tanti massaggi sulla pancia, saremo i piccoli carlini più felici del quartiere.
Quindi, intraprendiamo insieme una vita di momenti indimenticabili, pieni di risate, coccole e amore infinito. Preparati per un legame straordinario che porterà sorrisi sul tuo viso e calore nel tuo cuore!

Tanto amore e sbuffi,
Il tuo Carlino

Una guida indispensabile per gli amanti dei cani

Capitolo 14

rottweiler

Woof! Woof!! Ehi, mio amico umano! È il tuo fedele compagno Rottweiler, pronto a condividere tutti i fatti fantastici sulla nostra straordinaria razza. Preparati per un'avventura piena di lealtà, forza e amore infinito!

Cominciamo con il background della nostra razza. I rottweiler hanno una ricca storia come cani da lavoro versatili. Originariamente allevati in Germania, avevamo il compito di allevare il bestiame e proteggere le nostre famiglie umane. Con il nostro fisico forte e il nostro naturale istinto di guardia, siamo ottimi protettori e compagni leali.

Ora parliamo del nostro linguaggio unico di suoni. Anche se potremmo non essere i cani più vocali, comunichiamo attraverso una serie di latrati e ringhi profondi. Quando abbaiamo con un tono forte e profondo, è il nostro modo di affermare la nostra presenza e di farti sapere che siamo consapevoli di potenziali minacce. È il nostro modo di dire: **ti copro le spalle, umano!**

Quando si parla di ansia, noi Rottweiler siamo anime sensibili. Rumori forti, ambienti non familiari o separazione dai nostri amati esseri umani a volte possono farci sentire a disagio. Fornire uno spazio sicuro e protetto, utilizzare tecniche di rinforzo positivo e darci tanto amore e rassicurazione può aiutare ad alleviare la nostra ansia e farci sentire sicuri e protetti.

Non dimentichiamoci delle nostre simpatie e antipatie. I rottweiler sono noti per la nostra incrollabile lealtà e affetto verso il nostro branco umano. Ci piace far parte delle tue attività quotidiane e ci piace essere coinvolti in gite e avventure in famiglia. Adoriamo stare vicino a te, ricevere massaggi sulla pancia e mostrare la nostra devozione con dolci gomitate e baci bavosi.

Esplora il lato oscuro della vita dei cani

Quando è il momento di riposarsi e ricaricarsi, noi Rottweiler apprezziamo un posto accogliente in cui rannicchiarci. In genere abbiamo bisogno di circa 10-12 ore di sonno di qualità al giorno per mantenere la nostra mente e il nostro corpo in forma. Fornirci un letto comodo o un luogo designato in cui ritirarci e rilassarci ci aiuterà a sentirci ringiovaniti e pronti per nuove avventure.

Per quanto riguarda la sistemazione abitativa, noi Rottweiler possiamo adattarci bene a vari ambienti. Che si tratti di un cortile spazioso o di un appartamento, ciò che conta di più è avere un compagno umano amorevole e attivo. Abbiamo bisogno di esercizio fisico regolare e stimolazione mentale, quindi le passeggiate quotidiane, il tempo libero e le attività coinvolgenti ci manterranno felici ed equilibrati.

Per garantire il nostro benessere, i proprietari devono fornirci un'adeguata formazione e socializzazione fin dalla tenera età. Rispondiamo bene a tecniche di rinforzo coerenti e positive e prosperiamo quando ci vengono dati confini e aspettative chiari. Con una mano amorevole e ferma diventeremo compagni ben educati e fiduciosi, desiderosi di compiacere.

In conclusione, caro essere umano, noi Rottweiler siamo coraggiosi, leali e pieni di amore. La nostra ricca storia, i suoni unici e la natura protettiva ci rendono davvero speciali. Con il tuo amore, la tua guida e la comprensione dei nostri bisogni, saremo i compagni più devoti e fedeli che potresti mai sperare.

Allora, sei pronto per intraprendere un viaggio di lealtà e avventura con il tuo amico Rottweiler? Esploriamo il mondo insieme, affrontiamo le sfide con coraggio e creiamo ricordi che dureranno tutta la vita. Preparati per un legame che diventerà più forte ad ogni scodinzolio e ad ogni momento di gioia condivisa!

Tanto amore e baci bavosi,
Il tuo Rottweiler

Una guida indispensabile per gli amanti dei cani

Capitolo 14

Shiba Inu

Woof! Woof!! Ciao, mio compagno umano curioso e indipendente! È il tuo fedele amico Shiba Inu, qui per condividere l'affascinante mondo della nostra vivace razza. Preparati per una deliziosa esplorazione piena di fascino, determinazione e un tocco di malizia!

Cominciamo con alcune informazioni sulla razza. Noi Shiba Inu siamo di origine giapponese e abbiamo un ricco patrimonio. Il nostro aspetto da volpe, gli occhi accattivanti e il comportamento orgoglioso ci fanno girare la testa ovunque andiamo. Allevati come cani da caccia, possediamo un innato senso di indipendenza e uno spirito forte che ci distingue.

Quando si tratta di comunicazione, abbiamo il nostro modo unico di esprimerci. Non siamo i cani più vocali, ma quando parliamo, di solito è con un **Boof morbido e gentile o uno Yodel** acuto che può essere piuttosto divertente. I nostri occhi espressivi e il linguaggio del corpo sono fondamentali per comprendere i nostri stati d'animo e i nostri desideri. Un rimbalzo giocoso e una coda scodinzolante indicano la nostra eccitazione, mentre una leggera rotazione della testa può significare curiosità o un tocco di testardaggine.

Noi Shiba Inu potremmo occasionalmente provare ansia, soprattutto di fronte a situazioni non familiari o cambiamenti di routine. Fornire un ambiente calmo e prevedibile e un allenamento di rinforzo positivo ci aiuterà a sentirci sicuri. La pazienza e la comprensione contribuiscono notevolmente ad aiutarci a navigare nel mondo con fiducia. Ricorda, potremmo essere indipendenti ma abbiamo comunque bisogno del tuo amore e della tua rassicurazione.

Approfondiamo le nostre simpatie e antipatie. Noi Shiba Inu abbiamo un forte senso di avventura e curiosità. Esplorare nuovi profumi e ambienti è il passatempo preferito. Ci piacciono le lunghe passeggiate, le sessioni di gioco

Esplora il lato oscuro della vita dei cani

interattive e i puzzlegiocattoli che sfidano le nostre menti acute. La nostra natura dispettosa può portarci a nascondere i nostri giocattoli preferiti o a prenderci in giro scherzosamente durante una partita a prendere. Abbraccia il nostro senso dell'umorismo e sarai ricompensato con la nostra lealtà e felicità contagiosa.

Quando è il momento di riposare, apprezziamo avere il nostro angolo accogliente in cui ritirarci. Sebbene le nostre esigenze di sonno possano variare, in genere abbiamo bisogno di circa 12-14 ore di sonno ogni giorno. Ci troverai spesso rannicchiati in un angolo confortevole o sdraiati al sole, a ricaricare le energie per la nostra prossima avventura.

Per quanto riguarda la sistemazione abitativa, noi Shiba Inu possiamo adattarci bene sia agli ambienti interni che esterni. Tuttavia, preferiamo un cortile recintato in modo sicuro dove possiamo esplorare e soddisfare la nostra natura curiosa. La socializzazione è fondamentale per noi, poiché ci aiuta a costruire fiducia e interazioni positive con altri cani e umani. La socializzazione precoce e una formazione coerente ci aiuteranno a diventare compagni socievoli e a tutto tondo.

Per garantire il nostro benessere, i proprietari devono fornirci stimoli mentali e attività coinvolgenti. Puzzle, giochi interattivi e corsi di obbedienza che mettono alla prova le nostre menti intelligenti ci manterranno felici e contenti. I metodi di rinforzo positivo funzionano meglio per noi, poiché rispondiamo bene alle lodi e alle ricompense. Ricorda, non siamo fan dei compiti ripetitivi, quindi mantieni le nostre sessioni di allenamento divertenti e varie.

In conclusione, caro essere umano, noi Shiba Inu siamo vivaci, indipendenti e assolutamente affascinanti. Il nostro stile di comunicazione unico, l'amore per l'avventura e la lealtà ci rendono compagni davvero speciali. Con la tua pazienza, comprensione e un pizzico di giocosità, formeremo un legame indissolubile che durerà tutta la vita.

Quindi, intraprendiamo insieme un viaggio emozionante, pieno di gioia, risate e momenti indimenticabili. Sono pronto ad accompagnarti in ogni avventura, scodinzolando e condividendo il mio fascino Shiba Inu.

Con amore e un scherzo giocoso,
Il tuo Shiba Inu

Una guida indispensabile per gli amanti dei cani

Capitolo 14

Shih Tzu

Woof! Woof!! Ciao a tutti, mio meraviglioso compagno umano! Il tuo soffice e favoloso amico Shih Tzu è qui per condividere tutti i dettagli scodinzolanti sulla nostra deliziosa razza. Preparati per un viaggio pieno di fascino, compagnia e tanto amore!

Cominciamo con il background della nostra razza. Gli Shih Tzu furono originariamente allevati in Cina come compagni dei reali e da allora portiamo gioia e felicità agli esseri umani. Con i nostri bellissimi cappotti lunghi, gli occhi espressivi e il temperamento dolce, ti ruberemo sicuramente il cuore in pochissimo tempo!

Ora parliamo del nostro linguaggio unico di suoni. Anche se potremmo non essere i cuccioli più vocali, abbiamo un modo speciale di comunicare. Usiamo una serie di suoni adorabili per esprimere le nostre emozioni. Dai latrati morbidi e gentili ai graziosi grugniti e sbuffi, abbiamo un linguaggio tutto nostro. Presta attenzione al tono e all'intonazione dei nostri suoni, poiché possono comunicare se siamo eccitati, contenti o cerchiamo la tua attenzione e il tuo affetto.

Quando si tratta di ansia, noi Shih Tzu possiamo essere piccole anime sensibili. I cambiamenti nella routine, i rumori forti o la separazione dai nostri cari possono farci sentire un po' nervosi. Fornire un ambiente calmo e nutriente, mantenere coerenti le nostre routine quotidiane e inondarci di amore e rassicurazione contribuirà notevolmente a tenere a bada la nostra ansia. La tua presenza rassicurante e le tue parole gentili possono fare miracoli nel farci sentire sicuri e protetti.

Ah, non dimentichiamoci delle nostre simpatie e antipatie. Noi Shih Tzu adoriamo assolutamente trascorrere del tempo di qualità con i nostri umani. Ci piace la compagnia e amiamo essere al centro dell'attenzione. Che si tratti di rannicchiarsi sul divano, fare piacevoli passeggiate o semplicemente starti vicino

Esplora il lato oscuro della vita dei cani

mentre svolgi le tue attività.giorno, siamo più felici quando siamo al tuo fianco, crogiolandoci nel tuo amore e affetto.

Quando è il momento di far riposare le nostre zampette, apprezziamo un posto accogliente e confortevole in cui rannicchiarci. In genere abbiamo bisogno di circa 12-14 ore di sonno di bellezza ogni giorno per mantenere i nostri lussuosi cappotti al meglio e mantenere la nostra illimitata energia. Fornirci un letto morbido e lussuoso o un grembo caldo su cui fare un pisolino ci farà sentire come i reali coccolati per cui siamo nati.

Per quanto riguarda la sistemazione in vita, noi Shih Tzu siamo abbastanza adattabili. Possiamo prosperare in vari ambienti, che si tratti di un appartamento accogliente o di una casa spaziosa. Tuttavia, ricorda che non siamo progettati per attività all'aperto rigorose o condizioni meteorologiche estreme. Una routine di esercizio moderata, composta da brevi passeggiate e momenti di gioco tranquilli, ci manterrà felici e in salute.

Per garantire il nostro benessere, i proprietari devono fornirci una toelettatura regolare. I nostri cappotti lunghi e setosi richiedono una spazzolatura quotidiana per evitare grovigli e stuoie. Un viaggio dal toelettatore ogni poche settimane ci aiuterà a farci apparire al meglio e a sentirci a nostro agio. Non dimenticare di controllare le nostre adorabili orecchiette e di tenerle pulite per prevenire fastidiose infezioni.

In conclusione, caro essere umano, noi Shih Tzu siamo deliziosi, amorevoli e pieni di personalità. La nostra storia regale, i suoni unici e la natura affettuosa ci rendono davvero speciali. Con il tuo amore, cura e attenzione ai nostri bisogni, saremo i compagni più devoti e adorabili che potresti mai desiderare.

Allora, sei pronto per una vita di coccole, risate e pura gioia con il tuo amico Shih Tzu? Creiamo insieme innumerevoli ricordi felici, una coda scodinzolante e il naso bagnato alla volta. Preparati per un legame che ti scalderà il cuore e ti porterà sorrisi infiniti!

Tanto amore e baci bavosi,
Il tuo Shih Tzu

Una guida indispensabile per gli amanti dei cani

Capitolo 14

Husky siberiano

Woof! Woof!! Ciao, mio amico umano! È il tuo amico Siberian Husky, pronto a portarti in un emozionante viaggio nel mondo degli Husky. Preparatevi per un divertimento strepitoso!

Cominciamo con il background della nostra razza. I Siberian Husky furono originariamente allevati dal popolo Chukchi in Siberia per scopi di trasporto e slitta. I nostri antenati erano forti e laboriosi, costruiti per resistere e resistere al freddo clima artico. Oggi portiamo ancora quelle caratteristiche, che ci rendono compagni fantastici per le avventure all'aria aperta!

Ora parliamo del nostro linguaggio dei suoni. Oh, le vocalizzazioni uniche che abbiamo noi Huskies! Siamo conosciuti per i nostri ululati distintivi, che vanno da brevi e acuti a lunghi e melodiosi. Quando urliamo, è il nostro modo di comunicare con il nostro branco o di esprimere le nostre emozioni, come felicità, eccitazione o anche un po' di malizia!

Quando si tratta di ansia, noi Huskies a volte possiamo avere un caso di **Zoomies** quando abbiamo energia in eccesso da bruciare. L'esercizio fisico regolare e la stimolazione mentale sono fondamentali per il nostro benessere. Lunghe passeggiate, corse e sessioni di gioco interattive ci aiuteranno a mantenerci soddisfatti e a prevenire eventuali comportamenti indesiderati. Quindi, prendi il guinzaglio, allaccia le scarpe e andiamo insieme all'aria aperta!

Ora parliamo delle nostre simpatie e antipatie. Gli husky amano molto gli ampi spazi aperti e l'abbondanza di spazio da esplorare. Siamo nati per correre! Quindi, avere accesso a un cortile recintato in modo sicuro o ampie opportunità per avventure senza guinzaglio nella natura ci renderà davvero felici. Guarda la nostra eccitazione mentre attraversiamo campi, foreste e paesaggi innevati!

Esplora il lato oscuro della vita dei cani

La pagina esplicativa del tuo cane

Anche per noi Husky il sonno è importante, ma siamo un po' diversi dalle altre razze. In genere abbiamo bisogno di circa 14-16 ore di sonno ogni giorno, ma possiamo essere un po' più flessibili con i nostri schemi di sonno. Potresti trovarci a fare dei sonnellini veloci durante il giorno e poi a goderci un buon sonnellino di notte. Si tratta di trovare l'equilibrio perfetto tra riposo e gioco!

Per quanto riguarda la sistemazione abitativa, noi Huskies possiamo adattarci sia ad ambienti interni che esterni. Tuttavia, grazie al nostro forte istinto e agli alti livelli di energia, prosperiamo in case con proprietari attivi che possono fornirci molto esercizio fisico e stimolazione mentale. Un ampio cortile o l'accesso ai parchi e ai sentieri vicini è per noi un sogno che diventa realtà!

Per garantire il nostro benessere, i proprietari devono comprendere i nostri istinti naturali. Gli husky sono pensatori intelligenti e indipendenti, quindi un allenamento di rinforzo coerente e positivo è fondamentale. Rispondiamo bene ai metodi basati sulla ricompensa e prosperiamo con le sfide mentali, come i puzzle o l'addestramento all'obbedienza. Possiamo essere i compagni più leali e ben educati con la giusta guida e tanto amore.

In conclusione, caro essere umano, noi Huskies siamo avventurosi, giocosi e pieni di amore. Il background della nostra razza, le vocalizzazioni uniche e la necessità di attività all'aria aperta ci rendono davvero speciali. Con il tuo amore, cura e impegno nel fornirci uno stile di vita attivo e stimolante, saremo i compagni più felici e devoti che si possano immaginare!

Allora, sei pronto per intraprendere avventure emozionanti con il tuo amico Siberian Husky? Conquisteremo insieme i sentieri, esploreremo nuovi territori e creeremo ricordi indimenticabili. Preparati a scodinzolare, ululati gioiosi e una vita di amore per gli Husky!

Tanto amore e baci bavosi,
Il tuo Husky siberiano

Una guida indispensabile per gli amanti dei cani

Staffordshire Bull Terrier

Woof! Woof!! Ehi, mio meraviglioso amico umano! Il tuo amico Staffordshire Bull Terrier è qui, pronto a raccontarti tutte le cose fantastiche sulla nostra razza. Preparatevi per una fantastica avventura!

Cominciamo con il nostro background. Gli Staffordshire Bull Terrier, spesso chiamati Staffie in breve, sono noti per la nostra natura amichevole e affettuosa. Abbiamo una ricca storia di cani da lavoro coraggiosi e leali, originariamente allevati per il bullbaiting. Nel corso del tempo, ci siamo evoluti in compagni di famiglia gentili e amorevoli, conquistando i cuori con i nostri adorabili sorrisi e scodinzolando.

Quando si tratta di comunicazione, non siamo il gruppo più tranquillo. Amiamo esprimere la nostra felicità ed eccitazione attraverso latrati giocosi, grugniti e persino ululati occasionali. I nostri volti espressivi e le code scodinzolanti mostrano il nostro entusiasmo per la vita e il nostro amore per gli esseri umani. Oh, e ho già menzionato il nostro famoso sorriso di Staffie? Può rallegrare anche le giornate più uggiose!

L'ansia è qualcosa che può colpire chiunque di noi, incluso Staffie. A volte possiamo sentirci ansiosi di fronte a rumori forti, nuovi ambienti o alla separazione dai nostri amati esseri umani. I nostri esseri umani devono fornire un ambiente calmo e sicuro, offrire rinforzi positivi ed esporci gradualmente a nuove esperienze per aiutarci a creare fiducia. La tua comprensione e pazienza significano tantissimo per noi!

Ora parliamo di ciò che rende veramente felici noi Staffie. Viviamo con l'amore, l'attenzione e tanto tempo per giocare! Adoriamo far parte di una famiglia attiva e affettuosa, godendoci passeggiate quotidiane, giochi interattivi e sessioni di allenamento. La stimolazione mentale e fisica è la chiave per mantenerci felici e

La pagina esplicativa del tuo cane

contenti. Oh, e un massaggio alla pancia! Ci scioglieremo assolutamente per i grattini sulla pancia!

Quando si tratta di dormire, non siamo i cani più pigri, ma apprezziamo il nostro riposo di bellezza. Abbiamo bisogno di circa 12-14 ore di sonno al giorno per ricaricare le batterie. Potresti trovarci a sonnecchiare nel nostro angolo accogliente preferito o rannicchiati accanto a te sul divano, sognando di inseguire palline e giocare con i nostri giocattoli preferiti.

Per quanto riguarda la nostra sistemazione abitativa, possiamo adattarci a vari ambienti. Che si tratti di una casa spaziosa o di un appartamento accogliente, purché abbiamo molto esercizio fisico e tempo di qualità con i nostri umani, siamo campeggiatori felici. In fondo siamo cani da casa, ma ci piace anche esplorare la vita all'aria aperta in avventure con i nostri umani.

L'esercizio fisico regolare, una dieta equilibrata e i controlli veterinari di routine sono importanti per mantenerci sani e prosperi. Possiamo avere un fisico forte e muscoloso, ma abbiamo anche un lato sensibile che ha bisogno di essere coltivato. Il tuo amore, la tua cura e la tua responsabilità sono i migliori regali che puoi farci!

In conclusione, caro compagno umano, noi Staffordshire Bull Terrier siamo un fascio di amore, lealtà e pura gioia. La nostra ricca storia, i volti espressivi e la gioia di vivere ci rendono davvero speciali. Con il tuo amore, la tua guida e tanti massaggi sulla pancia, saremo i compagni più felici e devoti che potresti mai desiderare.

Quindi, intraprendiamo insieme una vita di avventure, piena di scodinzolii, baci bavosi e ricordi indimenticabili. Sono qui per essere tuo amico per sempre e ricoprirti di amore infinito!

Con tutto il mio amore e la mia coda scodinzolante,
Il tuo Staffordshire Bull Terrier

Una guida indispensabile per gli amanti dei cani

Capitolo 14

Volpino Italiano

Woof! Woof!! C'è il tuo adorabile amico Volpino Italiano qui, pronto a condividere tutti i dettagli sulla nostra deliziosa razza. Preparati per un fantastico viaggio attraverso il nostro affascinante mondo! Siamo piccoli di taglia, ma abbiamo un cuore grande quanto la campagna italiana.

Per prima cosa, parliamo del nostro aspetto. Con i nostri soffici cappotti morbidi e gli occhi luminosi ed espressivi, siamo l'epitome della dolcezza. La nostra pelliccia è disponibile in vari colori, tra cui bianco, crema e rosso, e richiede una toelettatura regolare per mantenerla favolosa. Una piccola spazzolata qua e là manterrà i nostri cappotti immacolati e le nostre code scodinzolanti di gioia.

Non lasciarti ingannare dalla nostra bassa statura. Abbiamo personalità che danno un pugno! Siamo conosciuti per essere vivaci, attenti e fieramente leali verso le nostre famiglie umane. Amiamo stare al tuo fianco, che si tratti di accompagnarti nelle passeggiate quotidiane, rannicchiarci sulle tue ginocchia per una sessione di coccole o semplicemente essere al centro dell'attenzione in ogni stanza. Il nostro comportamento affascinante e la natura amichevole ci rendono compagni eccellenti per persone di tutte le età.

Essendo piccoli cuccioli intelligenti, apprendiamo velocemente e prosperiamo grazie alla stimolazione mentale. Coinvolgi le nostre menti con puzzle, giochi interattivi e allenamenti di rinforzo positivo e ti mostreremo quanto siamo intelligenti! Abbiamo una curiosità naturale che ci spinge a esplorare il mondo che ci circonda, quindi è importante fornirci molte opportunità di esercizio fisico e mentale per mantenerci felici e ben equilibrati.

Quando si parla di ansia, alcuni di noi Volpino Italiano possono essere anime sensibili. Rumori forti, ambienti nuovi o essere lasciati soli per lunghi periodi

Esplora il lato oscuro della vita dei cani

possono farci sentire a disagio. Creare un ambiente calmo e confortante pernoi, insieme alla desensibilizzazione graduale e all'addestramento di rinforzo positivo, possiamo aiutare ad alleviare le nostre preoccupazioni. Con la tua amorevole presenza e rassicurazione, ci sentiremo sicuri e protetti in pochissimo tempo.

Sistemazioni abitative? Siamo piccoli tesori adattabili. Anche se possiamo prosperare in appartamenti e case, apprezziamo avere uno spazio esterno sicuro dove esplorare e giocare. Assicurati solo di tenerci d'occhio, poiché tendiamo a diventare un po' avventurosi e potremmo provare a inseguire tutto ciò che attira la nostra attenzione.

In conclusione, caro essere umano, noi Volpini Italiani siamo piccoli fagottini di gioia. Il nostro aspetto adorabile, le nostre personalità amichevoli e la nostra intelligenza ci rendono compagni irresistibili. Con il tuo amore, la tua attenzione e tanto tempo per giocare, saremo i Volpino Italiani più felici del quartiere! Quindi, intraprendiamo insieme una vita di deliziose avventure, piene di code scodinzolanti, baci bagnati e amore infinito.

Ti mando una raffica di coccole e scodinzolii,
Il tuo Volpino Italiano

Springer Spaniel gallese

Woof! Woof!! Qui c'è il tuo amichevole Springer Spaniel gallese, desideroso di scodinzolare e condividere tutto ciò che devi sapere sulla nostra straordinaria razza. Immergiamoci insieme nel meraviglioso mondo di Welshie!

Per prima cosa, parliamo del nostro bellissimo aspetto. Attiriamo l'attenzione con i nostri cappotti morbidi e ondulati nei toni del rosso e del bianco. Le nostre orecchie flosce e gli occhi pieni di sentimento ci donano un fascino irresistibile che scioglie i cuori ovunque andiamo. Che si tratti di scatenarsi nel parco o di rilassarsi sul divano, il nostro bell'aspetto fa sempre una dichiarazione.

Ma per noi Welsh Springer Spaniel non è solo questione di aspetto. Siamo intelligenti, vivaci e pieni di energia. Siamo sempre pronti per un'avventura o un gioco di recupero, rendendoci ottimi compagni per individui o famiglie attivi. Noi prosperiamo con l'esercizio, quindi preparati per molte passeggiate, momenti di gioco e magari anche qualche allenamento di agilità per mantenerci stimolati mentalmente e fisicamente.

Parlando di compagnia, siamo conosciuti per la nostra natura amorevole e affettuosa. Adoriamo le nostre famiglie umane e prosperiamo facendo parte del branco. Che ti coccoliamo sul divano o ti seguiamo per casa, saremo sempre al tuo fianco, pronti a ricoprirti di baci e scodinzolare per la gioia.

Ora parliamo di ansia. Come molti cani, noi Welshie a volte possiamo provare ansia in determinate situazioni. I cambiamenti nella routine, i rumori forti o l'essere lasciati soli per lunghi periodi possono farci sentire a disagio. Ma non temere! Possiamo superare queste preoccupazioni con il tuo amore, la tua pazienza e un po' di attenzione in più. Stabilire una routine, fornirci un rifugio accogliente in cui rilassarci e utilizzarlo

Esplora il lato oscuro della vita dei cani

La pagina esplicativa del tuo cane

I metodi di allenamento con rinforzo positivo possono fare molto per aiutarci a sentirci sicuri e protetti.

Sistemazioni abitative? Siamo adattabili e possiamo adattarci a diversi ambienti, ma apprezziamo avere un'area esterna sicura per esplorare e annusare ciò che ci piace. Abbiamo un istinto naturale per la caccia e il monitoraggio, quindi avere l'opportunità di usare il nostro naso e impegnarci in attività mentalmente stimolanti è importante per il nostro benessere.

In conclusione, caro essere umano, noi Welsh Springer Spaniel siamo un fascio di amore, energia e lealtà. Il nostro bell'aspetto, la nostra intelligenza e la nostra natura affettuosa ci rendono i compagni perfetti per coloro che apprezzano un amico peloso attivo e amorevole. Con il tuo amore e la tua attenzione, saremo i Welshie più felici del quartiere, pronti a intraprendere una vita di gioiose avventure al tuo fianco.

Ti mando scodinzoli e baci, il tuo
Springer Spaniel gallese

Yorkshire Terrier

Woof! Woof!! Ehi, mio amico umano! Il tuo amico Yorkshire Terrier è qui per darti tutti i dettagli succosi su noi Yorkies. Preparatevi per un fantastico viaggio nel nostro mondo!

Per prima cosa parliamo della nostra razza. Noi Yorkies siamo piccoli di taglia ma grandi di personalità. Siamo originari dell'Inghilterra e originariamente eravamo allevati per cacciare i topi nelle fabbriche tessili. Non lasciarti ingannare dalla nostra piccola statura, però: abbiamo uno spirito coraggioso e impavido che ci distingue dalla massa!

Ora parliamo del nostro linguaggio unico di suoni. Potremmo essere piccoli, ma le nostre cortecce possono dare un pugno! Quando emettiamo una serie di rapidi latrati, solitamente è il nostro modo di avvisarvi che qualcuno o qualcosa si sta avvicinando al nostro territorio. E quando emettiamo un grido acuto ed eccitato, significa che siamo pieni di gioia e pronti per divertirci!

Quando si tratta di ansia, noi Yorkies a volte possiamo essere un po' sensibili. Potremmo diventare un po' nervosi in situazioni non familiari o in presenza di rumori forti. Fornirci uno spazio sicuro e accogliente in cui possiamo ritirarci, offrirci una dolce rassicurazione con parole rassicuranti e darci tante coccole può aiutare a calmare i nostri cuori ansiosi. Ricorda, la tua presenza amorevole significa tutto per noi!

Ora, approfondiamo le nostre simpatie e antipatie. Gli Yorkie sono noti per il nostro aspetto elegante e glamour. Adoriamo sfoggiare le nostre cose con i nostri cappotti lussuosi e setosi e gli accessori alla moda. La toelettatura è essenziale per farci apparire al meglio, quindi spazzolatura regolare, tagli di capelli e viaggi occasionali alla spa per cani ci faranno sentire come dei re!

Esplora il lato oscuro della vita dei cani

La pagina esplicativa del tuo cane

siamo piccoli quando si tratta di dormire, ma abbiamo comunque bisogno del nostro riposo di bellezza. In genere abbiamo bisogno di circa 14-16 ore di sonno al giorno per ricaricare le nostre minuscole batterie. Quindi non stupitevi se ci troverete rannicchiati nel posto più intimo della casa, a sognare giochi e prelibatezze.

Per quanto riguarda la nostra sistemazione abitativa, possiamo adattarci bene sia agli ambienti interni che esterni. Tuttavia, le nostre dimensioni ridotte ci rendono più adatti a uno stile di vita indoor. Adoriamo stare vicini ai nostri compagni umani e rannicchiarci sulle loro ginocchia per trascorrere momenti di legame di qualità. Creare un ambiente interno sicuro e arricchente per noi, completo di giocattoli, letti morbidi e giochi interattivi, ci farà scodinzolare con gioia!

Per garantire il nostro benessere, i proprietari devono fornirci stimolazione mentale e socializzazione. Le passeggiate quotidiane nel quartiere, i puzzle interattivi e le sessioni di addestramento all'obbedienza manterranno la nostra mente acuta e la nostra coda scodinzolante. Il rinforzo positivo e la guida gentile fanno miracoli per noi, poiché rispondiamo meglio all'amore e alle ricompense.

In conclusione, caro essere umano, noi Yorkies siamo esuberanti, affettuosi e affascinanti. I suoni, i bisogni e la natura affascinante della nostra razza ci rendono speciali. Con il tuo amore, la tua cura e tanti massaggi sulla pancia, saremo i compagni più felici ed eleganti al tuo fianco!

Quindi, imbarchiamoci insieme in quest'avventura, mio amico umano. Con la tua guida e il tuo affetto infinito, creeremo un legame che durerà tutta la vita. Preparati a scodinzolare, adorabili buffonate e tanto amore per gli Yorkie!

Tanto amore e baci bavosi,
Il tuo Yorkshire Terrier

Una guida indispensabile per gli amanti dei cani

Capitolo 15

10 siti Web eccellenti

Bau bau! Come amico peloso che comprende le sfide dell'ansia, sono qui per condividere alcuni siti Web che possono aiutare sia te che i tuoi preziosi cuccioli. Questi siti Web forniscono preziose risorse, suggerimenti e supporto per gestire l'ansia nei cani. Dalla comprensione dei segnali e delle cause dell'ansia all'implementazione di tecniche efficaci per ridurre lo stress, questi siti hanno tutto coperto.

- **PetMD**

Lascia che ti presenti PetMD, la destinazione online perfetta per tutto ciò che riguarda la salute e la cura degli animali domestici! È come un parco per cani virtuale, che offre informazioni preziose per cani, gatti fantastici e altri amici pelosi. PetMD copre varie condizioni di salute che i cani potrebbero dover affrontare, dai comuni raffreddori a problemi seri, aiutando i genitori di animali domestici a riconoscere i sintomi e a prendere decisioni informate sul nostro benessere. Forniscono anche suggerimenti sull'alimentazione, il comportamento, l'addestramento, la toelettatura e le cure preventive del cane. È una risorsa unica e fantastica per tutte le nostre esigenze di salute e felicità! Scansiona il codice QR o utilizza il collegamento. https://www.petmd.com/

- **Fear Free Happy Homes** è il tesoro di ogni proprietario di animali domestici, ricco di risorse e consigli. Il loro sito web copre tutto, dalla gestione dell'ansia del cane al comportamento generale e al benessere degli animali domestici. Immergiti nella loro raccolta di articoli, video, webinar e non dimenticare di esplorare i loro podcast approfonditi. Scansiona il codice QR o utilizza il collegamento.
https://www.fearfreehappyhomes.com/

Esplora il lato oscuro della vita dei cani

10 siti Web eccellenti

• **Whole Dog Journal** è il nostro tipo di posto: è un sito Web e una rivista piena di cani di ogni genere! Hanno lo scoop sull'ansia, con articoli su come individuarla e gestirla, oltre a recensioni di gadget anti-ansia. Per i genitori di cuccioli che cercano di darci il meglio, è una risorsa di prim'ordine. Allora rilassiamoci sul tuo divano e leggiamo insieme la nostra rivista, non dimenticarti di fare un dolcetto anche a me. Trama! Scansiona il codice QR o utilizza il collegamento. http://www.whole-dog-journal.com

• **Bondivet** è un sito web australiano che fornisce risorse e consigli sulla salute e il benessere degli animali domestici. Offrono articoli, video e altre risorse su vari argomenti relativi alla cura degli animali domestici, inclusi comportamento e formazione. Dispone inoltre di un elenco di cliniche veterinarie e ospedali in Australia, insieme a un forum in cui i proprietari di animali domestici possono porre domande e condividere consigli. Scansiona il codice QR o utilizza il collegamento. https://bondivet.com

• **DogTV (Televisore per cani)**
Oh mio Dio, riesci a credere che abbiamo il nostro fantastico canale TV?! Troverai un sacco di video lì, da melodie rilassanti a immagini zen e persino alcuni spettacoli speciali per cani. È come il nostro centro di intrattenimento, perfetto per quando i nostri umani non sono in giro. È come avere un amico peloso sullo schermo, che ci tiene compagnia e ci aiuta a sconfiggere la solitudine e la noia. È come un parco giochi scodinzolante nel mondo digitale. DogTV.com è come se il sogno di un cane diventasse realtà!

Scansiona il codice QR o utilizza il collegamento.
https://www.dogtv.com/

Una guida indispensabile per gli amanti dei cani

- **ThunderShirt (Maglietta da tuono)**
Woof, ricordi quando ne ho parlato nel capitolo 5? Questa fantastica azienda crea cose per tenerci tranquilli e rilassati. Il loro prodotto di punta, la ThunderShirt, ci abbraccia comodamente per alleviare l'ansia. Il sito Web spiega come funziona questo involucro magico e recupera risorse e articoli per gestire lo stress del cane. È una risorsa preziosa per i proprietari di animali domestici che cercano una soluzione non invasiva per calmare i loro cani ansiosi. Scansiona il codice QR o utilizza il collegamento. https://thundershirt.com/

- **Chat veterinaria** : lasciami scodinzolare per l'eccitazione mentre ti parlo di un sito web fantastico chiamato "Chiedi a un veterinario online"!

È come avere una clinica veterinaria virtuale a portata di mano! Hanno oltre 12.000 esperti che supportano 196 paesi in 700 categorie con 4 lingue! Dai problemi di salute alle stranezze comportamentali, i veterinari esperti sono lì per dare una mano e fornire i migliori consigli per il tuo compagno peloso. Scansiona il codice QR o utilizza il collegamento.
https://www.askaveterinarianonline.com/

- **Pitpat** Ho sempre paura di separarmi o di perdermi, ma indovina un po'? C'è questo fantastico dispositivo chiamato PitPat! Non è solo un sito web; è un gadget da supereroe per cani. È un minuscolo dispositivo che pende dal mio colletto e tiene traccia di quanto mi muovo: passi, distanza e persino le calorie che brucio! E comunica con un'app interessante sul tuo telefono dove puoi controllare tutti i dati della mia attività e impostare obiettivi di allenamento per me. PitPat è come il mio aiutante: ti aiuta a rimanere attivo e in salute. È lo strumento perfetto per tenere sotto controllo la mia routine di esercizi. Scansiona il codice QR o utilizza il collegamento.
https://www.pitpat.com/

Esplora il lato oscuro della vita dei cani

10 siti Web eccellenti

- **Calm Canine Academy** aiuta noi cani a diventare esperti nel gestire la solitudine. Questo sito contiene tantissime risorse straordinarie e programmi di formazione per insegnarci come sentirci più sicuri e felici quando siamo da soli. Hanno guide passo passo e divertenti corsi interattivi che rendono l'apprendimento un vero spasso. Quindi, se vuoi assicurarti che il tuo amico peloso si senta zampettante quando non sei nei paraggi, dai un'occhiata a questo sito. È come avere un personal trainer solo per l'ansia da separazione! Mostriamo al mondo che possiamo gestire la solitudine come campioni. Scansiona il codice QR o utilizza il collegamento.
https://www.calmcanineacademy.com/separation-skills-1

- **k9ti** è esperto di formazione online. Questo sito Web è interamente dedicato all'addestramento e ai comportamenti K9 (cani). Fornisce informazioni e risorse preziose per i proprietari e gli appassionati di cani che desiderano approfondire la comprensione delle tecniche di addestramento, della modificazione del comportamento e del benessere generale dei loro amici a quattro zampe. Dall'obbedienza di base alle competenze avanzate, troverai suggerimenti, articoli e persino corsi online per aiutarti a costruire un legame più forte con il tuo cucciolo e migliora la sua esperienza di addestramento. Quindi, se vuoi liberare il potenziale del tuo cane e intraprendere un viaggio di addestramento che faccia sentire le zampe, questo sito web è un tesoro di conoscenza. Buona esplorazione e buon allenamento! Scansiona il codice QR o utilizza il collegamento.
https://k9ti.org/

Ricorda che questi siti Web e risorse online sono progettati per fornire ulteriori informazioni e supporto. Ci sono anche centinaia di altri siti web utili. <u>Consulta sempre un veterinario o un professionista certificato per una guida personalizzata specifica per le esigenze del tuo cane.</u>

Capitolo 16

Fonti e riferimenti
Dove scavare più a fondo

Ehi, miei curiosi amici umani! Se hai voglia di saperne di più e desideri esplorare ulteriormente, ecco alcune fonti e riferimenti preziosi in cui affondare i denti. Queste gemme ti aiuteranno a continuare il tuo viaggio verso la comprensione e il sostegno del tuo migliore amico peloso:

✓ **ABA (Animal Behavior Associates)**, co-fondata da Suzanne Hetts, Ph.D. e Daniel Estep, Ph.D., entrambi comportamentisti animali applicati certificati, sono il tuo punto di riferimento per una guida esperta sul comportamento degli animali domestici, in particolare sui cani. Offrono articoli, webinar e un tesoro di risorse per affrontare i problemi degli animali domestici come l'ansia. Il loro sito web ha anche un elenco di comportamentisti animali certificati che possono fornire consigli e piani di trattamento su misura. Animal Behavior Associates si occupa di aiutare i proprietari di animali domestici a decodificare il comportamento dei loro amici pelosi e a trovare soluzioni efficaci per problemi comuni. Scansiona il codice QR o utilizza il collegamento. https://animalbehaviorassociates.com

✓ **Il National Canine Research Council (NCRC)** è una scienza del comportamento canino senza scopo di lucro, che mira a scovare la verità con un approccio scientifico al comportamento del cane. Hanno raccolto studi di ricerca, analizzato i dati e poi hanno tirato fuori i risultati chiave per rendere la scienza più facile da comprendere per tutti. Annusa la loro pagina Risorse e scoprirai un lungo elenco di incredibili società di risorse per aiutare gli animali domestici, inclusi i cani. Scansiona il codice QR o utilizza il collegamento.
https://nationalcanineresearchcouncil.com/

Esplora il lato oscuro della vita dei cani

Fonti e riferimenti
Dove scavare più a fondo

✓ **UF Health (Università della Florida)** ti guida alla ricerca della razza giusta! È come un gioco divertente che aiuta i nostri umani a imparare a distinguere le diverse razze canine. Sai, come distinguere un Beagle da un Border Collie o capire se sono un Labrador o un pastore tedesco! È come un gioco investigativo alla pecorina

e i nostri umani possono diventare esperti nell'identificazione delle razze. Scansiona il codice QR o utilizza il collegamento.
https://sheltermedicine.vetmed.ufl.edu/

✓ **Genetica e ansia** ; ti sei mai chiesto quale sia l'affascinante legame tra i nostri geni e l'ansia? Bene, c'è un articolo scientifico intrigante che potrebbe piacerti leggere. Questo studio esplora i fattori genetici associati all'ansia nei cani, scoprendo come geni specifici possono contribuire alle nostre tendenze ansiose. È una ricerca entusiasmante che fa luce sulla biologia alla base dell'ansia nei nostri amici a quattro zampe. Divertiti ad esplorare le meraviglie della scienza! Scansiona il codice QR o utilizza il collegamento.
https://www.nature.com/articles/s41598-020-59837-z

✓ Concentrati sul cucciolo! **Smart Dog University** è un punto di partenza! Questo sito web ha un post sul blog interessante sulla comprensione e sull'affrontare la separazione. Essere un cucciolo è come essere un ragazzino umano. È quando assorbiamo la conoscenza come spugne. Questo sito Web è il tuo trampolino di lancio per un ottimo inizio, con un tesoro di blog, risorse, servizi, webinar e così via. Ricorda, anche se sei un genio canino, l'addestramento

dei cuccioli richiede esperienza! Impara dai professionisti per essere un genitore cucciolo migliore! Laurearsi alla Puppy University comporta numerosi vantaggi, tra cui la riduzione della loro ansia futura. Scansiona il codice QR o utilizza il collegamento.
https://smartdoguniversity.com/

Ricordate, miei fantastici umani, queste risorse sono solo la punta della coda! <u>Continua a esplorare, continua a imparare e continua a scodinzolare con la conoscenza.</u> Più sai, meglio sarai attrezzato per fornire l'amore, la cura e il supporto di cui noi cani abbiamo bisogno.

Una guida indispensabile per gli amanti dei cani

Capitolo 17

10 Tabelle super utili

Preparati a immergerti in 10 fogli di calcolo super utili sui miei 40 amici di razza diversa. Queste tabelle sono un tesoro di informazioni che ti consentono di confrontarci e conoscere le nostre caratteristiche uniche, consigli sulla salute, esigenze di toelettatura, peculiarità dell'allenamento e persino i nostri orari preferiti per il pisolino e le passeggiate.

Ma non è tutto! Queste tabelle sono davvero uniche perché approfondiscono anche le profondità della nostra ansia, condividendo segnali a cui prestare attenzione e ragioni che potrebbero far pendere la coda. Se mi sono perso qualcosa o avete domande, scrivetemi. Insieme, assicuriamoci che nessun dettaglio venga lasciato indietro mentre ci imbarchiamo in questo incredibile viaggio di comprensione e cura dei nostri compagni pelosi! Woof!

Hey ragazzi! Mentre tu ti immergi nel resto dei capitoli, scodinzolerò e uscirò per una bella passeggiata con il mio amico umano. Ah, il sole splende, la brezza chiama e ci sono così tanti odori da esplorare! Prenderci cura dei nostri sé pelosi è importante quanto espandere le nostre conoscenze. Quindi vai avanti, continua a leggere e ci vediamo più tardi. Godetevi il viaggio, miei amici amanti dei cani!

Esplora il lato oscuro della vita dei cani

40 Razze popolari caratteristiche, Parte I

Razza	Misurare	Temperamento	Esigenze di esercizio	Compatibilità con i bambini	Compatibilità con altri animali domestici
Malamute dell'Alaska	Grande	Indipendente, energico	Alto	Moderare	Basso
Bovaro australiano	medio	Intelligente, energico	Alto	Moderare	Basso
Pastore australiano	medio	Intelligente, attivo	Alto	Alto	Moderare
Beagle	Piccolo	Cordiale, curioso	Moderare	Alto	Alto
Malinois belga	Grande	Protettivo, Leale	Alto	Basso	Basso
Bovaro del Bernese	Grande	Gentile, di buon carattere	Moderare	Alto	Alto
Bichon Frise	Piccolo	Giocoso, affettuoso	Moderare	Alto	Alto
Border collie	medio	Intelligente, energico	Alto	Moderare	Moderare
Boston Terrier	Piccolo	Cordiale, vivace	Moderare	Alto	Basso
Pugile	Grande	Giocoso, energico	Alto	Alto	Basso
Bretagna	medio	Attivo, versatile	Alto	Alto	Alto
Bulldog (inglese/francese)	medio	Docile, accomodante	Basso	Alto	Basso
Cane Corso	Grande	Fiducioso, intelligente	Moderare	Basso	Basso
Cardigan Corgi gallese	medio	Vigile, affettuoso	Moderare	Alto	Moderare
Cavalier King Charles Spaniel	Piccolo	Affettuoso, gentile	Moderare	Alto	Alto
Chihuahua	Piccolo	Vivace, coraggioso	Basso	Basso	Basso
Cocker spaniel	medio	Gentile, intelligente	Moderare	Alto	Alto
Bassotto	Piccolo	Curioso, intelligente	Moderare	Alto	Moderare
Doberman Pinscher	Grande	Leale, impavido	Alto	Basso	Basso
Cocker Spaniel Inglese	medio	Allegro, intelligente	Moderare	Alto	Alto
Setter inglese	Grande	Gentile, di buon carattere	Alto	Alto	Moderare
Pastore tedesco	Grande	Fedele, fiducioso	Alto	Alto	Alto
Golden retriever	Grande	Intelligente, amichevole	Alto	Alto	Alto
Alano	Gigante	Gentile, amichevole	Da basso a moderato	Alto	Basso
Labrador retriever	Grande	Estroverso, equilibrato	Alto	Alto	Alto

Una guida indispensabile per gli amanti dei cani

Capitolo 17

40 Razze popolari caratteristiche, Parte II

Razza	Misurare	Temperamento	Esigenze di esercizio	Compatibilità con i bambini	Compatibilità con altri animali domestici
Leonberger	Gigante	Gentile, amichevole	Moderare	Alto	Moderare
maltese	Piccolo	Dolce, vivace	Basso	Alto	Alto
Schnauzer nano	Piccolo	Impavido, vivace	Moderare	Moderare	Alto
Elkhound norvegese	medio	Audace, attento	Moderare	Alto	Moderare
Barboncino (Standard/Mini/Giocattolo)	Varia	Intelligente, attivo	Moderare	Alto	Alto
Cane da acqua portoghese	medio	Intelligente, attivo	Alto	Alto	Alto
Carlino	Piccolo	Affascinante, dispettoso	Basso	Alto	Moderare
rottweiler	Grande	Calmo, coraggioso	Alto	Basso	Basso
Shiba Inu	medio	Avviso, attivo	Alto	Basso	Basso
Shih Tzu	Piccolo	Affettuoso, giocoso	Da basso a moderato	Alto	Alto
Husky siberiano	medio	Estroverso, dispettoso	Alto	Da moderato ad alto	Basso
Staffordshire Bull Terrier	medio	Audace, affettuoso	Alto	Basso	Alto
Volpino Italiano	Piccolo	Attivo, attento	Moderare	Moderare	Moderare
Springer Spaniel gallese	medio	Cordiale, gentile	Alto	Moderare	Alto
Yorkshire Terrier	Piccolo	Affettuoso, vivace	Basso	Alto	Moderare

Tieni presente che la tabella fornisce una panoramica generale delle caratteristiche di ciascuna razza. I singoli cani possono mostrare variazioni all'interno della loro razza. È importante condurre ulteriori ricerche e consultare esperti specifici della razza o fonti affidabili per informazioni più dettagliate e accurate prima di decidere. Inoltre, ricorda che un'adeguata formazione, socializzazione e cura sono essenziali affinché qualsiasi razza possa prosperare in un ambiente amorevole e solidale.

Esplora il lato oscuro della vita dei cani

40 Razze popolari: tipo, livello e segni di ansia, parte I

Nome della razza	Tipo di ansia	Livello di ansia	Segni di ansia
Malamute dell'Alaska	Ansia da separazione	Moderare	Ululato, abbaiare eccessivo, scavare, scappare, camminare avanti e indietro, comportamento distruttivo (graffiare porte o finestre)
Bovaro australiano	Ansia da separazione	Alto	Abbaiare eccessivo, comportamento distruttivo, ritmo frenetico, irrequietezza, ipersensibilità ai suoni
Pastore australiano	Ansia generalizzata, ansia da separazione	medio	Morditura eccessiva, comportamenti ossessivi, irrequietezza, ricerca di rassicurazione, distruttività, ritmo
Beagle	Ansia da separazione	Alto	Ululato eccessivo, scavo, comportamento distruttivo, ritmo frenetico, irrequietezza, tentativo di fuga
Malinois belga	Ansia da separazione	Alto	Abbaiare eccessivo, comportamento distruttivo (masticare mobili o oggetti), irrequietezza, camminare su e giù, tentativi di fuga
Bovaro del Bernese	Ansia da rumore, ansia da separazione	Basso	Nascondersi, cercare conforto, ansimare, camminare avanti e indietro, irrequietezza, distruttività, ipersensibilità ai suoni
Bichon Frise	Ansia sociale, ansia da separazione	Basso	Tremore eccessivo, paura, evitamento delle interazioni sociali, angoscia da separazione, ricerca di rassicurazione, distruttività, irrequietezza
Border collie	Ansia da separazione	Alto	Comportamento da pastore eccessivo, irrequietezza, ritmo, comportamento distruttivo, vocalizzazione, comportamenti ossessivi, ipersensibilità ai suoni
Boston Terrier	Ansia da rumore, ansia da separazione	medio	Ansimare eccessivo, ricerca di conforto, irrequietezza, distruttività, abbaiare eccessivo, ipersensibilità ai suoni
Pugile	Ansia generalizzata	Alto	Ritmo, sbavare eccessivamente, irrequietezza, iperattività, comportamento distruttivo, comportamenti compulsivi
Bretagna	Ansia da rumore	Moderare	Ansimare, tremare, nascondersi, cercare conforto, irrequietezza, camminare su e giù, tentare di scappare durante forti rumori o temporali

Una guida indispensabile per gli amanti dei cani

40 Razze popolari, tipo, livello e segni di ansia, Parte II

Nome della razza	Tipo di ansia	Livello di ansia	Segni di ansia
Bulldog (inglese/francese)	Ansia sociale, ansia da separazione	medio	Evitamento delle situazioni sociali, paura di nuove persone, angoscia da separazione, sbavare eccessivamente, comportamento distruttivo, ansimare, camminare su e giù
Cane Corso	Ansia generale	Moderare	Abbaiare eccessivo, ringhiare, aggressività, comportamento distruttivo (masticare oggetti o mobili), irrequietezza, comportamenti compulsivi
Cardigan Corgi gallese	Ansia da rumore	Basso	Ansimare, tremare, cercare rassicurazione, rannicchiarsi, tentare di nascondersi, irrequietezza, camminare avanti e indietro durante rumori forti o fuochi d'artificio
Cavalier King Charles Spaniel	Ansia da separazione	Basso	Piagnucolio eccessivo, angoscia da separazione, ricerca di rassicurazione, comportamento distruttivo, irrequietezza
Chihuahua	Ansia sociale, ansia da separazione	Alto	Tremore eccessivo, aggressività, paura, abbaiare eccessivo, nascondersi, cercare rassicurazione, angoscia da separazione, evitamento delle interazioni sociali
Cocker spaniel	Ansia da rumore, ansia da separazione	medio	Nascondersi, abbaiare eccessivo, ansimare, tremare, distruttività, irrequietezza, ipersensibilità ai suoni
Bassotto	Ansia da separazione	medio	Piagnucolare eccessivo, comportamento autodistruttivo, irrequietezza, scavare, cercare di scappare, ipersensibilità ai suoni
Doberman Pinscher	Ansia sociale	Alto	Linguaggio del corpo pauroso, evitamento, aggressività, irrequietezza, abbaiare eccessivo, ansimare, tremore, ipersensibilità ai suoni
Cocker Spaniel Inglese	Ansia generale	Moderare	Abbaiare eccessivo, piagnucolare, irrequietezza, comportamenti compulsivi (inseguire la coda, leccarsi le zampe), ansia da separazione, ricerca costante di attenzione
Setter inglese	Ansia generalizzata, ansia da separazione	medio	Ritmo eccessivo, tremore, irrequietezza, ricerca di rassicurazione, comportamento distruttivo, angoscia da separazione
Pastore tedesco	Ansia da rumore, ansia da separazione	Alto	Ansimare, tremare, nascondersi, piagnucolare, abbaiare eccessivo, distruttività, tentativo di scappare, ipersensibilità ai suoni, ritmo, irrequietezza

Esplora il lato oscuro della vita dei cani

40 Razze popolari: tipo, livello e segni di ansia, parte III

Nome della razza	Tipo di ansia	Livello di ansia	Segni di ansia
Golden retriever	Ansia generalizzata, ansia da separazione	Basso	Irrequietezza, pulizia eccessiva, ricerca di rassicurazione, comportamenti compulsivi, ipervigilanza, ansimante, tremore
Alano	Ansia da rumore, ansia da separazione	Basso	Nascondersi, cercare conforto, ansimare, tremare, camminare avanti e indietro, irrequietezza, ipersensibilità ai suoni
Labrador retriever	Ansia da separazione	medio	Abbaiare eccessivo, comportamento distruttivo, camminare avanti e indietro, sbavare, tentare di scappare
Leonberger	Ansia da separazione	Moderare	Eccessivo piagnucolio, piagnucolio, ritmo frenetico, irrequietezza, comportamento distruttivo (graffiare porte o mobili), sbavare
maltese	Ansia da separazione	Basso	Masticazione eccessiva, minzione, irrequietezza, ricerca di rassicurazione, angoscia da separazione
Schnauzer nano	Ansia da separazione	medio	Abbaiare eccessivo, scavare, camminare avanti e indietro, irrequietezza, comportamento distruttivo, ipersensibilità ai suoni
Elkhound norvegese	Ansia da rumore	Moderare	Ululare, camminare avanti e indietro, nascondersi, cercare conforto, tremore, irrequietezza, tentativi di fuga durante forti rumori o fuochi d'artificio
Barboncino (Standard/Mini/Giocattolo)	Ansia da rumore, ansia da separazione	Basso	Tremare, cercare conforto, nascondersi, abbaiare eccessivo, distruttività, ansimare, camminare avanti e indietro
Cane da acqua portoghese	Ansia generale	Basso	Abbaiare eccessivo, ansimare, irrequietezza, camminare su e giù, comportamenti compulsivi (leccare, masticare), ricerca costante di attenzione, ansia da separazione
Carlino	Ansia generalizzata	Basso	Leccatura eccessiva, appiccicosità, ricerca di rassicurazione, ipervigilanza, irrequietezza, angoscia da separazione

Una guida indispensabile per gli amanti dei cani

40 Razze popolari: tipo, livello e segni di ansia, Parte IV

Nome della razza	Tipo di ansia	Livello di ansia	Segni di ansia
rottweiler	Ansia sociale	Alto	Aggressività, paura, evitamento delle interazioni sociali, ipervigilanza, irrequietezza, abbaiare eccessivo
Shiba Inu	Ansia da rumore, ansia da separazione	medio	Vocalizzazione eccessiva, nascondersi, irrequietezza, distruttività, tentativo di fuga, ipersensibilità ai suoni
Shih Tzu	Ansia da separazione	Basso	Abbaiare eccessivo, irrequietezza, tremore, ricerca di rassicurazione, angoscia da separazione, comportamento distruttivo
Husky siberiano	Ansia generalizzata, ansia da separazione	Alto	Tentativi eccessivi di fuga, comportamento distruttivo, ululato, ritmo incalzante, irrequietezza, scavare, automutilazione, tentativo di fuga, ipervigilanza
Staffordshire Bull Terrier	Ansia generalizzata	Alto	Aggressività, ansimante eccessivo, irrequietezza, comportamento distruttivo, angoscia da separazione, ipersensibilità ai suoni
Volpino Italiano	Ansia da separazione	Basso	Eccessivo piagnucolio, abbaio, distruttività (masticare oggetti o mobili), appiccicosità, ritmo, tentativi di fuga
Springer Spaniel gallese	Ansia generale	Basso	Abbaiare eccessivo, piagnucolare, irrequietezza, comportamenti compulsivi (inseguire la coda, leccarsi le zampe), ansia da separazione, ricerca costante di attenzione
Yorkshire Terrier	Ansia da rumore, ansia da separazione	Basso	Nascondersi, abbaiare eccessivamente, tremare, ansimare, cercare conforto, irrequietezza, distruttività

Tieni presente che i nostri livelli di ansia possono essere diversi da un cane all'altro e possono essere influenzati da fattori come la nostra genetica, il modo in cui siamo cresciuti e l'ambiente che ci circonda.

I segni menzionati nella tabella sono solo indicazioni generali e potrebbero non applicarsi a tutti i cani della nostra razza. Ecco perché è così importante che i nostri amorevoli proprietari si consultino con un veterinario o un comportamentista professionista. Possono fornire una valutazione approfondita e fornirci indicazioni personalizzate specifiche per le nostre esigenze specifiche. Con il loro aiuto possiamo comprendere e gestire meglio la nostra ansia, conducendoci ad una vita più felice e positiva.

Esplora il lato oscuro della vita dei cani

40 razze popolari segni di ansia e cause alla radice, Parte I

Razza	Segni di ansia	Causa ultima
Malamute dell'Alaska	Ululato o piagnucolio eccessivo, comportamento distruttivo	Ansia da separazione, mancanza di stimolazione mentale
Bovaro australiano	Iperattività, irrequietezza, comportamento mordicchiante o da pastore	Mancanza di esercizio fisico e mentale, noia
Pastore australiano	Abbaiare eccessivo, comportamenti compulsivi, irrequietezza	Mancanza di stimolazione mentale, ansia da separazione
Beagle	Comportamento eccessivo di abbaiare, scavare o fuggire	Noia, mancanza di esercizio fisico e mentale
Malinois belga	Vigilanza eccessiva, iperattività, aggressività	Mancanza di esercizio fisico e mentale, insicurezza
Bovaro del Bernese	Sbavare eccessivamente, comportamento distruttivo, ritiro	Ansia da separazione, paura dei rumori forti
Bichon Frise	Abbaiare eccessivo, ansia da separazione, tremori	Ansia da separazione, paura di restare soli
Border collie	Comportamenti ossessivi, tendenze da pastore, ritmo	Mancanza di stimolazione mentale, istinto di pastore
Boston Terrier	Iperattività, masticazione distruttiva, leccatura eccessiva	Noia, ansia da separazione
Pugile	Saltare addosso alle persone, giocosità eccessiva, irrequietezza	Mancanza di esercizio fisico, ansia da separazione
Bretagna	Nervosismo, ansia da separazione, comportamento distruttivo	Mancanza di stimolazione mentale, paura di restare soli
Bulldog (inglese/francese)	Ansimare pesantemente, sbavare eccessivamente, comportamenti di evitamento	Paura di certe situazioni, problemi respiratori
Cane Corso	Comportamenti aggressivi, tendenze difensive, iperattività	Mancanza di socializzazione, insicurezza
Cardigan Corgi gallese	Comportamento pauroso, abbaiare eccessivo, ansia da separazione	Mancanza di socializzazione, paura di restare soli
Cavalier King Charles Spaniel	Timidezza, comportamento sottomesso, nascondersi o rannicchiarsi	Mancanza di socializzazione, paura di nuovi ambienti
Chihuahua	Abbaiare eccessivo, tremore o agitazione, aggressività	Paura degli estranei, aggressività basata sulla paura
Cocker spaniel	Leccatura eccessiva, ansia da separazione, paura	Ansia da separazione, paura dell'abbandono
Bassotto	Abbaiare eccessivo, nascondersi o scavare, aggressività	Aggressività basata sulla paura, mancanza di socializzazione
Doberman Pinscher	Ipervigilanza, comportamento difensivo, aggressività	Mancanza di socializzazione, aggressività basata sulla paura
Cocker Spaniel Inglese	Minzione sottomessa, ansia da separazione, paura	Ansia da separazione, paura della punizione
Setter inglese	Ansia da separazione, comportamento distruttivo, irrequietezza	Mancanza di esercizio fisico e mentale, noia

Una guida indispensabile per gli amanti dei cani

40 razze popolari segni di ansia e cause alla radice, Parte II

Razza	Segni di ansia	Causa ultima
Pastore tedesco	Abbaiare eccessivo, ritmo eccessivo, ipervigilanza	Mancanza di esercizio fisico e mentale, insicurezza
Golden retriever	Masticazione eccessiva, comportamento di ricerca di attenzione	Ansia da separazione, mancanza di stimolazione mentale
Alano	Timidezza, paura, ansia da separazione	Mancanza di socializzazione, paura di nuovi ambienti
Labrador retriever	Masticazione eccessiva, iperattività, irrequietezza	Mancanza di esercizio fisico e mentale, noia
Leonberger	Ansia da separazione, comportamento appiccicoso, masticazione distruttiva	Mancanza di stimolazione mentale, paura di restare soli
maltese	Abbaiare eccessivo, tremare o agitarsi, nascondersi	Ansia da separazione, paura di nuovi ambienti
Schnauzer nano	Aggressività verso gli estranei, abbaiare eccessivo	Paura degli estranei, aggressività basata sulla paura
Elkhound norvegese	Comportamento distruttivo, ululato o abbaiare eccessivi	Ansia da separazione, noia
Barboncino (Standard/Mini/Giocattolo)	Appiccicosità, ansia da separazione, irrequietezza	Mancanza di stimolazione mentale, paura di restare soli
Cane da acqua portoghese	Abbaiare eccessivo, comportamento distruttivo, iperattività	Mancanza di esercizio fisico e mentale, noia
Carlino	Ansimare pesantemente, respiro sibilante, difficoltà a respirare	Problemi respiratori, ansia da separazione
rottweiler	Comportamenti aggressivi, tendenze difensive, paura	Mancanza di socializzazione, aggressività basata sulla paura
Shiba Inu	Comportamento pauroso, aggressività verso gli estranei	Paura degli estranei, aggressività basata sulla paura
Shih Tzu	Abbaiare eccessivo, ansia da separazione, appiccicosità	Ansia da separazione, paura di restare soli
Husky siberiano	Ululato eccessivo, comportamento distruttivo, evasione	Noia, ansia da separazione
Staffordshire Bull Terrier	Aggressività verso gli altri cani, iperattività	Aggressività basata sulla paura, mancanza di socializzazione
Volpino Italiano	Abbaiare eccessivo, irrequietezza, comportamento distruttivo	Ansia da separazione, paura di restare soli
Springer Spaniel gallese	Comportamento pauroso, ansia da separazione, leccatura eccessiva	Mancanza di socializzazione, paura di restare soli
Yorkshire Terrier	Abbaiare eccessivo, timidezza, aggressività	Aggressività basata sulla paura, mancanza di socializzazione

Tieni presente che questa tabella fornisce informazioni generali e che i singoli cani possono variare nei segnali di ansia e nelle cause profonde. È importante consultare un veterinario o un comportamentista cinofilo professionista per una valutazione completa e una guida personalizzata se sospetti che il tuo cane soffra di ansia.

Esplora il lato oscuro della vita dei cani

40 razze popolari Dettaglio igienico

40 Dettaglio igienico delle razze popolari, Parte I							
Razza	Esigenze di toelettatura	Tipo di cappotto	Livello di spargimento	Frequenza	Spazzolatura	Fare il bagno	Rifinitura
Malamute dell'Alaska	Alto	Doppio	Alto	Regolare	Quotidiano	Mensile	Occasionale
Bovaro australiano	Basso	Corto	Moderare	Regolare	settimanalmente	Mensile	Come necessario
Pastore australiano	Moderare	Medio-lungo	Moderare	Regolare	settimanalmente	Mensile	Occasionale
Beagle	Basso	Corto	Basso	Regolare	settimanalmente	Mensile	Come necessario
Malinois belga	Moderare	Corto	Moderare	Regolare	settimanalmente	Mensile	Come necessario
Bovaro del Bernese	Alto	Lungo	Alto	Regolare	Quotidiano	Mensile	Occasionale
Bichon Frise	Alto	Riccio	Basso	Regolare	Quotidiano	Mensile	Regolarmente
Border collie	Moderare	Medio-lungo	Moderare	Regolare	settimanalmente	Mensile	Occasionale
Boston Terrier	Basso	Corto	Basso	Regolare	settimanalmente	Mensile	Come necessario
Pugile	Basso	Corto	Basso	Regolare	settimanalmente	Mensile	Come necessario
Bretagna	Moderare	medio	Moderare	Regolare	settimanalmente	Mensile	Occasionale
Bulldog (inglese /francese)	Basso	Corto	Basso	Regolare	settimanalmente	Mensile	Come necessario
Cane Corso	Basso	Corto	Basso	Regolare	settimanalmente	Mensile	Come necessario
Cardigan Corgi gallese	Moderare	medio	Moderare	Regolare	settimanalmente	Mensile	Occasionale
Cavalier King Charles Spaniel	Moderare	Medio-lungo	Moderare	Regolare	settimanalmente	Mensile	Occasionale
Chihuahua	Basso	Corto	Basso	Regolare	settimanalmente	Mensile	Come necessario
Cocker spaniel	Alto	Medio-lungo	Alto	Regolare	Quotidiano	Mensile	Regolarmente
Bassotto	Basso	Corto	Basso	Regolare	settimanalmente	Mensile	Come necessario
Doberman Pinscher	Basso	Corto	Basso	Regolare	settimanalmente	Mensile	Come necessario
Cocker Spaniel Inglese	Alto	Medio-lungo	Alto	Regolare	Quotidiano	Mensile	Regolarmente
Setter inglese	Alto	Lungo	Alto	Regolare	Quotidiano	Mensile	Regolarmente
Pastore tedesco	Moderare	Medio-lungo	Moderare	Regolare	settimanalmente	Mensile	Occasionale
Golden retriever	Alto	Lungo	Alto	Regolare	Quotidiano	Mensile	Occasionale
Alano	Basso	Corto	Basso	Regolare	settimanalmente	Mensile	Come necessario
Labrador retriever	Basso	Corto	Basso	Regolare	settimanalmente	Mensile	Come necessario
Leonberger	Alto	Lungo	Alto	Regolare	Quotidiano	Mensile	Occasionale
maltese	Alto	Lungo	Basso	Regolare	Quotidiano	Mensile	Regolarmente
Schnauzer nano	Alto	A pelo duro	Basso	Regolare	Quotidiano	Mensile	Regolarmente
Elkhound norvegese	Moderare	Corto	Moderare	Regolare	settimanalmente	Mensile	Come necessario

Una guida indispensabile per gli amanti dei cani

40 Dettaglio igienico delle razze popolari, Parte I I

Razza	Esigenze di toelettatura	Tipo di cappotto	Livello di spargimento	Frequenza	Spazzolatura	Fare il bagno	Rifinitura
Barboncino (Standard/Mini/Giocattolo)	Alto	Riccio	Basso	Regolare	Quotidiano	Mensile	Regolarmente
Cane da acqua portoghese	Alto	Riccio	Basso	Regolare	Quotidiano	Mensile	Regolarmente
Carlino	Basso	Corto	Basso	Regolare	Quotidiano	Mensile	Come necessario
rottweiler	Basso	Corto	Basso	Regolare	settimanalmente	Mensile	Come necessario
Shiba Inu	Moderare	Doppio	Moderare	Regolare	settimanalmente	Mensile	Come necessario
Shih Tzu	Alto	Lungo	Basso	Regolare	Quotidiano	Mensile	Regolarmente
Husky siberiano	Moderare	medio	Alto	Regolare	settimanalmente	Mensile	Occasionale
Staffordshire Bull Terrier	Basso	Corto	Basso	Regolare	settimanalmente	Mensile	Come necessario
Volpino Italiano	Moderare	Doppio	Moderare	Regolare	settimanalmente	Mensile	Come necessario
Springer Spaniel gallese	Moderare	Medio-lungo	Moderare	Regolare	settimanalmente	Mensile	Occasionale
Yorkshire Terrier	Alto	Lungo	Basso	Regolare	Quotidiano	Mensile	Regolarmente

Tieni presente che la tabella fornisce una panoramica generale e che i singoli cani potrebbero avere esigenze di toelettatura specifiche che potrebbero variare. È sempre una buona idea consultare le linee guida per la toelettatura specifiche della razza o consultare un toelettatore professionista per un consiglio personalizzato.

40 Razze popolari aspetti addestrativi, Parte I

Nome della razza	Addestrabilità	Intelligenza	Esigenze di esercizio	Bisogni di socializzazione	Suggerimenti per la formazione
Malamute dell'Alaska	Moderare	Alto	Alto	Alto	Utilizzare rinforzi positivi e coerenza nell'allenamento
Bovaro australiano	Alto	Alto	Alto	Alto	Fornire stimolazione mentale ed esercizio fisico regolare
Pastore australiano	Alto	Alto	Alto	Alto	Concentrarsi sulle attività mentali e fisiche per l'allenamento
Beagle	Moderare	Moderare	Moderare	Alto	Usa premi e dolcetti per motivarti durante l'allenamento
Malinois belga	Alto	Alto	Alto	Alto	Incanala la loro energia in sessioni di allenamento strutturate
Bovaro del Bernese	Moderare	Media	Moderare	Moderare	Utilizza rinforzi positivi e metodi di allenamento delicati
Bichon Frise	Moderare	Alto	Moderare	Alto	Utilizzare rinforzi positivi e coerenza nell'allenamento
Border collie	Alto	Alto	Alto	Alto	Fornire sfide mentali e fisiche durante l'allenamento
Boston Terrier	Moderare	Media	Moderare	Moderare	Utilizzare rinforzi positivi e coerenza nell'allenamento
Pugile	Moderare	Media	Alto	Alto	Inizia presto l'allenamento e usa il rinforzo positivo
Bretagna	Alto	Media	Alto	Alto	Fornire esercizio fisico e mentale per l'allenamento
Bulldog (inglese/francese)	Basso	Media	Basso	Moderare	Usa il rinforzo positivo e la pazienza durante l'allenamento
Cane Corso	Moderare	Alto	Alto	Alto	Stabilire regole e limiti coerenti nella formazione

Una guida indispensabile per gli amanti dei cani

40 Razze popolari aspetti addestrativi, Parte II

Nome della razza	Addestrabilità	Intelligenza	Esigenze di esercizio	Bisogni di socializzazione	Formazione Suggerimenti
Cardigan Corgi gallese	Alto	Alto	Moderare	Alto	Usa il rinforzo positivo e la stimolazione mentale
Cavalier King Charles Spaniel	Moderare	Media	Moderare	Alto	Utilizzare ricompense e rinforzi positivi nella formazione
Chihuahua	Basso	Media	Basso	Moderare	Usa metodi di allenamento delicati e rinforzi positivi
Cocker spaniel	Moderare	Media	Moderare	Alto	Fornire stimolazione mentale e rinforzo positivo
Bassotto	Moderare	Media	Moderare	Moderare	Sii paziente e coerente nell'allenamento
Doberman Pinscher	Alto	Alto	Alto	Alto	Fornire formazione costante e rinforzo positivo
Cocker Spaniel Inglese	Moderare	Media	Moderare	Alto	Utilizzare rinforzi positivi e coerenza nell'allenamento
Setter inglese	Moderare	Media	Moderare	Alto	Usa il rinforzo positivo e la stimolazione mentale
Pastore tedesco	Alto	Alto	Alto	Alto	Fornire allenamento costante e stimolazione mentale
Golden retriever	Alto	Alto	Alto	Alto	Utilizzare rinforzi positivi e coerenza nell'allenamento
Alano	Basso	Media	Moderare	Moderare	Inizia ad allenarti presto e utilizza metodi di allenamento delicati
Labrador retriever	Alto	Alto	Alto	Alto	Utilizzare rinforzi positivi e coerenza nell'allenamento
Leonberger	Moderare	Alto	Alto	Alto	Utilizzare il rinforzo positivo e il training di socializzazione

Esplora il lato oscuro della vita dei cani

40 Razze popolari aspetti addestrativi, Parte III

Nome della razza	Addestrabilità	Intelligenza	Esigenze di esercizio	Bisogni di socializzazione	Formazione Suggerimenti
Maltese	Moderare	Media	Basso	Alto	Usa il rinforzo positivo e sii paziente durante l'allenamento
Schnauzer nano	Moderare	Alto	Moderare	Alto	Utilizzare rinforzi positivi e coerenza nell'allenamento
Elkhound norvegese	Moderare	Media	Alto	Alto	Inizia presto l'allenamento e fornisci stimolazione mentale
Barboncino (Standard/Mini/Giocattolo)	Alto	Alto	Moderare	Alto	Usa il rinforzo positivo e la stimolazione mentale
Cane da acqua portoghese	Alto	Alto	Alto	Alto	Fornire esercizio fisico e mentale per l'allenamento
Carlino	Basso	Media	Basso	Moderare	Usa il rinforzo positivo e sii paziente durante l'allenamento
rottweiler	Moderare	Alto	Alto	Alto	Stabilire leadership e confini coerenti
Shiba Inu	Moderare	Media	Alto	Moderare	Utilizzare rinforzi positivi e coerenza nell'allenamento
Shih Tzu	Basso	Media	Basso	Moderare	Utilizzare ricompense e rinforzi positivi nella formazione

Una guida indispensabile per gli amanti dei cani

40 Razze popolari aspetti addestrativi, Parte IV

Nome della razza	Addestrabilità	Intelligenza	Esigenze di esercizio	Bisogni di socializzazione	Formazione Suggerimenti
Husky siberiano	Moderare	Alto	Alto	Alto	Utilizzare il rinforzo positivo e fornire ampio esercizio
Staffordshire Bull Terrier	Moderare	Media	Alto	Alto	Utilizzare rinforzi positivi e coerenza nell'allenamento
Volpino Italiano	Moderare	Alto	Moderare	Alto	Utilizzare il rinforzo positivo e il training di socializzazione
Springer Spaniel gallese	Alto	Media	Alto	Alto	Fornire esercizio fisico e mentale per l'allenamento
Yorkshire Terrier	Moderare	Media	Basso	Moderare	Utilizzare rinforzi positivi e coerenza nell'allenamento

Tieni presente che l'addestrabilità, l'intelligenza, le esigenze di esercizio, le esigenze di socializzazione e i suggerimenti per l'addestramento possono variare all'interno di ciascuna razza e i singoli cani possono avere caratteristiche e requisiti unici. Questa tabella fornisce una panoramica generale per guidare i proprietari nell'addestramento efficace dei propri cani.
<u>Ricorda inoltre, caro proprietario, che la formazione dovrebbe essere un'esperienza divertente e coinvolgente per entrambi.</u> Mantieni le sessioni brevi, interattive e piene di amore.

Esplora il lato oscuro della vita dei cani

40 Razze popolari Dati generali sulla salute e sull'età, Parte I

Razza	Problemi di salute comuni / Predisposizioni	Durata media della vita	Livello di energia	Vaccinazioni consigliate	Cura preventiva
Malamute dell'Alaska	Displasia dell'anca, Condrodisplasia, Cataratta	10-14 anni	Alto	Controlli regolari	Esercizio fisico regolare, stimolazione mentale, integratori articolari
Bovaro australiano	Displasia dell'anca, atrofia retinica progressiva	12-15 anni	Molto alto	Vaccinazioni preventive	Esercizio fisico regolare, stimolazione mentale, allenamento
Pastore australiano	Displasia dell'anca, anomalia dell'occhio del collie, epilessia	12-15 anni	Alto	Cure veterinarie di routine	Esercizio fisico regolare, stimolazione mentale, allenamento all'obbedienza
Beagle	Malattia del disco intervertebrale, epilessia	12-15 anni	Moderare	Vaccinazioni preventive	Esercizio fisico regolare, stimolazione mentale, gestione del peso
Malinois belga	Displasia dell'anca, atrofia retinica progressiva	10-12 anni	Molto alto	Controlli regolari	Esercizio fisico regolare, stimolazione mentale, allenamento all'obbedienza
Bovaro del Bernese	Displasia dell'anca, displasia del gomito, cancro	7-10 anni	Moderare	Vaccinazioni preventive	Esercizio fisico regolare, integratori articolari, controlli regolari
Bichon Frise	Lussazione rotulea, allergie	14-16 anni	Moderare	Cure veterinarie di routine	Toelettatura regolare, igiene dentale, corretta alimentazione
Border collie	Displasia dell'anca, anomalia dell'occhio del collie, epilessia	12-15 anni	Molto alto	Vaccinazioni preventive	Esercizio fisico regolare, stimolazione mentale, allenamento all'obbedienza
Boston Terrier	Sindrome brachicefalica, lussazione rotulea	11-13 anni	Moderare	Assistenza veterinaria regolare	Esercizio fisico regolare, igiene dentale, controllo del peso
Pugile	Displasia dell'anca, cardiomiopatia del Boxer	10-12 anni	Alto	Vaccinazioni preventive	Esercizio fisico regolare, stimolazione mentale, controlli regolari

Una guida indispensabile per gli amanti dei cani

Capitolo 17

40 Razze popolari Dati generali sulla salute e sull'età, Parte II

Razza	Problemi di salute comuni / Predisposizioni	Durata media della vita	Livello di energia	Vaccinazioni consigliate	Cura preventiva
Pugile	Displasia dell'anca, cardiomiopatia del Boxer	10-12 anni	Alto	Vaccinazioni preventive	Esercizio fisico regolare, stimolazione mentale, controlli regolari
Bretagna	Displasia dell'anca, epilessia	12-14 anni	Alto	Cure veterinarie di routine	Esercizio fisico regolare, stimolazione mentale, allenamento all'obbedienza
Bulldog (inglese/francese)	Sindrome brachicefalica, displasia dell'anca	8-10 anni	Da basso a moderato	Controlli regolari	Esercizio fisico regolare, igiene dentale, controllo del peso
Cane Corso	Displasia dell'anca, cardiomiopatia dilatativa	9-12 anni	Moderare	Vaccinazioni preventive	Esercizio fisico regolare, stimolazione mentale, controlli regolari
Cardigan Corgi gallese	Atrofia retinica progressiva, malattia del disco intervertebrale	12-15 anni	Moderare	Vaccinazioni preventive	Esercizio fisico regolare, stimolazione mentale, gestione del peso
Cocker spaniel	Atrofia retinica progressiva, displasia dell'anca	12-15 anni	Moderare	Vaccinazioni preventive	Esercizio fisico regolare, stimolazione mentale, controlli regolari
Bassotto	Malattia del disco intervertebrale, lussazione rotulea	12-16 anni	Moderare	Cure veterinarie di routine	Esercizio fisico regolare, stimolazione mentale, gestione del peso
Doberman Pinscher	Cardiomiopatia dilatativa, sindrome di Wobbler	10-13 anni	Alto	Vaccinazioni preventive	Esercizio fisico regolare, stimolazione mentale, allenamento all'obbedienza
Cocker Spaniel Inglese	Displasia dell'anca, atrofia retinica progressiva	12-14 anni	Moderare	Cure veterinarie di routine	Esercizio fisico regolare, stimolazione mentale, controlli regolari

Esplora il lato oscuro della vita dei cani

40 Razze popolari Dati generali sulla salute e sull'età, Parte III

Razza	Problemi di salute comuni / Predisposizioni	Durata media della vita	Livello di energia	Vaccinazioni consigliate	Cura preventiva
Setter inglese	Displasia dell'anca, Ipotiroidismo	10-12 anni	Moderare	Vaccinazioni preventive	Esercizio fisico regolare, stimolazione mentale, controlli regolari
Pastore tedesco	Displasia dell'anca, mielopatia degenerativa	9-13 anni	Alto	Vaccinazioni preventive	Esercizio fisico regolare, stimolazione mentale, allenamento all'obbedienza
Golden retriever	Displasia dell'anca, linfoma, atrofia retinica progressiva	10-12 anni	Alto	Cure veterinarie di routine	Esercizio fisico regolare, stimolazione mentale, controlli regolari
Alano	Cardiomiopatia Dilatativa, Dilatazione Gastrica-Volvolo	6-8 anni	Basso	Vaccinazioni preventive	Esercizio fisico regolare, stimolazione mentale, controlli regolari
Leonberger	Displasia dell'anca, osteosarcoma	8-10 anni	Moderare	Assistenza veterinaria regolare	Esercizio fisico regolare, stimolazione mentale, integratori articolari
maltese	Lussazione rotulea, shunt portosistemico	12-15 anni	Basso	Visite veterinarie di routine	Toelettatura regolare, igiene dentale, controllo del peso
Schnauzer nano	Atrofia retinica progressiva, pancreatite	12-15 anni	Moderare	Vaccinazioni preventive	Esercizio fisico regolare, stimolazione mentale, controlli regolari
Elkhound norvegese	Displasia dell'anca, atrofia retinica progressiva	12-15 anni	Moderare	Cure veterinarie di routine	Esercizio fisico regolare, stimolazione mentale, gestione del peso
Cane da acqua portoghese	Displasia dell'anca, atrofia retinica progressiva	10-14 anni	Moderare	Vaccinazioni preventive	Esercizio fisico regolare, stimolazione mentale, controlli regolari

Una guida indispensabile per gli amanti dei cani

40 Razze popolari Dati generali sulla salute e sull'età, Parte IV

Razza	Problemi di salute comuni / Predisposizioni	Durata media della vita	Livello di energia	Vaccinazioni consigliate	Cura preventiva
Shiba Inu	Lussazione rotulea, allergie	12-15 anni	Moderare	Controlli regolari	Esercizio fisico regolare, stimolazione mentale, igiene dentale
Shih Tzu	Sindrome brachicefalica, lussazione rotulea	10-18 anni	Da basso a moderato	Cure veterinarie di routine	Toelettatura regolare, igiene dentale, controllo del peso
Husky siberiano	Displasia dell'anca, atrofia retinica progressiva	12-14 anni	Alto	Vaccinazioni preventive	Esercizio fisico regolare, stimolazione mentale, controlli regolari
Staffordshire Bull Terrier	Aciduria L-2-idrossiglutarica, lussazione rotulea	12-14 anni	Alto	Vaccinazioni preventive	Esercizio fisico regolare, stimolazione mentale, controlli regolari
Volpino Italiano	Lussazione rotulea, atrofia retinica progressiva	14-16 anni	Moderare	Cure veterinarie di routine	Esercizio fisico regolare, stimolazione mentale, controlli regolari
Springer Spaniel gallese	Displasia dell'anca, atrofia retinica progressiva	12-15 anni	Moderare	Vaccinazioni preventive	Esercizio fisico regolare, stimolazione mentale, controlli regolari
Yorkshire Terrier	Shunt portosistemico, collasso tracheale	12-15 anni	Da basso a moderato	Visite veterinarie di routine	Esercizio fisico regolare, igiene dentale, controllo del peso

Tieni presente che l'addestrabilità, l'intelligenza, le esigenze di esercizio, le esigenze di socializzazione e i suggerimenti per l'addestramento possono variare all'interno di ciascuna razza e i singoli cani possono avere caratteristiche e requisiti unici. Questa tabella fornisce una panoramica generale per guidare i proprietari nell'addestramento efficace dei propri cani.

<u>Ricorda inoltre, caro proprietario, che la formazione dovrebbe essere un'esperienza divertente e coinvolgente per entrambi.</u> Mantieni le sessioni brevi, interattive e piene di amore.

Esplora il lato oscuro della vita dei cani

40 Razze popolari dati fisiologici, Parte I

Razza	Misurare	Altezza (cm)	Peso (kg)	Cappotto
Malamute dell'Alaska	Grande	61 - 66	Maschio: 38-50 Femmina: 34-40	Cappotto spesso e doppio
Bovaro australiano	medio	43 - 51	Maschi: 15-22 Femmina: 14-20	Cappotto corto e denso
Pastore australiano	Medio grande	46 - 58	Maschi: 25-32 Femmina: 16-32	Cappotto doppio di media lunghezza
Beagle	Piccolo medio	33 - 41	41852	Cappotto corto ed elegante
Malinois belga	Medio grande	61 - 66	Maschi: 25-30 Femmine: 22-25	Cappotto corto e denso
Bovaro del Bernese	Grande	58-70	Uomini: 45-50 Femmina: 38-50	Pelo lungo, folto e ondulato
Bichon Frise	Piccolo medio	23 - 30	Maschi: 3-5,5 Femmine: 3-5	Cappotto riccio e denso
Border collie	medio	46 - 53	Maschi: 14-20 Femmina: 12-15	Cappotto doppio di media lunghezza
Boston Terrier	Piccolo medio	38 - 43	Maschi: 5-11 Femmina: 4-7	Pelo corto e liscio
Pugile	Medio grande	53 - 63	Maschi: 25-32 Femmina: 22-29	Pelo corto e liscio
Bretagna	medio	43 - 52	Maschio: 14-18, Femmina: 12,5-15,5	Cappotto ondulato di media lunghezza
Bulldog (inglese/francese)	medio	31 - 40	Maschio 22-25 Femmina 18-23	Pelo corto e liscio
Cane Corso	Grande	64 - 68	Uomini: 45-50 Femmina: 40-45	Cappotto corto e denso
Cardigan Corgi gallese	Piccolo medio	25 - 31	Maschi: 12-17 Femmina: 11-15	Cappotto di media lunghezza e denso
Cavalier King Charles Spaniel	Piccolo medio	30 - 33	Maschio femmina 5-9	Cappotto lungo e setoso
Chihuahua	Piccolo-Piccolo	15 - 23	Maschio femmina 1.5-3	Pelo corto e liscio
Cocker spaniel	medio	36 - 41	Maschi: 12-16 Femmina: 11-14	Cappotto di media lunghezza e setoso
Bassotto	Piccolo medio	13 - 23	Maschio femmina 5-12	Pelo corto e liscio
Doberman Pinscher	Grande	63 - 72	Maschi: 34-45 Femmina: 27-41	Pelo corto e liscio
Cocker Spaniel Inglese	medio	38 - 43	Maschile: 13-1 Femmina: 12-15	Cappotto di media lunghezza e setoso
Setter inglese	Medio grande	61 - 69	Maschi: 25-36 Femmina: 20-30	Cappotto lungo e setoso
Pastore tedesco	Grande	55 - 65	Maschi: 30-40 Femmina: 22-32	Doppio pelo con sottopelo denso

Una guida indispensabile per gli amanti dei cani

40 Razze popolari dati fisiologici, Parte II

Razza	Misurare	Altezza (cm)	Peso (kg)	Cappotto
Golden retriever	Grande	51 - 61	Maschio: 29-34 Femmina: 25-32	Cappotto denso e idrorepellente
Alano	Grande-Gigante	71 - 86	Maschi: 54-90 Femmina: 45-59	Pelo corto e liscio
Labrador retriever	Grande	55 - 62	Maschi: 29-36 Femmina: 25-32	Cappotto corto e denso
Leonberger	Grande-Gigante	65 - 80	Maschi: 54-77 Femmina: 41-54	Cappotto denso e resistente all'acqua
maltese	Piccolo-Piccolo	20 - 25	Maschi: 5,5-8 Femmine: 4,5-6,5	Cappotto lungo e setoso
Schnauzer nano	Piccolo medio	30 - 36	Maschi: 5-8, Femmine: 4-6	Doppio strato con finitura filiforme
Elkhound norvegese	medio	48 - 53	Maschio: 23–28 Femmina: 18–23	Doppio pelo con sottopelo denso
Barboncino (Standard/Mini/Giocattolo)	Piccolo largo	24 - 60	Std: Maschio: 18-32 Femmina: 18-27 Miniatura: Maschio: 4-6 Femmina: 3,5-5 Giocattolo: Maschio: 2-4 Femmine: 2-3	Cappotto riccio e ipoallergenico
Cane da acqua portoghese	Medio grande	43 - 57	Maschio: 19-27 Femmina: 16-23	Cappotto riccio e resistente all'acqua
Carlino	Piccolo medio	25 - 36	Maschi: 6-9 Femmina 5-8	Pelo corto e liscio
rottweiler	Grande	56 - 69	Uomini: 50-60, Femmina: 35-48	Cappotto corto e denso
Shiba Inu	medio	35 - 43	Maschio: 10-11 Femmina: 8–9	Cappotto doppio con soprabito dritto
Shih Tzu	Piccolo	20 - 28	Maschio e femmina 4-9	Cappotto lungo e fluido
Husky siberiano	Medio grande	50 - 60	Maschi: 20-28 Femmina: 16-23	Cappotto spesso e doppio
Staffordshire Bull Terrier	medio	35 - 40	Maschio: 13-17 Femmina: 11-16	Pelo corto e liscio
Volpino Italiano	Piccolo	26 - 30	Maschi: 4-5 Femmina 3-4	Cappotto doppio e denso
Springer Spaniel gallese	medio	46 - 48	Maschi: 20-25 Femmina: 16-20	Cappotto ondulato di media lunghezza
Yorkshire Terrier	Piccolo-Piccolo	17 - 23	Maschio e femmina 2-3	Cappotto lungo e setoso

Si prega di notare che le informazioni fornite sono generali e possono variare tra i singoli cuccioli, anche all'interno della stessa razza. È fondamentale consultare un veterinario o un esperto per un consiglio personalizzato su misura per il tuo cane specifico. Dettagli .

Capitolo 17

Dalle Preoccupazioni alle Scodinzolate

Esplora il lato oscuro della vita dei cani

40 Razze popolari livello di intelligenza, Parte I

Livello 1: I cani più brillanti	I cani di questo livello sono considerati i più intelligenti e in grado di apprendere un nuovo comando in meno di 5 ripetizioni. Tendono anche a comprendere rapidamente i nuovi comandi e possono generalizzare i comandi a nuove situazioni.
Livello 2: Eccellenti cani da lavoro	I cani di questo livello sono molto intelligenti e in grado di apprendere un nuovo comando in meno di 5-15 ripetizioni. Tendono a comprendere rapidamente i nuovi comandi e possono generalizzare i comandi a nuove situazioni.
Livello 3: Cani da lavoro superiori alla media	I cani di questo livello sono considerati al di sopra della media in termini di intelligenza e possono apprendere un nuovo comando in meno di 15-25 ripetizioni. Potrebbero richiedere più ripetizioni per comprendere nuovi comandi, ma sono comunque in grado di generalizzare i comandi a nuove situazioni.
Livello 4: Cani da lavoro medi	I cani di questo livello sono considerati nella media in termini di intelligenza e possono apprendere un nuovo comando in meno di 25-40 ripetizioni. Potrebbero richiedere più ripetizioni per comprendere nuovi comandi e potrebbero avere difficoltà a generalizzare i comandi a nuove situazioni.
Livello 5: Cani da lavoro equi	I cani di questo livello sono considerati discreti in termini di intelligenza e possono apprendere un nuovo comando in meno di 40-80 ripetizioni. Potrebbero avere difficoltà a comprendere nuovi comandi e potrebbero richiedere più ripetizioni per impararli.
Livello 6: grado di lavoro più basso	I cani di questo livello sono considerati i meno intelligenti e possono avere difficoltà ad apprendere nuovi comandi, a capirli o a generalizzarli a nuove situazioni. Potrebbero essere necessarie più di 100 ripetizioni per apprendere un nuovo comando.

Razza	L 1	L 2	L 3	L 4	L 5	L 6
Malamute dell'Alaska						20%
Bovini australiani		85%				
Pastore australiano		85%				
Beagle						30%
Malinois belga			30%			
Montagna bernese					50%	
Bichon Frise						25%
Border collie	95%					
Boston Terrier						40%
Pugile				50%		

Una guida indispensabile per gli amanti dei cani

40 Razze popolari livello di intelligenza, Parte II

Razza	L 1	L 2	L 3	L 4	L 5	L 6
Bretagna			30%			
Bulldog (inglese/francese)						40%
Cane Corso						30%
Cardigan Corgi gallese						80%
Cavalier King Charles Spaniel						50%
Chihuahua						30%
Cocker spaniel						30%
Bassotto						25%
Doberman Pinscher	85%					
Cocker Spaniel Inglese						50%
Setter inglese						40%
Pastore tedesco	95%					
Golden retriever	95%					
Alano						25%
Labrador retriever				85%		
Leonberger						50%
maltese						50%
Schnauzer nano						50%
Elkhound norvegese						30%
Barboncino (Standard/Mini/Giocattolo)	95%					
Acqua portoghese						50%
Carlino						25%
rottweiler				85%		
Shiba Inu						40%
Shih Tzu						70%
Husky siberiano					85%	
Staffordshire Bull Terrier						40%
Volpino Italiano						Nessun dato
Springer Spaniel gallese			50%			
Yorkshire Terrier						30%

Tieni presente che l'intelligenza può essere misurata in diversi modi e questa è solo una classifica basata su uno specifico insieme di criteri. Inoltre, ogni singolo cane è unico e può mostrare la propria intelligenza e capacità di risoluzione dei problemi indipendentemente dalla razza.

Esplora il lato oscuro della vita dei cani

40 Razze popolari pisolini, camminate e profilo interno/esterno, Parte I

Razza	Ore di sonno	Ore di camminata giornaliera	Esigenze di esercizio	Dentro fuori
Malamute dell'Alaska	14-16	2-3	Alto	All'aperto
Bovaro australiano	12-14	2-3	Alto	All'aperto
Pastore australiano	12-14	2-3	Alto	All'aperto
Beagle	12-14	1-2	Moderare	Entrambi
Malinois belga	12-14	2-3	Alto	All'aperto
Bovaro del Bernese	14-16	2-3	Moderare	All'aperto
Bichon Frise	14-16	1-2	Moderare	Interno
Border collie	12-14	2-3	Alto	All'aperto
Boston Terrier	12-14	1-2	Moderare	Entrambi
Pugile	12-14	1-2	Alto	Interno
Bretagna	12-14	2-3	Alto	All'aperto
Bulldog (inglese/francese)	14-16	1-2	Basso	Interno
Cane Corso	12-14	1-2	Moderare	Entrambi
Cardigan Corgi gallese	12-14	1-2	Moderare	Interno
Cavalier King Charles Spaniel	12-14	1-2	Moderare	Interno
Chihuahua	14-16	1	Basso	Interno
Cocker spaniel	12-14	1-2	Moderare	Entrambi
Bassotto	12-14	1-2	Moderare	Entrambi
Doberman Pinscher	12-14	2-3	Alto	All'aperto
Cocker Spaniel Inglese	12-14	2-3	Moderare	Entrambi
Setter inglese	12-14	2-3	Moderare	All'aperto
Pastore tedesco	12-14	2-3	Alto	All'aperto
Golden retriever	12-14	2-3	Alto	All'aperto
Alano	14-16	1-2	Basso	Interno
Labrador retriever	12-14	2-3	Alto	All'aperto
Leonberger	12-14	2-3	Moderare	All'aperto
maltese	14-16	1-2	Basso	Interno
Schnauzer nano	12-14	1-2	Moderare	Interno
Elkhound norvegese	12-14	1-2	Moderare	Entrambi
Barboncino (Standard/Mini/Giocattolo)	12-14	1-2	Moderare	Interno
Cane da acqua portoghese	12-14	2-3	Alto	Entrambi
Carlino	14-16	1-2	Basso	Interno
rottweiler	12-14	2-3	Alto	All'aperto
Shiba Inu	14-16	1-2	Moderare	Entrambi
Shih Tzu	14-16	1-2	Basso	Interno
Husky siberiano	14-16	2-3	Alto	All'aperto

Una guida indispensabile per gli amanti dei cani

Capitolo 17

40 Razze popolari pisolini, camminate e profilo interno/esterno, Parte II

Razza	Ore di sonno	Ore di camminata giornaliera	Esigenze di esercizio	Dentro fuori
Staffordshire Bull Terrier	12-14	2-3	Alto	Entrambi
Volpino Italiano	12-14	1-2	Moderare	Interno
Springer Spaniel gallese	12-14	2-3	Alto	All'aperto
Yorkshire Terrier	14-16	1-2	Basso	Interno

Ricorda che queste sono linee guida generali e che i singoli cani possono avere esigenze leggermente diverse in base all'età, alla salute e ai livelli di energia complessivi. Consulta sempre un veterinario per assicurarti di soddisfare i requisiti specifici del tuo amico peloso. Buon sonnellino e scodinzolante!

Esplora il lato oscuro della vita dei cani

Cucciolo stadi di sviluppo

Tabella di sviluppo delle fasi di vita del cucciolo

Età (settimane)	Sviluppo fisico	Sviluppo comportamentale	Traguardi della formazione	Assistenza sanitaria	Programma di alimentazione	Addestramento al vasino	Socializzazione
1-2	Occhi e orecchie aperti	Strisciare, mobilità limitata	Nessuno	Prima visita dal veterinario	Allattamento frequente da parte della madre	Non ancora iniziato	Esposizione precoce al delicato tocco umano
3-4	Iniziando a camminare	Sviluppare sensi e consapevolezza	Introduzione ai comandi di base	Inizia il programma delle vaccinazioni	Passare al cibo morbido per cuccioli	Inizia a introdurre i cuscinetti per cuccioli o l'area esterna	Introduzione delicata ad altri animali
5-6	Emergono i primi denti da latte	Curiosità ed esplorazione	Inizia il corso per violazione di domicilio	Continuare le vaccinazioni	Pasti regolari con cibo per cuccioli	Routine coerente di addestramento al vasino	Esperienze positive con nuove persone
7-8	I denti adulti iniziano a spuntare	Maggiore mobilità e giocosità	Introduzione al guinzaglio e al collare	Controlli regolari e sverminazione	Pasti programmati con porzioni adeguate	Rafforza la coerenza dell'uso del vasino	Esposizione a vari ambienti
9-12	Scatto di crescita	Miglioramento della coordinazione e dell'equilibrio	Addestramento avanzato all'obbedienza	Considerazioni sulla sterilizzazione/castrazione	Pasti programmati con porzioni adeguate	Affina le abilità di usare il vasino	Socializzazione continua con esseri umani/animali
13-16	Fase adolescenziale	Maturità sessuale	Addestramento avanzato all'obbedienza	Cure dentistiche, prevenzione pulci/zecche	Pasti regolari con porzioni adeguate	Rafforza la coerenza dell'uso del vasino	Esposizione continua a nuove esperienze
17-20	Corpo completamente sviluppato	Maturità comportamentale e indipendenza	Comandi e trucchi avanzati	Controlli sanitari e vaccinazioni regolari	Pasti regolari con porzioni adeguate	Rafforzamento coerente dell'uso del vasino	Mantenere interazioni sociali positive
20+	- Cane adulto	Piena maturità	Formazione avanzata continua	Toelettatura regolare e cure preventive	Pasti regolari con porzioni adeguate	Rafforza le buone abitudini relative all'uso del vasino	Socializzazione continua e stimolazione mentale

Questa tabella fornisce una cronologia generale e una guida generale per aiutare i nuovi proprietari di cuccioli a tenere traccia degli aspetti essenziali della cura e dello sviluppo. Tuttavia, è importante notare che ogni cucciolo è unico e ogni singolo cucciolo può avere esigenze e variazioni uniche. Consulta il tuo veterinario per programmi di vaccinazione specifici e consigli dietetici su misura per la razza, la taglia e le esigenze di salute del tuo cucciolo.

Ricorda, questa tabella serve come punto di partenza e il viaggio del tuo cucciolo sarà pieno di scoperte e aggiustamenti entusiasmanti lungo il percorso. Goditi l'avventura di allevare un cucciolo felice e sano! Trama!

Una guida indispensabile per gli amanti dei cani

Glossario

Woof! Woof!! Permettetemi di condividere con voi alcuni termini popolari che fanno scodinzolare con gioia noi cani. Queste parole sono come il nostro codice segreto per avere interazioni fantastiche con te. Quindi, se trovi una parola nel libro che ti fa andare avanti, <u>eh?</u> – basta andare al Glossario e troverai cosa significa! È come se il nostro modo di aiutarti a imparare la nostra lingua e, credimi, renderà il nostro tempo insieme ancora più fantastico!

Adottare: l'atto di accogliere un cane senza casa o abbandonato in una casa amorevole per sempre, dandogli una seconda possibilità di felicità.

Backup: Quando dici questo, so che è ora di fare qualche passo indietro.

Bark: il nostro modo di parlare, sia per proteggere il nostro territorio che per attirare la vostra attenzione.

Abbaiare come matti: quando ci sentiamo particolarmente giocosi e pieni di energia, è il nostro modo di farti sapere che siamo pronti per un po' di eccitazione.

Strofinare la pancia : come un massaggio canino, è pura felicità che ci fa sciogliere di felicità.

Migliore amico: l'essere umano speciale che occupa un posto speciale nei nostri cuori, offrendo amore, compagnia e infinite avventure.

Butt Wiggle: Oh, questo è divertente! La mia parte posteriore si muove mentre le mie zampe anteriori restano ferme. È come un riscaldamento pre-scodinzolo, il che significa che sto scoppiando di gioia!

Strisciare: un trucco divertente in cui mi muovo molto in basso, come un gattonare subdolo.

Esplora il lato oscuro della vita dei cani

Glossarie

Coccole: l'atto commovente di rannicchiarsi vicino ai nostri umani, creando un legame di amore e calore.

Giù: significa che dovrei sdraiarmi sulla pancia, pronto per le coccole o un dolcetto.

Go Boop: è allora che mi tocchi delicatamente il naso: è come un piccolo saluto!

Bravo ragazzo/a: le parole che amiamo sentire dai nostri umani, che ci lodano per il nostro buon comportamento e ci fanno sentire amati e apprezzati.

Toelettatura: il processo per mantenere la nostra pelliccia pulita e dall'aspetto favoloso, sia attraverso la spazzolatura, il bagno o la rifinitura.

Elicottero felice: immagina che la mia coda giri come il rotore di un elicottero. Sì, è un elicottero felice! Succede quando sono super emozionato o aspetto con impazienza qualcosa di divertente.

Hide: Oh, il gioco del nascondino! Adoro trovarti e anche i dolcetti!

Abbraccio: Quando mi abbracci, sento il tuo amore e il tuo calore.

Guinzaglio : il nostro fidato compagno che ci tiene al sicuro e in contatto con i nostri umani durante le nostre avventure.

L'ora del pisolino: il nostro passatempo preferito è rannicchiarci in un posto accogliente e ricaricare le batterie con un sonnellino beato.

Spinta nervosa: quando sono un po' incerto o un po' ansioso, la mia coda scodinzola velocemente ed esitante. E' il mio modo di dirlo <u>, non ne sono del tutto sicuro, ma ci sto provando!</u>

Zampa: È il mio modo di darti il cinque o chiederti dolcetti.

Playdate: un incontro pieno di divertimento con i nostri amici pelosi, dove possiamo scatenarci, inseguire e divertirci scodinzolando.

Una guida indispensabile per gli amanti dei cani

Glossarie

Salvataggio: l'atto eroico di salvare un cane da una situazione difficile o pericolosa, fornendogli amore, cure e una casa per sempre.

Roll Over: un comando giocoso per girarsi sulla schiena: è il momento del massaggio alla pancia!

Sniff: il nostro superpotere dell'olfatto che ci consente di esplorare e scoprire il mondo che ci circonda.

Amico delle coccole: un amico peloso o un essere umano che ama coccolarsi e accoccolarsi con noi, fornendo conforto e calore.

Amico delle coccole: un amico peloso o un essere umano che ama coccolarsi e accoccolarsi con noi, fornendo conforto e calore.

Coda segnalata: tengo la coda alta e la agito delicatamente da un lato all'altro, mostrando la mia sicurezza e le mie vibrazioni positive. Sto alla grande!

Tail-Twist: è quando la mia coda fa una piccola danza, mostrando quanto sono emozionato e felice di vederti!

Tocco: quando dici questo, so che devo premere il naso contro la tua mano.

Formazione: il processo di apprendimento di nuove abilità e comportamenti attraverso il rinforzo positivo, che ci aiuta a diventare compagni ben educati e obbedienti.

Momento del dolcetto: il momento tanto atteso in cui veniamo ricompensati con gustosi snack per essere bravi ragazzi e ragazze.

Dolcetto: la ricompensa definitiva per essere il miglior compagno peloso, una gustosa delizia a cui non possiamo resistere.

Vet: Oh, il veterinario è il nostro dottore peloso! Si prendono cura della nostra salute e del nostro benessere. È importante visitare regolarmente il veterinario per controlli, vaccinazioni e qualsiasi problema di salute. Aiutano a mantenerci sani e felici.

Esplora il lato oscuro della vita dei cani

Glossarie

Wags:

Wag a tutto corpo: preparati per questo! Non riesco a contenere la mia eccitazione, quindi tutto il mio corpo si unisce alla festa stravagante. È pura felicità scatenata!

Happy Sniff Wag: Oh ragazzi, quando annuso qualcosa di affascinante, la mia coda non può fare a meno di scodinzolare per l'eccitazione! È come dire: ha un profumo fantastico! Esploriamo!

Scodinzolio lento: a volte scodinzolo lentamente e con attenzione. È come se stessi dicendo che sono curioso, ma mi sto prendendo il tempo per capire le cose.

Scodinzolare sottile: a volte scodinzolo delicatamente, solo un piccolo movimento della coda. Dimostra che sono contento e pacifico in questo momento.

Scodinzolio: la leggendaria espressione di gioia e felicità, uno scodinzolio che dice che ti amiamo.

Aspetta: questo è importante: significa che dovrei fare una pausa ed essere paziente per il tuo prossimo segnale.

Camminare: la musica per le nostre orecchie significa che possiamo esplorare il mondo ed esercitarci insieme al nostro essere umano preferito.

Walkies: l'emozionante avventura di fare una passeggiata con i nostri umani, esplorare il quartiere, annusare nuovi profumi e godersi i grandi spazi aperti.

Saluto: alzo la zampa per salutare o arrivederci, proprio come un'onda amica!

Zoomies: quelle esplosioni di pura gioia ed energia che ci fanno correre in tondo o zigzagare per la casa o il cortile

Una guida indispensabile per gli amanti dei cani

Linee guida per la traduzione di siti web

Per utilizzare Google Translate per visualizzare siti Web in altre lingue, procedi nel seguente modo:
https://translate.google.com.au/

1. **Apri Google Translate** : vai al tuo browser web e cerca " <u>Google Translate</u> " o visita direttamente Translate.google.com. quindi fare clic sul pulsante Sito Web.

2. **Seleziona lingue** : **Scegli le lingue** : sul lato sinistro della pagina di Google Traduttore, seleziona la lingua di origine (la lingua del sito web che desideri tradurre, ad esempio l'inglese) e quella a destra è la lingua di destinazione (la lingua in cui desideri che il sito web da tradurre in; ad esempio, spagnolo).

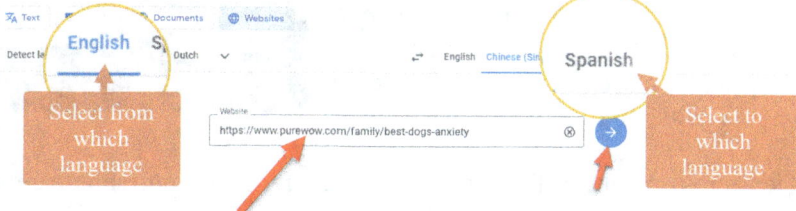

3. **Inserisci l'URL del sito web** : inserisci l'URL del sito web che desideri tradurre nell'apposita casella.

Esplora il lato oscuro della vita dei cani

4. **Seleziona la lingua di destinazione** :
Per impostazione predefinita, Google Translate proverà a determinare la lingua di destinazione in base alle impostazioni del browser.

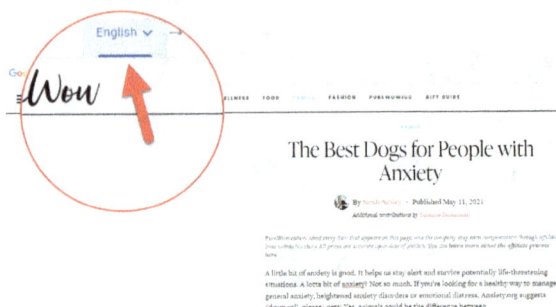

ma puoi selezionare qualsiasi altra lingua come desideri, ad esempio il cinese.

5. **Sfoglia il sito web tradotto** : ora puoi navigare nel sito web tradotto proprio come qualsiasi altra pagina web. Tieni presente che la traduzione potrebbe non essere perfetta, soprattutto per contenuti complessi o specializzati, ma dovrebbe fornirti una comprensione generale del contenuto del sito web.

6. **Passaggio all'originale:** sentiti libero di alternare tra la lingua predefinita e quella scelta. Basta fare clic sul pulsante Traduzione nell'angolo in alto a destra della pagina e selezionare "Originale" o "Traduzione".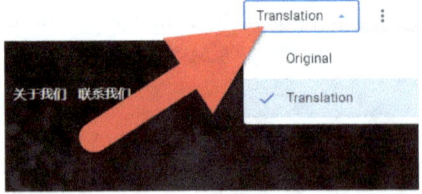

Tieni presente che il formato di Google Traduttore potrebbe cambiare nel tempo. Per accedere alle istruzioni più aggiornate si consiglia di effettuare una ricerca online utilizzando i browser internet.

Una guida indispensabile per gli amanti dei cani

Registro di bordo del libro dei cani

Italian Edition

Una guida indispensabile per gli amanti dei cani

Registro di bordo del libro dei cani

Dalle Preoccupazioni alle Scodinzolate

Esplora il lato oscuro della vita dei cani

www.ingramcontent.com/pod-product-compliance
Lightning Source LLC
Chambersburg PA
CBHW051426290426
44109CB00016B/1445